新编21世纪社会工作系列教材

社会工作行政

第三版

主 编 时立荣
副主编 许 斌

Administration in Human Service Organization

中国人民大学出版社
·北京·

内容简介

社会工作行政是社会服务机构管理的基本功。对于培养社会组织的领导者、管理者和员工而言，教授社会服务机构行政管理的基本理论和方法非常有意义。本教材在体例上沿用了第二版的社会工作行政基础、社会工作行政过程和社会工作行政管理方法三大模块，但在内容上更加丰富和精致。本教材的特点如下：第一，逻辑清晰，问题明确，知识点突出，便于讲授者和学习者使用。第二，在保持第二版总体内容和风格的基础上，增加了“社会工作行政面临的挑战、变革与数字化发展”一章。另外，本教材配有配套教材《社会工作行政实验教程》，教师可采取实验教学方法，开展实验模拟教学活动。

本教材适合各类高校的社会工作专业、慈善管理专业和公共管理学科的师生使用，同时，可供社会服务机构（社会组织）管理人员培训使用。在政府机构中从事社会工作与社区管理的部门及人员，以及对社会工作专业感兴趣的读者，也会开卷有益。

主编简介

时立荣 博士，中央民族大学教授，博士生导师。教育部高等学校社会学类专业教学指导委员会委员，中国社会学会社会治理研究专业委员会副理事长，中国社会工作教育协会社会工作实验教学专业委员会副主任。主要研究组织社会学、发展社会学、社会工作等。主讲“社会工作行政”课程，开设首个高校“社会工作行政实验课堂”，教学研究成果《文科模拟实验教学模式的开发、设计与教学实践：基于“社会工作行政”翻转课堂实践》获得2017年度教育部高等学校社会学类专业优秀教学成果奖一等奖，课堂实验教学研究成果《社会工作行政实验教程》已于2019年出版。

第三版前言

党的二十大报告提出的“中国式现代化”这一宏伟战略，对我国社会工作的发展具有重大的指导作用。基本民生保障是实现中国式现代化的重要社会议题，在推进现代化新进程的过程中，通过发挥社会工作的专业优势，助力困弱群体基本民生问题的解决是新时代社会工作的重要任务。为此，培养高质量的社会服务机构专业人才就显得更加紧迫。近年来，高等学校的专业培养体系得到不断完善，为提高人才培养的层次和水平，社会工作专业增设了社会工作专业博士点，为使公益慈善事业走向专业化，公共管理学科增设了慈善管理专业。不仅如此，经过政府购买服务政策的引领和社会力量的积极参与，社会工作职业教育培训机构和各类社会工作服务机构也不断地增加，社会工作专业教育和职业教育越来越呈现相互融合的发展趋势。这些新变化都为社会工作专业高质量发展提供了新的契机，也对社会组织机构的管理人才提出了新的要求。不断提高社会工作服务机构的行政能力、管理水平、专业化程度，促进管理模式创新，是社会工作教育提质改造、实现社会工作实务教育新本土化的必然要求。因此，本教材结合社会工作发展的新变化进行再次修订，以便将新知识、新成果及时地反映到教材之中。

本教材使用开门见山的写作风格，继续保持了逻辑清晰、核心内容集中、表述简练、知识点清晰的传统优势。本教材主要讲授社会工作行政管理的基本知识和方法。第三版保持了第二版的篇章体例和逻辑结构，全书仍由社会工作行政基础、社会工作行政过程和社会工作行政管理方法三大部分组成，但在内容上新增了“社会工作行政面临的挑战、变革与数字化发展”一章。除此之外，本版还对知识进行了更新，完善、补充和修订了相关内容。本教材内容共分为十一章，由中央民族大学时立荣教授主编并统稿，北京科技大学社会学系许斌副教授为副主编并参与统稿工作，北京科技大学社会学系教研团队一如既往地参与修订写作，北京城市学院娄滨元副教授和无锡仁爱社会工作发展中心包冬子主任的加入无疑增加了团队的战斗力。具体分工如下：第三版前言、第一章、第二章，时立荣；第三章，许斌；第四章，张瑞凯、许斌；第五章，寇浩宁；第六章，张瑞凯；第七章，邢朝国、娄滨元；第八章，邢朝国；第九章，时立荣、包冬子；第十章，郇建立；第十一章，寇浩宁、邢朝国。

本教材适合于各类高校的社会工作专业、慈善管理专业和公共管理学科的教师与学生们使用，同时，可供社会组织管理人员培训使用。政府机构中从事社会工作与社区管理的部门及人员，以及对社会工作专业感兴趣的读者，也会开卷有益。

感谢全国使用本教材的众多高校社会工作专业师生的意见反馈，这永远是我们不断改进的动力源泉。感谢中国人民大学出版社盛杰编辑团队为第三版的出版所做的贡献，感谢教材撰写团队成员的辛勤付出，感谢为推动知识传承做出贡献的所有著述、教材及论文的作者，本教材的主要参考资料均列于每章之后。

由于编者的水平有限，敬请读者对书中不足之处批评指正！

时立荣

2024年1月30日

目录

第一章
社会服务机构

第一节　社会服务机构的基本概念 …… 002
第二节　社会服务机构的使命 …… 006
第三节　社会服务机构的公信力 …… 011

第二章
社会工作行政基础

第一节　社会工作行政的一般概念 …… 016
第二节　社会工作行政的价值与伦理 …… 019
第三节　社会工作行政的功能 …… 021
第四节　社会工作行政环境 …… 023
第五节　社会工作行政的学科基础与发展 …… 026

第三章
决策与计划

第一节　决策 …… 032
第二节　计划 …… 045
第三节　战略规划 …… 051

第四章
组织

第一节　组织要素与组织结构设计 …… 067
第二节　组织结构类型与运作 …… 072
第三节　社会服务机构的理事会制度 …… 076
第四节　控制与监督 …… 079

第五章
领导与沟通、激励

第一节　领导 …… 090
第二节　沟通 …… 100
第三节　激励 …… 108

第六章
项目管理

第一节　社会工作服务项目 …… 120
第二节　项目管理 …… 123
第三节　项目管理的职能领域 …… 126
第四节　项目论证与项目申报 …… 134

第七章
督导管理

第一节　督导的角色定位 …… 145
第二节　督导的内容与模式 …… 152
第三节　督导的过程和方法 …… 157

第八章
社会工作人力资源管理

第一节　员工管理 …… 164
第二节　志愿者管理 …… 170
第三节　实习管理 …… 176

第九章
筹资与财务管理

第一节　社会服务机构的筹资管理…………………………………… 186
第二节　资金管理…………………………………………………………… 197
第三节　成本和费用管理……………………………………………………… 202
第四节　财务信息透明管理和财务审计………………………………… 205

第十章
社会服务评估

第一节　社会服务评估概述…………………………………………………… 212
第二节　社会服务评估的基本要素………………………………………… 216
第三节　社会服务评估的一般过程………………………………………… 221
第四节　社会服务评估的伦理议题………………………………………… 228

第十一章
社会工作行政面临的挑战、变革与数字化发展

第一节　社会工作行政面临的挑战与变革………………………………… 238
第二节　社会工作行政的数字化发展……………………………………… 245

第一章
社会服务机构

基本概念

社会服务机构　社会服务机构的功能　社会服务机构的特征　使命　愿景（远景）　宗旨　战略目标　使命陈述　使命转换　角色期待　“塔西佗效应”　社会公信力　内部自律　外部他律

本章要点

1. 全面了解社会服务机构是学习社会工作行政的基础。对社会服务机构的组织性质、功能和特征的全面了解，有助于更好地在社会工作行政过程中掌握正确的运行规律，更好地运用管理方法提高机构效率。

2. 对于社会服务机构而言，使命的地位至高无上。使命是可实现的长远目标，不仅决定了机构的战略目标，也决定了机构的发展方向。违背使命的行为会使机构的社会声誉下降、公信力丧失，产生“塔西佗效应”，直接威胁机构的生存基础。

3. 社会服务机构应当通过内部自律和外部他律坚持机构的宗旨和价值取向，获得良好的口碑，保持机构的生命力。

课前准备

网上查看各类社会服务机构概况，亲自走访了解某家社会服务机构，分别查找企业和社会服务机构对使命的表述，思考企业的使命与社会服务机构的使命之间存在的不同之处，正确理解使命对社会服务机构的作用。

管理大师彼得·德鲁克说：非营利组织的共同点“其实并不在于这些机构都是‘非营利性’的，而在于它们所做的工作既不同于企业，也不同于政府。企业提供的不外乎商品或服务，政府则进行调控。一旦顾客购买了某一企业的商品，付了费用并对其感到满意，该企业就算完成了自己的任务；只要政府的政策卓有成效，政府就算履行了自己的职能。而非营利组织既不提供商品，也不实施调控，其‘产品’既不是一双鞋，也不是一项卓有成效的法规，而是‘经过改变的人类’。非营利组织是人类改造的机构，其‘产品’可以是一个康复了的病人、一个有学习能力的孩子、一个年轻人成长为一个自尊自重的成年人，也可以是一个被完全改变的人生……一个勇于承担责任的好市民、一个守望相助的好邻居”①。这个定位是我们认识社会服务机构的指路明灯。

第一节　社会服务机构的基本概念

社会服务机构的出现是工业社会分工的结果，也是福利保障由传统模式向现代模式的社会化、职业化和专业化演变的结果。为满足外化了的福利服务需求，社会服务机构应运而生，它是实现福利保障、落实社会政策和动员社会资源的组织载体。

一、社会服务机构的含义和性质

社会服务机构通常是以社会使命为导向的人类改造机构，宗旨是助人自助、增进人类福祉。它的服务对象是所有社会成员，包括儿童、青少年、老人、特殊需要人士、妇女、家庭、社区、团体等。当服务对象在生活中遇到问题、需要社会支持时，社会服务机构便提供职业化和专业化的福利服务，帮助服务对象解决问题。

上述定义给我们指出了社会服务机构的性质：第一，通常是非营利性的组织。作为提供公益性产品的组织，它不以利润分红为目标，而以福祉提供为目标。它的所有投资和运营收入都不能作为利润进行私人分配②。第二，具有福利性。社会服务机构是一个福利传递系统，它把来自政府、市场和社会各方的对福利的支持，包括政策和资源通过针对服务对象的服务行动直接落实。第三，具有实体性。社会服务机构直接从事经营服务，有固定的场所、投资、规模和明确的服务对象，经营活动日常化、稳定化、规定化，组织结构紧密，必须以实体性的组织形式才能完成工作任务。

二、社会服务机构的功能和特征

社会服务机构的含义和性质决定了社会服务机构的功能和特征。

---

① 德鲁克．非营利组织的管理．北京：机械工业出版社，2009：15.

② 目前，在我国，社会服务机构也有在工商部门登记的，如私人开办的老年公寓可以在工商部门登记运行，由于属于公共福利服务机构，政府仍然给予税收优惠。这是一个商业性服务机构的实例。

（一）社会服务机构的功能

社会服务机构在如下四个方面发挥着不可替代的作用。

1. 福利服务功能

该功能主要包括：对已经发生的社会问题的治疗功能、对未发生的社会问题的预防功能和提高社会成员幸福感的发展功能。通过发挥这三种功能，社会服务机构从微观的个人、中观的社区和宏观的社会政策三方面提升社会成员的福利和全社会的福利素质。

2. 经济调剂功能

该功能体现的是经济功能，包括通过社会服务机构进行第三次分配，调节并缩小贫富差距，增进就业，通过提高经济社会发展的协调性和平衡性，为经济发展创造良好的社会环境，进而保障经济的平稳发展。

3. 政治维护功能

社会服务机构的优点在于它们熟悉基层情况，能够准确、快速地接触到社会问题、反映问题，能够采取有效的方式及时化解矛盾，能够在一线预防、控制和解决当前社会发展中存在的各种社会矛盾和问题，从而推动政府转变职能，创新社会管理和公共服务方式，加快以改善民生为重点的社会建设步伐。所以，促进社会公平、维护社会秩序和进行社会控制是其政治功能。

4. 文化价值倡导功能

所有的社会服务机构都秉持“以人为本”的根本理念，宣传公益价值观，倡导社会责任，践行慈善和公共服务活动，传播“助人自助”理念，落实福利政策。

（二）社会服务机构的特征

（1）从目标宗旨来看，社会服务机构提供的是福利服务，通常是以非营利组织的性质出现的。必须指出的是，各种机构之间的公益程度是深浅不同的，最大的差异莫过于有营利性的社会服务机构存在。

（2）从组织任务上看，社会服务机构面对的主要矛盾是人与人之间服务与被服务的关系问题。因此，人们经常说“社会服务机构的素材是人”或“社会服务机构的原材料是人，产品也是人”，生产的“产品”是人所享受到的福利消费。

（3）社会服务机构资金不完全依赖服务对象。政府、公民个人、各种团体和企业都可以作为捐赠或投资主体，因此，社会服务机构常常作为委托代理关系中的第三方的角色出现，对公众负责。

（4）社会服务机构强调服务的专业性。一方面，尽管对社会服务机构的服务技术较难进行标准化的确定，但社会工作服务机构还是通过对普遍经验的程序化，提炼和增强了其专业内涵，如个案工作技术的发展。另一方面，社会服务机构聘用专业人员进行科学化的管理和服务，以建立和维护员工与服务对象之间的专业关系，如督导的专业管理。

（5）社会服务效果不易量化测量。机构的服务肯定会产生社会效果，但由于社会服务机构具有目标本身的模糊性、不同服务对象的主观感受性和社会交换过程的延时性，因此对社会服务机构的最终社会效果不易清晰地测评出来。这也是学界还不能解决的一个考评难题。

三、社会服务机构的类型

依据社会服务机构的不同要素，可以把社会服务机构分为不同的类型。

（一）依据社会服务机构的功能形态进行分类

1. 院舍照顾机构

院舍是大型的福利居住机构，属于传统的社会服务机构类型。对孤寡老人、需要保护和照顾的儿童及青少年、弱智弱能人士、各种精神康复人士等社会弱势群体，需要提供短期或长期安置，采用院舍的形式进行统一照料并提供社工服务。从事这一工作的机构，被称为院舍照顾机构。这类机构早期都是由政府出资兴办的，与自然生活社区隔离，比如敬老院、儿童福利院、精神病院等。院舍工作模式分为家庭替代模式、家庭重组模式和家庭辅助模式。

2. 社区照顾机构

社区照顾机构是由政府及非政府的服务机构按照人们日常社会生活的社会生态规律，在社区里建立的小型的、专业的、非住宿的日间照料服务机构，提供更贴近人们正常生活的服务。这类机构通过建立社区活动中心、老人之家、青少年之家、日间照顾中心等，为老人、残疾人、不需住院治疗的精神病或慢性病患者、有越轨行为的青少年及父母无法照顾的儿童等提供照顾、治疗和教育等方面的服务。社区照顾是为克服院舍照顾的缺陷而发展出的，这样的机构服务模式为的是保证人们的社会化基本生活能够正常进行。目前，在社区为老人服务的机构有居家养老服务中心、日间照料中心和助餐中心；为残疾人服务的机构有残疾人之家；为儿童服务的机构有儿童关爱之家。

3. 社工服务机构

社工服务机构以社会工作者为主体，坚持“助人自助”的宗旨，遵循社会工作专业伦理规范，综合运用社会工作专业知识、方法和技能，开展困难救助、矛盾调处、权益维护、心理疏导、行为矫治、关系调适等社区服务工作。社工服务机构通常以服务项目为主开展工作，项目范围非常广泛，既有社群服务，如为老服务、儿童青少年服务、残疾人服务等，也有专业领域服务，如司法矫正、社区治理、社会救助、企业社会工作等。

4. 支持型服务机构

支持型服务机构是以支持其他社会服务机构发展为主要任务和目标，专门为做实务的社会服务机构提供服务和支持的一类社会组织，其组织使命和活动项目具有明显的指向性。其主要服务内容为公益组织孵化、项目研发、咨询、培训、能力建设、社会服务绩效评估、智库支持、制定行业规范、资源拓展、提供资源集聚平台、公益文化传播、平台共享支持等。支持型社会组织与做实务的社会组织是服务与被服务、支持与被支持的关系。

（二）依据社会服务机构与政府的关系进行分类

与政府的关系不同，意味着政府对其的资源支持和要求不同，同时也意味着对服务对象的福利服务程度不同。

1. 公办公营服务机构

公办公营服务机构属于政府主导建立的社会服务机构，属于公益一类事业单位。政府办机构由几个行政机关分管，最主要的是民政部门、人力资源和社会保障部门分管的社会福利院、敬老院、光荣院等以及残联分管的重度残疾人托养中心。公办公营服务机构承担的福利服务主要面对符合政策条件规定的入住对象，按照“底线公平”的原则，政府给予机构财政预算福利支持。根据不同的条件，机构服务可分为基础性服务和综合性服务等不同类型。根据入住对象的条件及服务需求，政府既可以对机构采取全额财政拨款，也可以对机构的基础性开支实行兜底买单，经费不足部分允许机构采取一定范围内的服务收费进行补足。

2. 公办民营服务机构

公办民营服务机构属于政府支持建立的社会服务机构。公办民营是指将政府办福利服务机构的所有权和经营权相分离，采取承包、租赁、股份制等形式，转变经营机制，实现服务机构独立法人实体运营的模式，包括公建民营、公-民共建、公设民营三种具体形式。现阶段，公办民营服务机构主要以养老院为主。

3. 民办服务机构

民办服务机构是社会成员自主建立的社会服务机构，是社会团体以及公民个人根据其志趣利用非国有资产建立的、常常区别于公办服务机构的独立民间机构。其既可以是营利性的也可以是非营利性的，也被称为社会办服务机构。民办服务机构除了政府政策规定内的支持外，一般靠民间或市场的资源支持。

（三）依据服务对象的差别进行分类

1. 特定性社会服务机构

特定性社会服务机构是指以社会弱势群体为服务对象的社会服务机构，针对特定群体，如三无老人、荣军、孤儿、艾滋病患者、戒毒者等开展照顾、治疗、康复和特定业务活动。

2. 互益性社会服务机构

互益性社会服务机构是指以机构的参与者为服务对象的服务机构，如一些志愿者服务组织、社区兴趣团体、会员制扶贫协会或互助合作社。在这类机构中，组织成员面临的问题较为一致，组织成员既是服务提供者也是服务受益者，通过互帮、互助、互惠开展自我服务。

3. 普惠性社会服务机构

普惠性社会服务机构是指以社区乃至社会为服务对象的服务机构，从事的是普遍公益活动，受益者是全社会，如各类公益倡导组织、公益环保机构、关爱动物组织、人道主义救助团体等。

（四）依据运营手段进行分类

新型的社会企业是社会经济领域中的混合性组织，具有社会性和经济性双重目标，突出的运作特点是“公益之心，商业之手”，即社会企业以社会目标优先为使命，在市场中运用商业手段取得利润来满足解决组织关注的某类社会问题的需要。社会企业一般是实体组织，拥有实物产品或服务产品，既可以采取通过市场消费来获取利润的商业模式，也可以接受社会捐赠和公益投资。现实中的社会企业按照组织性质分为非营利性和营利性两类进行注册，营利性的社会企业也被称为微利润或低利润企业。传统领域的社会企业多沿非营利性组织路径发展而来，解决困难群体的就业、教育、各类康复矫正、老年照护等等问题；现代领域的社会企业多是沿着企业的组织路径建立的，涉及环保、互联网、社会康健、社区营造等等新兴领域。在我国，社会企业既可以采用民办非企业单位的社会组织形式也可以采用公司、专业合作社和合作联社的形式。公司型社会企业由于肩负特定使命，在劳动力构成、利润分配、社区环境保护和技术服务上都会偏向解决某类社会问题，因此可以分为就业型社会企业、金融服务型社会企业、社区资源中心型社会企业和技术服务型社会企业等。

（五）依据社会服务领域进行分类

社会服务机构还可以根据服务领域，分为城乡社会福利公益服务类、科技咨询与培训类、文体健康促进类、社区发展类、文化倡导类、环境保护类和社会权益保护类。

第二节　社会服务机构的使命

任何社会服务机构都在一定的时空环境中开展活动，宏观环境和具体环境对机构都产生着不同的影响。具体组织的阶段性目标可以变化，但是社会服务机构的使命是永存的。对于社会服务机构而言，使命的地位至高无上。使命是可实现的长远目标，不仅决定了机构的战略目标，也决定了机构的发展方向。违背使命的行为会使机构的社会声誉下降、公信力丧失，产生“塔西佗效应”，直接威胁机构的生存基础。社会服务机构应当通过内部自律和外部他律坚持机构的宗旨和价值取向，获得良好的口碑，保持机构的生命力。社会服务机构是天然的使命团体，不用刻意寻找社会责任，以社会责任为己任就是它的天职。为了对使命有更加深入的理解，我们有必要了解几个相关概念的用法，即：机构远景、机构愿景、机构使命、机构宗旨和战略目标。这五个概念是一个体系中不同层次的内容。

机构远景和机构愿景可以被视为同一个概念，指机构自身对未来发展图景的生动描绘，是一种理想化的定位和表达，是关于机构未来在某一领域中占据什么样的地位、是什么样子的生动憧憬。远景、愿景的特点是简洁、明确，往往是一句非常抽象的口号，是没有实现的愿望和理想状态，是组织成员普遍接受和认同的组织的最长远目标。

机构使命以机构愿景（远景）为基础，是机构愿景（远景）的一个组成部分，是具体的、可实现的愿望，更加清楚地说明了机构的性质和发展方向。

机构宗旨是机构使命的内容之一，是机构使命的进一步细化，指明了业务领域的方向和任务的具体化。使命和宗旨经常通用。

战略目标是使命或宗旨的具体化和数量化，是较大的阶段性目标，是在一定时期内完成使命的一个长期结果。战略目标是可接受、可检验、可实现和可操作的。

一、使命的含义和内容

使命是社会服务机构存在的理由，或者说使命是社会服务机构在社会进步和经济社会发展中所担当的角色及履行的社会责任，有以下几层含义。第一，使命是社会服务机构存在的社会意义。一个社会服务机构之所以存在，是因为它在经济社会发展过程中承担着社会性的责任，通过社会服务能够满足社会各方对社会福利的需求。总之，有积极的社会性价值、有满足社会福利需求的能力，即社会服务机构存在的理由。所以，使命要表明机构应当担当的角色和履行的责任，即机构对自身生存发展的“目的”定位。在此意义上，使命不仅仅要回答机构是什么、应该是什么和做什么，更重要的是回答为什么做。使命是有终极意义的目标。第二，使命通过制定机构宗旨、经营哲学、共同信仰和行动原则，并根据组织的意愿和服务对象的性质揭示组织长期发展的前景，为机构目标的确立和战略的制定提供依据。所以，使命不仅规定了组织性质，也为组织发展确定了基本指导思想、原则、方向和行为准则，或说明了组织的指导思想、经营领域和主要工作任务。第三，使命是社会服务机构长期适用的组织目标，代表组织的社会形象，作为战略管理的一部分高于战略目标。

使命的内容通常包括组织目的、经营哲学和组织宗旨三部分，但在表述上并不需要三者俱全。第一，使命常常要说明社会服务机构存在的目的。任何机构都有与其他机构不同的存在理由，生存、发展与担当社会责任是社会服务机构的目的，即使命要反映出本机构在满足社会需要方面的理由。第二，使命要说明机构的经营哲学或理念。机构经营哲学的核心是价值观，反映组织在哲学文化价值层次上的存在理由。机构使命要表明组织活动所确立的价值观、基本信念、态度和行为准则，对机构在开展社会服务活动过程中发挥何种作用和如何发挥作用进行抽象概括。第三，使命要说明组织宗旨。组织宗旨是指现在和将来从事什么样的事业活动，以及应当成为什么性质和什么类型的机构，主要表明机构在业务能力层面上存在的理由。宗旨使价值观得以具体化，主要涉及机构总体指导方针、服务对象、主要任务、发展规模和未来事业发展方向等以业务为核心的内容。

使命的作用在于：(1) 使命为机构的发展指明方向。使命是灯塔，指明前进的方向，照亮前进的路程；使组织成员明确工作的价值，激发他们的积极性。(2) 使命是确定战略目标、制定战略和实施战略的依据。它能反映机构核心价值观，这使其能够长短期目标兼顾。(3) 使命具有激励组织成员和凝聚团队的作用。使命是组织文化的一个载体，能够协调分歧，使组织成员达成共识，保持与组织的目标一致，积极投身工作。(4) 使命的定义对资源分配的领域产生影响。首先，使命对资源分配的影响表现为使命确定了社会服务机构的主要资源领域是社会福利领域、公益慈善领域，社会服务机构参与社会福利资源再分配。其次，使命对任务做出方向性规定，细化在哪一个具体服务方面提供资源支持，如是残疾人服务还是儿童服务等。非营利组织的运转不是靠“利润动机”的驱使，而是靠“使命”的凝聚力和引导，经由能反映社会进步意义的使命陈述与宣传来获取外部的支持和捐助。(5) 使命为机构评估制定依据和标准。要评价社会工作行政管理的优势和绩效，首先需要确定其所做的事情是否正确，即符合使命与否，然后看其效率。

二、使命陈述与转换

使命是机构形象的理念识别，能够使该机构区别于其他机构。为此要对使命进行精心定义并用文字表达出来，这对于确定组织边界和进行组织管理是非常重要的。准确而富有感召力的表述不仅充满智慧，而且与使命转换为具体行动的内容相对应。

（一）使命陈述

1. 使命陈述的概念

使命陈述是一个正式书面文件，是对机构使命的明确表达。使命陈述是机构沟通价值观、宗旨、定位和任务目标的有效方式。明确的使命陈述能够向内部员工和外部利益相关者展现组织追求的目标、价值取向，协调利益相关者行为，支持组织战略和宗旨，帮助组织树立良好的形象、增强凝聚力、吸引资金，为组织的良好运作打下基础。

对使命的陈述有长有短。在实践中，有的组织喜欢用宗旨来代替使命陈述，也有把组织愿景（远景）和组织使命等同使用的。使命陈述能更加清楚地表明组织的价值偏好、服务对象和服务方式。

2. 使命陈述的参考要素及要回答的问题

使命陈述最重要的是反映出机构存在的社会意义、核心价值观和主要服务领域。彼得·德鲁克在《非营利组织的管理》中指出，每一项使命宣言都必须反映机会、能力与奉献精神三项要素，否则将无法凝聚组织内的人力资源去做好该做的事。我们将这三个方面细分为九个参考要素：服务对象、需求领域和程度、服务的种类、服务的技术水平、关注生存和增长、观念、自我认识、公共形象、对员工的关心（见表 1-1）。

表 1-1　使命陈述的九个参考要素

要素	回答的问题
服务对象	是否存在需要机构服务的特殊群体或事务
需求领域和程度	能否把握慈善市场机会，能够满足哪些需求和参加哪些方面的活动与竞争
服务的种类	提供哪种类型的服务
服务的技术水平	具备何种专业能力和服务技巧以提供服务
关注生存和增长	是否关心机构生存和发展的财务稳定性
观念	机构的基本信念、价值观、志向和道德准则是什么
自我认识	机构主要的竞争优势和核心能力是什么
公共形象	机构能否对社会环境和公众关心的问题担当起社会责任
对员工的关心	是否尊重人才，把员工当作宝贵的人才，关注员工、志愿者的职业生涯和工作成长，注重员工的工作环境和才能的发挥

3. 使命陈述应注意的问题

使命陈述要鲜明、清楚、定位准确和富有感召力。小机构或处于发展初期的一般机构，对使命陈述往往比较模糊或不够重视，在机构逐步发展、任务逐渐清晰之后，才重新修订使命陈述。使命陈述应当注意表达的平衡性，既要比较全面，又不能过于宽泛。使命是机构发展的总体指导思想，一般应在中观层次上进行表达，这样既能促进组织未来的发展，又能表明现有的具体工作业务。

对于使命陈述，不可能有一个全面通用的模式，使命陈述可以千差万别。评价一个使命陈述并不以上述九个参考要素全部具备为标准，一般来说，反映了其中几个方面要素的使命陈述比较多见，其中对组织观念和服务的明确表述最为重要。机构的使命陈述在定义、内容、格式、风格和简略程度上各有不同，不存在一个最佳的和固定的陈述模式。

（二）使命转换

使命转换是使命向目标的转换，就是将使命中的说辞转换成更精确的目标，通过目标的分解完成使命任务，可见，目标是使命的具体化形式。通过阶段性地达成目标，使命就能变成可操作的具体的行动，而目标则仅是暂时性的。

彼得·德鲁克是这样进行使命陈述与转换的：

> 许多年前，我有幸和一家大型医院的主管进行座谈，探讨急诊室的使命陈述。我们用了很长的时间才达成了一个非常简单并且（绝大多数人都认为）极其浅显的陈述方式：急诊室就是为受病痛折磨的人提供保障的地方。要做好这一点，你必须明确实际行动措施。使医生和护士感到十分惊讶的是，一流急诊室的职能仅仅是如此直白地告诉大多数就诊者：只要就诊者能够一夜安睡，不需照料，就不会有什么问题。你也许会感到惊讶，而实际上即使婴儿得了流感，变得烦躁不安，也不是什么很严重的问题，因为有医生和护士提供保障。
>
> 我们就这样确定了使命，但它看起来实在是太浅显了。然而使之转化成实际行动，则意味着前来就诊的每一位患者在一分钟内就能得到一位训练有素的医生或护士的接待。这就是使命的意义，这就是组织的目标！其余则是如何执行的问题了。一些患者被立即安排接受治疗，一些被安排去接受检查，还有另外一些则被告知：不用担心，回去服一片阿司匹林，睡上一觉；如果没有好转，明天再来看医生。但首要目标是立即接待每位患者，因为这是为患者提供保障的唯一方式。①

通过上述例子我们看到，急诊室的使命陈述为“急诊室就是为受病痛折磨的人提供保障的地方”，而转换成更精确的目标则为“立即接待每位患者”。使命转换的步骤是，先由组织使命转换为组织目标，再由组织目标转换为实际行动。如在急诊室的例子中，要使“立即接待每位患者”的首要目标转化成实际行动，即“前来就诊的每一位患者在一分钟内就能得到一位训练有素的医生或护士的接待”，接下来要执行的就是，“一些患者被立即安排接受治疗，一些被安排去接受检查，还有另外一些则被告知：不用担心，回去服一片阿司匹林，睡上一觉；如果没有好转，明天再来看医生”。在这里，我们能够清晰地看到由使命到目标再到实践行动的链条。使命通过“目标—任务”的层层分解链条，实现组织的目的。

彼得·德鲁克非常重视使命转换问题。他认为，行政领导的关键并不在于领导

---

① 德鲁克．非营利组织的管理．北京：机械工业出版社，2009：3.

者的魅力，而在于使命。领导者，其职责就是将使命中的说辞转换成更精确的目标以便于执行。只有有了具体的行动目标，才能开始行动，实现使命。所以，使命转换是达成使命的重要步骤，是行政领导的首要任务。

第三节　社会服务机构的公信力

一、机构使命与公信力

机构使命对于公众和社会的意义在于，指引机构发展的方向、提升机构存在的社会意义、为机构的持续发展提供路线保证；其对内则成为指导组织和成员行为的准则。

（一）机构使命、角色期待与社会信任

使命具有如下特点：一是使命具有社会责任性。社会服务机构的任务是传递社会福利服务和政策，担当社会福利服务的各项工作内容，特别是针对社会弱势群体、社会问题展开具体的行动。二是机构的人文关怀价值理念来源于使命。就其服务对象而言，机构通过社会福利服务，关爱社会弱势群体，维护人的社会福利权益和尊严，倡导公平、公正的社会秩序。三是社会价值取向反映了机构的核心价值观和未来发展前景。四是使命使公众产生对机构的社会角色期待及信任。公众和社会往往根据使命这一根本价值原则和目标对社会服务机构担当社会责任的行为提出要求、期望和评判标准，这就是社会角色期待①。当公众认为机构服务和经营活动与机构的使命和宗旨一致时，就会对机构产生社会信任，机构就会享有很高的信誉和良好的口碑，从而获得大力支持。简单地说，信任形成了社会公信力。

（二）“塔西佗效应”与公信力

《现代汉语词典》对公信力的解释是：使公众信任的力量。组织的公信力指社会对一个组织的认可及信任程度，它通过法律约束和自律规范来体现。社会组织要努力提升自己的公信力，获得社会公众的信任和支持。社会服务机构是社会公共服务组织的一种，它的权力来源于政府授权和公众授权，与公众的关系是委托代理关系。在委托代理关系中，由于存在信息不对称，公信力便成为人们评价机构的确定性因素，人们根据机构的口碑、信誉来决定信任还是不信任、支持还是不支持该机

① 社会角色期待是评价拥有具体社会地位的人（或组织）的行为时所采用的期望或评判标准。参见：斯格特．组织理论．北京：华夏出版社，2002：19.

构。在委托代理关系中，公众对机构越信任，机构就能够掌握越多的话语权，并在社会上形成越大的影响力和号召力。

公信力的丧失会导致“塔西佗效应”。“塔西佗效应”是古罗马历史学家普布里乌斯·克奈里乌斯·塔西佗对执政得出的一个结论。他指出，当政府不受欢迎的时候，好的政策与坏的政策都会得罪人民。也就是说，当政府或社团等公共组织行使公权力的公平性和正义性遭到质疑、不受公民信任的时候，组织就会出现公信力危机。此时，组织无论是说真话还是说假话、做好事还是做坏事，都会被认为是说假话、做坏事，从而陷入“塔西佗陷阱”。在这种情况下，组织会遭遇语言暴力、谣言中伤等，对组织的公信力造成巨大的损害。特别是在网络时代，信息传播快、受众广，信息真实性核实成本高，社会舆论势众，一旦组织失去公信力，就会造成严重的后果。公权力是政府或社团等公共组织根据公共意志或基于公共利益，组织、协调和控制社会与个人的力量的指挥、决策和管理能力。如果公权力被私有化、商品化或官僚化，组织的公信力就会受到冲击。

所以，对于社会服务机构而言，公信力也可以被视为机构的生命力。只有具备良好的社会公信力的机构才可能在更大范围内调动社会资源，从而更好更快地实现其使命。实践证明，公信力的缺失会使一个公益机构失去生存的社会基础。因此，在使命的驱动下，社会服务机构也需要重视社会公信力建设。

二、社会公信力的含义和对象分类

社会公信力既是社会服务机构在服务管理中所具备的为社会公众所认同和信任的影响能力，也是公众在社会生活中对社会服务机构实施的政策以及其他社会性活动的普遍认同感、信任度和满意程度，是公民对机构服务效果的主观评价。它通过机构自律和法律约束来达成。

从社会政策角度看，社会服务机构一般采取混合福利模式，国家和社会都是机构社会福利的供给者，因此，社会公信力的对象可以区分为四个方面：国家、社会组织（资金提供者）、服务组织自身（服务提供者）、服务对象。将混合福利模式中的四个利益相关方作为分析维度，可呈现以下四个维度：一是针对国家的公信力，社会服务机构受到政府的业务主管或支持，无论政府提供资金与否，机构都需要对其负责。二是针对社会的公信力，其中包括对主要资助者问责的应答责任。有些机构也会对作为捐助方的合作伙伴负有责任。这些机构使用公共财政拨款，每个纳税人均有权过问其资金流向及运作效率，所以也要对整个社会负责。三是针对自身的公信力。四是针对服务对象的公信力。①

---

① 尚晓援，李敬．用户参与与民间儿童福利服务机构的公信力：安琪之家的个案研究．学习与实践，2011（3）.

三、社会公信力建设的总体原则和内容

坚守使命，恪守透明、尽责、诚信原则，建立内部自律和外部他律机制，这是机构社会公信力建设的总体原则。

（一）内部自律的内容

内部自律是社会服务机构自身进行自我监督、自我约束和社会交代的重要内涵。内部自律包括以下几个方面的重要内容：第一，建立规范的内部治理结构。建立最高权力机构——员工代表大会，建立理事会及其附属的执行委员会、审计委员会和筹资委员会等决策管理核心机构，建立监事会作为监督机构，形成理事会、执行委员会和监事会三位一体的治理结构。第二，建立信息披露制度。信息披露制度是一切约束机制实施的前提和基础，对机构运营的主要信息，如提供服务情况、对捐赠资金的合理使用和运作、对财务与投资的报告和审计结果，要公开透明、及时准确、完整真实地向出资人、政府、受益人和其他公众公开。第三，注重公共关系，塑造社会形象。可以利用适当的信息媒体形式进行宣传，机构要培养自己的报告、解释和辩护能力，对自己的行为负责任。建立新闻发言人制度，与社会公众进行信息沟通。

（二）外部他律的内容

外部他律指来自政府和社会的约束力量，主要包括政府对社会服务机构的行政监管和社会监督。政府的行政监管主要包括对社会服务机构的准入监管、日常规范监管、税收减免监管、组织变更与注销监管。在我国，社会服务机构监管适用的法律法规主要是《民办非企业单位登记管理暂行条例》《中华人民共和国慈善法》以及地方性的政策和文件规定，政府相关部门或政府委托的会计师事务所、审计事务所都可对社会服务机构进行审计监督。社会监督包括捐赠人基于《中华人民共和国公益事业捐赠法》对捐赠机构的监督、受益人基于《中华人民共和国劳动合同法》和《中华人民共和国信托法》对服务机构的监督、行业协会对机构的监督、社会公众对机构的监督。

复习思考题

1. 社会服务机构具有什么样的性质？
2. 按照功能形态划分，社会服务机构有哪些类型？
3. 按照与政府的关系划分，社会服务机构有哪些类型？

4. 社会服务机构的使命包含哪些内容？有什么作用？
5. 模拟某个机构的使命并进行使命陈述与使命转换。
6. 机构使命与公信力之间是什么关系？
7. 公信力的对象分类有哪几个层次？
8. 社会公信力建设的总体原则和内容是什么？

本章参考书目

1. 王思斌．社团的管理与能力建设．北京：中国社会出版社，2003.
2. 德鲁克．非营利组织的管理．北京：机械工业出版社，2009.
3. 杨道波．公益性社会组织约束机制研究．北京：中国社会科学出版社，2011.
4. 时立荣．社会工作行政．北京：中央广播电视大学出版社，2011.
5. 李维安．非营利组织管理学．北京：高等教育出版社，2005.
6. 斯格特．组织理论．北京：华夏出版社，2002.

推荐阅读书目

德鲁克．非营利组织的管理．北京：机械工业出版社，2009.

第二章

社会工作行政基础

基本概念

社会工作行政　社会工作行政的主体　社会工作行政的客体　社会工作行政的价值　社会工作行政的伦理　社会工作行政的功能　社会工作行政环境

本章要点

1. 社会工作行政是指社会服务机构为达成使命，将政策转化为具体社会服务的一系列程序，既包含行政过程，也包含管理方法。我们对英美的社会工作行政的定义特别做出了清晰的提炼和表达：英国的社会工作行政是重心在“社会政策”执行上的社会工作行政，美国的社会工作行政是重心在“管理方法”运用上的社会工作行政。这为理解我国学者对社会工作行政的定义提供了分析基础。

2. 社会工作行政也有主客体。我们特别指出了社会工作行政客体的具体内容：工作任务及其运作，包括文案工作、人员人事的安排、岗位人际关系和工作环节的协调，以及团队组织的建设、机构财务资源的维持与机构硬件设施的维护等人、财、物方面的内容。

3. 社会工作行政在基本价值观及基本工作伦理的指导下发挥着动态性职能，社会工作行政具有提高社会服务机构效率、制定执行流程以确保机构日常事务顺利进行、监控效率和效果一致性的功能。

4. 社会工作行政一般是机构内部有规律的、日常化的、规范化的组织行为，工作程序比较固定，这样能够保障机构正常的秩序。但是，当组织的外部环境发生变化的时候，内部的规则也会发生改变，推动机构的改变。

5. 管理学和公共行政学为社会工作行政提供了方法支持。我们也特别强调对于社会工作行政组织产生直接作用和影响的具体机构环境。

课前准备

查找学习行政管理的一般性知识；翻阅社会工作行政管理课程发展的历史；加深了解机构社会工作行政与政府部门行政事务之间的相同之处和不同之处。

随着现代化生活方式的出现，社会福利和保障制度越来越成为社会成员依赖的福利保障方式，各国政府对公共服务的回应也成为人们评价一个政府和社会好坏的指标，各种社会治理主体都积极参与到社会管理和服务中来，共同建设现代社会。社会服务组织作为社会治理的主体之一，承担着越来越重要的任务。社会服务组织的发展对社会工作行政管理提出了专业化的要求。

第一节　社会工作行政的一般概念

到目前为止，学者们对社会工作行政的含义从不同的角度给出了不同的解释。尽管概念不同，但并不影响实践的发展。本教材明确地将社会工作行政界定为具体的社会服务机构，并据此来界定社会工作行政的含义。

一、对社会工作行政的理解

（一）对社会工作行政概念的不同理解

“社会工作行政”一词来自西方的社会工作学科，由英文“social work administration”翻译过来，与其紧密相关联的词还有“social administration”（社会行政）、“social welfare administration”（社会福利行政）。在社会工作学科发展过程中，在社会服务机构的实践过程中，由于本土化的情况各异，人们对社会工作行政内涵的理解也是多种多样的，总体上可分为重心在“社会政策”执行上的社会工作行政解释和重心在“管理方法”运用上的社会工作行政解释。

1. 以英国为代表的理解和实践

英国的社会工作行政的定义一直保持着传统的核心思想，认为社会工作行政是通过社会服务活动传递和实施社会政策的过程，如英国《布莱克维尔大辞典（社会政策）》对社会行政是这样解释的：“在学术圈子里与‘社会政策’可以互相替代使用的一个术语。许多当代的社会政策课程先前被称作‘社会行政’。然而，这个术语特别集中于政策的发展和实施过程，而不注重更广泛的政策存在于其中的社会和理论的背景。”[①] 可见，英国的社会工作行政是重心在“社会政策”执行上的社会工作行政。基德尼夫的代表性的定义为：社会工作行政是将社会政策转化为社会服务的过程；这个过程是双向的，一是将社会政策变为具体服务，二是积累经验，为修订社会政策提供建议。

2. 以美国为代表的理解和实践

早期美国社会工作行政的定义深受英国定义以社会政策为核心的影响，后来美国学界逐渐形成本土化的共识，其核心思想是强调社会工作行政是作为方法的行政管理。1995 年美国出版的《社会工作辞典》定义了社会工作行政：“负有行政责任的人所采用的方法，包括确定一个社会福利机构或其他单位的组织目标，获取行动方案的资源并进行分配，协调达成选定目标的工作，对工作程序和结构进行监控、评估，并进行必要的调整以提高绩效。在社会工作中，‘行政’很多时候是‘管理’的同义词。”[②] 可见，美国本土的社会工作行政是重心在“管理方法”运用上的社会工作行政，这与美国的管理主义兴起有关。雷克斯・A. 斯基德莫尔的定义具有代表性：社会工作行政是机构内的工作人员将机构政策转换成服务的行动过程，包括执行者、团队成员间的关系，最常用的方法为计划、组织、人事、指导、控制等活动。

3. 我国学者的理解和实践

我国学者对社会工作行政的理解既受英国的也受美国的社会工作行政思想的影响，同时吸纳和借鉴了英国的重心在“社会政策”的社会工作行政观点和美国的重心在“管理方法”的社会工作行政观点。尽管社会工作教育界学者们对社会工作的定义各有不同和侧重，但他们总体上都认为，社会工作行政分为两个层面，一是政府通过实施社会政策而展开的行政活动，属于宏观社会工作行政领域，二是实体社会服务机构中的社会工作行政管理方法，在具体的解释中各有侧重。

（二）社会工作行政的含义

社会工作行政是指社会服务机构为达成使命，将政策转化为具体社会服务的一系列程序，它通过计划、组织、协调控制促进目标的有效实现，所以，它包含着从目标预设到结果实现的动态的、可持续的行政过程和相关管理方法。机构社会工作行政是使社会服务机构功能有效发挥的科学工作方法，是专业社会工作的间接服务方法，主要包含以下五层意思：

第一，社会服务机构通常指非营利性的社会组织。

第二，机构社会工作行政是社会服务机构的行政管理活动，不包含政府层面的

---

① 陈为雷 . 社会工作行政 . 北京：中国社会出版社，2010.

② 同①.

行政管理活动。

第三，社会工作行政的最高目的是使命达成，使命决定了社会服务机构的行政管理以案主为中心的导向。

第四，由于“行政”和“管理”具有行动一体化特征，所以机构社会工作行政包含行政和管理两个方面的内容，定义中的“行政”取“行政管理”之义。在实践当中，社会服务机构的行政过程和管理方法是交叉的。

第五，追求社会工作行政的效率和效果。效率保证机构服务资源投入产出的有效运转，效果保证机构服务的性质和质量品质。

社会工作行政的本质是通过社会服务机构科学地运用行政管理程序与方法，提高社会服务机构及服务项目满足服务对象需求的能力，并引导组织成员一起达成目标、使命与机构效率的一致性；一句话，即证明社会工作满足社会需求的现实有用性。在确认社会工作行政以社会服务机构本身为范围的前提下，本书认为社会工作行政与社会行政、社会福利行政和社会行政管理的概念是一致的，故此不再讨论概念之争。

二、社会工作行政的主体与客体

社会工作行政的主客体遵循着管理学的主客体定义，人和物的因素都可以成为主客体的内容，也存在既是主体又是客体的情形。社会工作行政的主体是依法获得和实施社会工作行政权力，承担社会工作行政责任的实践者，即机构全体管理人员，涉及机构领导者、中层管理者和管理团队成员。社会工作行政的客体即社会工作行政的对象，包括被管理的人和具体事务。可以分别从行政过程和管理方法两个方面来理解。

一方面，从行政过程角度理解，社会工作行政的客体主要包括机构的人、财、物等方面。首先，行政过程包括文本、文案的规划、设计与制作，文字和书面形式的政策、制度和规章的传达与落实，这是现代行政工作的基本特点。社会工作行政的第一客体就是大量的文牍工作。其次，社会工作行政的另一重要客体就是机构内人员人事的安排、人际关系的协调及团队组织的建设。最后，行政过程建立在基本的物质保障之上，构成这种基础的机构财务资源维持与机构硬件设施维护等也就成为社会工作行政的客体之一。

另一方面，从管理方法角度理解，社会工作行政的各项事务主要表现为政策转化为服务的各种共性事务，如机构战略规划、组织筹划设计、人员资源管理、薪酬管理等事务构成社会工作行政的主要客体。

总之，社会工作行政强调应用性，在实际工作过程中，主客体也可以相互转化。

三、社会工作行政是社会工作的一种间接服务方法

在社会工作领域，社会工作行政是继个案工作、小组工作和社区工作后出现并成为一种专业方法的，与其他方法有着共性、差别和关联路径。

社会工作行政方法与上述其他三种社会工作方法的共性有：采用共同的原则为人群服务，解决的问题和处理的人际关系相同。

社会工作行政方法与其他社会工作方法的差别有：个案工作、小组工作和社区工作基本上属于直接服务方法，社会工作行政属于间接服务方法。个案工作、小组工作是微观社会工作方法，通过专业性更强的人际沟通技术和服务解决问题；社区工作与社会工作行政属于宏观社会工作方法，通过管理和领导方法解决问题。个案工作和小组工作都直接面对案主，帮助个人和家庭改善社会关系，是社会工作方法中对专业技术要求最高的；社区工作通过邻里和社区组织行动解决问题；社会工作行政主要以机构为平台，以组织化的效益提高社会工作专业能力和组织支持，为个案工作、小组工作和社区工作的有效开展提供组织管理和服务。

社会工作行政方法与其他社会工作方法的关联路径包括：在整合取向的任务当中，社会工作行政方法的间接性就体现为它是方法的方法，是促使其他三种方法被有效使用的方法。所以，不同于一般行政和管理，社会工作行政人员需要特别的知识和训练，才能成为社会服务机构和社会发展项目需要的专门行政与管理人才。只有掌握了社会工作行政的专业管理方法，才能改善机构的功能，促进机构的运转，提升机构的效能，证明机构具有实施社会政策的能力。机构只有能提供领导管理人才，才能在社会福利服务事业的发展中处于优势地位。

第二节　社会工作行政的价值与伦理

社会工作行政作为社会工作专业实务领域之一，其价值建立在社会工作的基本价值理论和核心价值观的基础上，社会工作的使命和核心价值理应成为社会工作行政者的价值取向和行动指南。但是，行政又是一个相对独立的实务领域，社会工作行政者的伦理要求需要更高的标准。

一、社会工作行政的价值

社会工作行政首先要遵循机构社会工作的基本价值观、社会工作核心价值观和与之相应的基本伦理原则。这种基本价值观具体表现为强调对人的尊重、重视个人

改变的潜能、尊重案主自决权和赋予案主权利、要求正义公平和机会平等。社会工作行政建立于基本的价值观基础之上，同时，又具有特定的价值内容。机构行政价值的核心内容是资源分配的公平性。

社会工作行政的具体价值内容包括：第一，规范机构的规章制度并遵守机构的规定。第二，在工作过程中诚实守信，不参与或宽容不诚实、欺诈或诱骗等行为。倡导建立保护隐私权的制度或政策。第三，优先考虑案主的最佳利益，在机构内为满足案主需求提供充足的资源。第四，保证资源管理流程是公平、公开的。第五，确保机构有足够的资源，以给工作人员提供适当的督导，规范督导制度。第六，尊重社会工作行政者和社会工作行政客体，促进社会工作行政者协同合作，维护社会工作行政客体的利益。第七，制定宣传价值和伦理规范，设计科学评估，调整机构战略。第八，促进机构内外的合作、交流，整合社会资源。第九，在社会政策与制度的发展过程中，倡导和协助社会大众参与公共事务。第十，倡导政策与立法的改变，促进社会正义。

二、社会工作行政的伦理

社会工作行政的伦理主要体现在实务工作过程、促进专业发展、提升社会功能这三个层面中。社会工作行政者怎样做是对的，即社会工作行政者的伦理责任。

（一）社会工作行政者在机构中的伦理责任

社会工作行政者在实务领域拥有更高的地位和权力，因此，要履行更多的义务，担负更多的责任。社会工作行政者的工作涉及服务和管理两个层面，所以在个人角色发展、专业关系维护、机构制度建设等方面，社会工作行政者都要履行一定的伦理责任：首先，社会工作行政者应熟悉社会工作各个实务领域，具备提供咨询、教育、培训、督导，以及组织、整合以上实务技能的能力；其次，保证良好的工作环境及创造良好的人际氛围，对工作人员的绩效进行负责任的评估，配合其他社会工作行政者的工作，履行对社会工作行政客体的承诺，处理劳动纠纷；最后，统筹社会工作行政战略，如设计服务工作流程，建设教育、培训、激励制度等。

（二）社会工作行政者对社会工作专业的伦理责任

社会工作行政者在实务过程中拥有更多的话语权和影响力，所以应致力于提升专业整体的发展，主要责任有：强化组织专业能力提升，建立良好的专业形象和专业公信力；为专业的成长和发展做好规划设计，创造有利于增强专业认可度的品牌项目，保证项目的可持续良性发展；定期监督和评估政策，建立机构间联系，规划组织愿景，优化专业发展环境。

（三）社会工作行政者对社会发展的伦理责任

社会工作行政者拥有更广阔的交往空间和调配公共资源的机会，所以应致力于提升社会的整体福利，主要责任有：组织策划实践、调研项目，倡导社会公平正义；参与影响社会政策和制度的公共辩论，代表公众利益尤其是弱势群体发声；优化社区、社会环境，提供公共服务资源及产品；提高公共意识，建立多方预警机制，应对公共危机；积极参与社会和政治行动，整合群体、机构及社会资源。

三、社会工作行政价值和伦理之间的关系

社会工作行政是社会工作的实务领域，是社会政策的实施过程，遵循社会工作的核心价值和基本伦理，秉持社会政策的价值判断。价值观关注什么是好的，伦理关注什么是对的，伦理是从价值观中推导出来的，必须与价值观协调一致。

第三节　社会工作行政的功能

社会工作行政是社会服务机构将宏观的社会政策转化为具体社会服务的动态过程。社会工作行政的功能是保证这一过程的有效运行，以促进社会服务机构的使命达成。

一、具体执行社会政策以传递社会服务

这是社会工作行政的基本功能。社会福利政策是国家或社会机构旨在满足民生需求、解决社会问题、增进民众福利的一系列原则和措施，是开展社会工作行政的指导方针。社会福利政策要转变为实际的社会福利活动并真正地惠及有需要的社会成员，需要一种转换机制，这就是机构的社会工作行政。社会工作行政就是要通过社会服务机构的具体行政管理过程，落实社会福利政策，从而将社会福利政策目标转化为具体的福利活动或活动方案。从政策层面来看，社会工作行政是将社会福利政策操作化和行动化，是政策的具体延伸过程。

在将社会福利政策转变为具体的福利活动的过程中，社会工作行政发挥着十分重要的规划和执行作用，可简单概括为：计划、组织、领导、协调、控制和诸项管理。同时，社会工作行政也根据实际情况，总结经验，不断修订和完善社会福利政策。

二、运用科学工作方法以提高机构服务效率

社会工作行政是社会服务机构有效实现政策目标的过程，在这个过程中需要社

会工作行政的有效执行。因此，社会工作行政强调工作方法的运用，主要表现为执行过程的高度组织性、资源的合理有效配置。

（一）执行过程的高度组织性

要有效地达到政策目标，需要在机构内部进行组织和协调。因此，社会工作必须有一个行政的过程，也就是社会服务机构组织化运行的过程。社会工作行政通过服务的组织机构设计，对参与服务的人员进行分工和组织，明确责任权力体系，以保证服务活动的高效率开展。同时，社会工作行政强调专业方法的运用，其中包括具体服务计划的制订、工作人员的专业培训、服务效果的专业评估等。作为社会工作行政主体的机构全体管理人员，其专业的工作方法、协调组织的能力对机构的运行效率具有重要意义。

（二）资源的合理有效配置

将政策转化为具体的服务，实际上就是社会福利资源的传输。在传输的过程中会产生资源的消耗，为了最大化地利用社会资源，需要讲究成本控制、投入产出效率，对机构资源进行有效合理配置。社会工作行政面对的社会资源包括人力、物力和财力资源，这些社会资源是有限的，需要得到有效整合，提高利用率，避免资源浪费。社会工作行政只有通过对各种资源的有效配置，才能形成社会服务能力，满足服务对象的需要。

三、执行工作流程以确保机构事务顺利进行

社会工作行政要将社会政策转变为具体的服务，需要规范化管理，表现为制定具体的工作流程：

（1）将宏观政策具体化，即解释社会政策，根据社会政策确定机构总体战略目标，对目标进行管理和控制，维系机构内部环境和外部环境的平衡。

（2）根据社会需要确定短期和长期服务计划，并适时做出调整和完善，建立、健全社会服务的组织管理系统和结构体系，明确机构各类职责和规章制度。

（3）招募、培训、任用、组织服务机构相关工作人员，建立专业的工作方法体系和督导制度，根据机构目标评价工作人员的工作效率和服务水平。

（4）策划社会政策的具体运行方案，提供专业的服务指导，确保运行方案的有效执行，确定政策落实的时限和评估标准，等等。

（5）做好社会服务机构的资源筹措与安置工作，如资金的预算与筹集、志愿者资源的安排、同其他社会服务机构资源的优化配置，建立良好、清晰的社会公共形象，做好公共关系网络拓建，如与政府、媒体、其他社会服务机构间的关系网络的拓建。

（6）建立明确的服务评估体系，及时进行对服务工作的总结和反馈。同时，社会工作行政在执行社会政策的过程中，需要根据实际情况，总结经验，不断修订和完善社会政策，这也是社会工作行政内涵的体现。

四、监控效率和效果的一致性

为了妥善地运用与管理有限的社会资源，避免资源的浪费，社会服务机构应实施科学有效的管理，提高效率，以实现资源的最大化利用，保证机构服务资源投入产出的有效运转。对效果的要求则是保证机构服务的性质和质量品质，这是社会服务机构的使命和价值追求的最终目标。社会工作行政作为一种管理活动，其目的是实现组织目标，即满足服务对象的需求。讲求社会工作行政的效率是为了更好地实现社会服务机构的效果，即满足服务对象的需求和达成机构使命。因此，社会工作行政需要监控效率和效果的一致性，通过评估可以达到这样的目的。

社会工作行政是将社会政策变为社会服务行动的过程，对政策实施的效果最有发言权。任何社会政策都要经过政策制定、政策实施、政策效果反馈和政策调整四个基本阶段才能达成政策目标，并根据实际变化，终结老政策，制定新政策。

在社会服务机构日常工作运转、提供社会服务的过程中，决策的重要依据即能否有利于满足服务对象的需求，能否达到政策效果，并在此基础上提高效率，保证资源的充分利用。只有在执行过程中才能发现各种各样的问题，找到政策漏洞，及时提出修改、补充、废止等政策建议。所以，社会工作行政具有重要的政策信息反馈功能。

第四节　社会工作行政环境

社会工作行政环境是指对社会工作行政的过程、方法、程序、效率、效果等产生影响的各种力量和条件因素的总和。社会工作行政环境可以进一步划分为社会工作行政的一般环境和社会工作行政的具体环境。从社会工作行政组织层面而言，社会工作行政的一般环境可以被看作社会工作行政组织的外部环境，社会工作行政的具体环境可以被看作社会工作行政组织的内部环境。社会工作行政人员必须注意考察社会工作行政活动及社会工作行政组织的环境因素，注意环境分析，从而更好地理解和把握社会工作行政的过程。

一、社会工作行政的一般环境

社会工作行政的一般环境是指从社会工作行政组织外部对社会工作行政的过

程、方法等产生间接影响的各种因素的总和。社会工作行政的一般环境可以进一步划分为宏观环境和特定环境，二者都属于外部环境因素。

（一）宏观环境因素

社会工作行政的宏观环境是指对社会工作行政产生影响或制约作用的宏观社会因素的总和。社会工作行政的宏观环境与社会工作行政组织的外部宏观环境相对应。宏观环境因素一般包括政治、经济、文化、教育、技术、法制、人口、社会结构等方面。这些宏观环境因素影响并制约着社会工作行政的方法、过程，如技术水平制约着社会工作行政的效率和方法，法制环境则影响着社会工作行政的具体过程和流程设计；在组织层面上，宏观环境因素则通过影响社会工作行政组织的宏观指导思想和战略方针，制约着社会工作行政的领导与决策，从而决定着社会工作行政的具体领域。宏观环境因素往往以间接的形式长远影响社会工作行政的方法、过程，影响社会工作行政组织的运行。

（二）特定环境因素

社会工作行政的特定环境是指从宏观环境中区分出来，对社会工作行政过程、组织运行与发展起明显制约作用的外部社会因素的综合。与社会工作行政过程和社会工作行政组织密切相关的特定社会环境主要是国家的社会政策环境。社会政策是政府或其他组织在一定社会价值的指导下，为了达到其社会目标而采取的各种福利性社会服务行动的总和①，其实质是强调政府对社会福利事务领域的干预。社会工作行政就是将社会政策转换为具体社会服务的过程，因此社会工作行政过程必然受到社会政策环境的影响。一般而言，国家、政府在社会政策领域的法律法规直接影响着社会工作行政的方法和过程，国家、政府在社会政策领域的制度设置和运行机制直接制约着社会工作行政的内容和领域。例如，国家、政府在社会政策设计中的经费投入及资金供应模式决定着社会工作行政组织的资金来源结构，从而影响着社会工作行政的具体过程；国家、政府在社会服务组织体系中的设计和服务传递模式直接塑造了政府与社会服务机构的关系，从而影响了社会工作行政的具体方法。

在社会工作行政组织层面，我们可以从社会工作行政组织利益相关群体的角度来理解社会工作行政的特定外部环境。一般而言，对社会工作行政组织而言，其利益相关者主要应包括：

一是组织的服务对象，即组织服务的使用者。

二是组织的资源提供者，即为组织提供资金、物质、时间等各类资源的组织和个人。组织的资源提供者包括政府，其往往通过购买服务等形式成为组织的重要资

---

① 关信平．社会政策概论．2版．北京：高等教育出版社，2009：12.

源提供者，不仅如此，政府也通过制定和执行相关政策，为组织运行和发展设置特定环境从而影响组织；而其他企事业单位组织或个人则通过捐赠、志愿服务等形式来为组织提供各种资源并影响组织环境和组织结构。

三是其他社会工作行政组织。它们既是组织的服务对象和资源的竞争者，同时也是组织提供服务的合作者或者补充服务的提供者。它们往往与组织发生各种形式的关系，构成影响组织的重要环境。

四是社区。它既可以成为组织的服务对象，也是各类资源的提供者之一。之所以在此特别强调社区，是因为社会服务组织更多的是在社区层面提供各类服务的。社区无疑是社会工作行政组织具体环境的重要组成部分。并且由于社区环境的特殊性，它也越来越成为社会工作行政系统中一类独立的环境空间，形成了社会工作的另一领域与工作方法，即社区工作。

社会工作行政组织的相关利益群体不仅影响社会工作行政的领导、决策、筹资等宏观过程，也通过社会工作行政组织的具体服务过程来对社会工作行政的方法等产生影响。

二、社会工作行政的具体环境

社会工作行政的具体环境是指从社会工作行政组织内部对社会工作行政的过程、方法等产生直接影响的各种因素的总和。从社会工作行政组织层面而言，社会工作行政的具体环境可以被视为社会工作行政组织的内部环境。具体环境可以进一步被划分为社会工作行政组织内部的物理环境、人力与人际环境和制度文化环境。

（一）物理环境

社会工作行政组织内部的物理环境主要指组织的办公环境及硬件设备、设施状况。在工作过程中，社会工作行政人员要了解组织内的设施状况，做到充分利用，避免冗余和老化，并注意新设备的引进，不断改善工作环境和硬件设施条件，从而提高工作效率，保证服务工作效果。

（二）人力与人际环境

社会工作行政内部的人力与人际环境主要指组织成员的专业水平和精神状态。专业水平主要包括组织成员的受教育水平与教育背景、专业技术水平与职业训练经历等；精神状态则包括组织内部的人际关系，组织成员的责任心、归属感、合作精神和奉献精神等。社会工作行政组织内部的人力与人际环境对行政过程和组织管理有着直接的影响：组织成员的专业技术水平制约着组织工作运行的效率与效果，而组织的人际环境即士气和合作程度的高低，影响着组织成员的积极性和创造性的发挥，进而决定了组织管理的效率和管理目标的达成。组织内部人际环境非常重要，社会工作行政人员要注意组织内的人际环境建设，激发组织成员的合作精神、奉献精神和组织归属感，营造和谐的人际关系。与此同时，要注意不断提高组织成员的专业技术水平，从而保持组织效率和创造性。

（三）制度文化环境

组织内部心理环境既与组织成员个体特征有密切的关系，也受到组织内部制度文化环境的影响，因此我们不仅要重视组织成员的录用与人力资源管理，也要重视组织内部制度文化的塑造。

组织内部制度文化环境至少包括两个层面的内容：一是组织的制度层面，包括组织目标、组织权力结构、组织规章制度、组织工作流程等；二是组织的文化层面，包括组织的价值观念、组织信念、组织的经营管理哲学以及组织的精神风貌等。从管理的角度而言，组织内部制度文化环境涉及组织目标与决策方法、组织领导风格、组织沟通方式、组织管理等的特定模式。组织内部制度文化环境既受到组织外部环境包括宏观环境和特定环境的影响与制约，也与组织自身的制度和文化传统密切相关，社会工作行政人员要对本组织的文化环境有深刻的理解和把握，不仅要明晰其现状，明了其存在的优势与劣势及其对组织运行与发展产生的影响，也要对组织内部制度文化环境与外部环境的关系有一定的感知能力，从而营造适合本组织的积极健康的组织制度文化环境，这一点对社会工作行政活动的顺利进行与社会工作行政组织的持续发展而言尤为重要。

第五节　社会工作行政的学科基础与发展

一、学科发展的理论基础

为了有效实施社会福利政策，使有限的资源发挥出最大的作用，社会工作行政必然要在发展过程中借鉴多门学科的理论和技巧。管理学和公共行政学为社会工作行政提供了最主要的理论基础。

（一）管理学基础

1. 古典管理理论、人际关系理论、现代管理理论和当代管理理论观点总结分析

古典管理理论包括以泰罗为代表的科学管理理论，分别以法约尔和韦伯为代表的管理过程理论和管理组织理论。科学管理理论的核心是提高效率，通过选择技术熟练的工人、制定标准化的操作方法和实施流水线操作等策略来实现工厂效率的最大化。基于大型组织管理的需要，法约尔提出了管理活动的过程和原则。韦伯认为科层管理是最有效的组织管理形式，科层制为科学管理提供了组织结构方面的支持。

人际关系理论认为人是社会人，管理不仅是理性和计算，还应包括对人的价值的尊重和对人的需求的满足。该理论认为，人是一个矛盾的综合体，既需要被管理，也需要被鼓励，组织的最高目标是满足人的最高层次的需求。

由于古典管理理论和人际关系理论在实际应用中还存在不足，一些学者针对现实中存在的问题继续对管理学科进行研究，形成了现代管理理论。

现代管理理论学派林立，其中：计量管理理论重视科学技术和精确计量在管理中的运用。系统理论研究组织与环境的相互依赖，指出组织的管理也因外部环境的影响而更加复杂。权变理论认为，由于环境的复杂性，组织的管理不可能按照统一的模式进行，要根据不同情景采用不同的管理方法。经验主义学派的代表德鲁克认为，管理是一门人文学科，应当注重实践，从一些企业家的管理经验中提取理论和方法。他的目标管理理论认为，达成组织目标是组织管理的最基本的要素，对组织目标的逐级分解，能使组织的总体目标转化成可以直接实施的个体目标，个体目标的完成必然会带来组织总体目标的实现。

随着时代的发展，组织面临的环境更加复杂，组织的发展需要顾客导向、追求卓越、多样化管理、品质管理等当代管理理论理念的指导。

Z理论认为，组织不仅仅是一种结构，不仅仅是为了完成特定的目标，组织本身就是一种生活方式。卓越管理要求尊重员工的个人主义精神、鼓励员工创新、对顾客采取个性化服务、重视企业文化等。多样化管理认为，随着全球化的到来，管理者要逐渐根据员工不同的性别、民族、种族、文化背景来采取多样化的管理模式进行组织管理。全面品质管理秉持“没有最好，只有更好”的信条，对组织的每一个环节精益求精。

2. 与社会工作行政相关的理论支持

古典管理理论使社会工作者重视以客观的方式从事社会福利事业的管理，避免资源的浪费；许多社会福利机构正是按照韦伯提倡的科层组织形式在运作。

人际关系理论重视社会因素对个人的影响，强调人的社会性。社会工作行政也是在此基础上，重视对社会工作者的价值伦理的重塑。人际关系理论为社会工作“强调人的价值和人的尊严”的理念提供了理论支持。此外，社会工作行政的组织、领导、人力资源管理等方法和技巧也受到了人际关系理论的影响。

现代管理理论强调的计量管理模式，使得社会工作行政以更加科学的态度从事社会福利事业。系统理论使社会福利机构在组织与环境的关系中全面把握组织的发展，更多地从环境中获取资源，并对有限的资源进行统筹安排。权变理论指导社会工作行政人员面对复杂多变的环境采取灵活的工作方法。

当代管理理论对社会工作行政的影响是：重视社会工作者团体所发挥的作用；

针对案主提供个性化的服务；社会福利事业从基本的服务提供向发展型的福利服务转变；要求社会工作行政避免机构臃肿。

（二）公共行政学基础

社会工作行政是现代公共行政的一部分。公共行政学的理论和技术对提高社会工作行政有重要的理论和实践意义。

1. 公共行政学的演进

（1）管理行政时期。1887年，行政学从政治学的母体中分离出来成为一门独立的学科，行政是可以完全避开政治的一个纯技术领域。韦伯认为，理想的官僚体制是建立在法理性基础上的，从属于技术理性的原则。在行政学发展的过程中，泰罗的科学管理理论和法约尔的管理过程理论为行政学提供了技术辅导。

（2）20世纪30年代末至60年代是公共行政研究的批评与变革时期。一些学者认为不应该将政治与行政分割开来，因为将政治与行政分开其实是排除了价值观对行政的影响。西蒙等人认为，公共行政必须考虑公平、正义等价值性的因素。此外，这一时期的学者们强调在行政中要尊重人的价值。

（3）20世纪60年代至80年代是公共行政学的调整与整合时期。系统理论以及由此引出的行政生态理论和权变理论是这一时期的主要思想。

（4）20世纪80年代以来，新公共管理思想提倡公共管理的社会化，使社会实现自我管理；提倡将竞争理念引进公共行政领域，实现政府与社会以及政府内部的公共管理竞争，避免因政府对公共服务的垄断而造成效率低下和资源浪费；提倡对政府的公共服务实行成本—效益核算。最后，新公共管理思想提倡在公共服务中引入顾客导向等思想，这些思想意味着公共行政学正在向“服务行政”转变。

2. 公共行政学对社会工作行政的理论支持

管理行政时期的公共行政思想促使社会工作行政客观化和科学化，促使社会工作从松散的福利服务转向科学的规划和设计，并组建高效的服务传递机制，等等。

新公共行政时期的公共服务理念对社会工作者“社会正义”“所有社会成员的经济、物质和心理福利”“人的尊严与价值”的伦理提供了理念支持。

新公共管理思想提倡公共管理的社会化，为社会工作行政过程广泛吸取社会资源发展社会福利事业提供了合理性支持。在服务型政府理念的指导下，社会工作行政机构逐渐重视民间力量在社会福利事业中的作用，给社会组织提供发展的空间。新公共管理思想提倡将竞争理念引进公共行政领域，提示社会工作行政也要对福利项目进行成本—效益的评估。新公共管理思想提倡在公共服务中引入顾客导向的思想，针对不同的弱势群体采取个性化的救助模式。

从方法层次上看，公共行政的基本环节和手段是社会工作行政的主要方法来源。为将社会政策转化为服务，社会工作行政需要有决策、执行和监督的过程，这三个环节的具体步骤和流程也需要从公共行政学的相关方法中加以借鉴。

二、社会工作行政主要的理论观点及演变

社会工作行政在实践层次上起源很早，但作为学科的社会工作行政的历史还比较短暂。英国是最早实施现代社会政策的国家。20世纪初，在伯明翰大学和伦敦政治经济学院等一些大学中，社会工作、社会学和社会行政是学习与训练的主要内容，英国的社会工作行政是重在“社会政策”的行政。社会行政在英国得到重视的一个重要表征是著名学者蒂特马斯在20世纪50年代被伦敦政治经济学院聘为第一个社会行政教授。

早期美国社会工作行政的定义深受英国的影响，后来逐渐形成美国共识，其核心思想强调社会工作行政是作为方法的行政管理。1914年，社会工作行政在美国首次成为社会工作学院学生的训练课程之一。社会工作行政被视为附属于社会个案工作的方法，社会工作的实务领域和学科领域对行政的知识与技术缺乏了解。

1930年，美国出现经济危机，政府对社会福利事业的广泛介入促使社会工作行政成为政府公共行政的一部分。社会工作教育界开始将介绍性的行政课程纳入社会工作训练。1944年，全美社会工作学院协会将“社会行政”核定为8门核心课程之一。人们逐渐认识到，社会工作行政不同于一般的行政，它需要特别的训练与知识。但个案工作和社会团体工作仍然是社会工作专业的主流方法，社会工作行政只能作为一种附属技巧。

1963年，美国社会工作者协会在其组织内部设置了社会工作行政组，美国各高校的社会工作学院开始为学生开设社会工作行政方面的专业研究课程。但此时人们更加关注的是社区工作方法。

20世纪70年代，经济增长趋缓，致使美国政府无法应付社会福利开支的大量增加。社会福利机构逐渐开始重视计划的控制与评估。而社会福利机构中受过训练的行政实务者很匮乏，导致这些机构的管理者很可能来自企业、公共行政部门等与福利没有实质关联的组织。面对这些挑战，萨尔利于1973年向美国社会工作教育委员会呼吁，社会工作专业应担当起培养领导干部人才的责任。1975年，很多社会工作学院开设了社会福利专业课程，讨论行政实务及相关主题的文章也大量发表。1976年，专业期刊《社会工作行政》创立，标志着社会工作行政的学术发展时期来临。1978年，美国社会工作教育委员会提出将社会工作行政置于优先发展的地位，社会工作行政受到了前所未有的重视。

20世纪80年代之后，受公共行政学和管理学学科发展的影响，社会工作行政在理念和操作技术上都有了相应的改变。中国港台地区社会工作发展已成体系，但

大陆专业社会工作的发展相对比较落后。近年来，随着国家对社会工作专业化和职业化的重视，社会工作行政学科的发展也开始加速。各大学逐渐开设社会工作行政课程，学者编著的教材也逐渐增加。从编写的教材内容看，以2006年王思斌主编的《社会行政》为代表的教材在教学中应用得最为广泛，但同时，不同教材的内容也反映了学者们对社会工作行政对象的模糊性认识。自2011年开始，可以说社会工作行政日渐成熟，学者们逐渐将社会工作行政聚焦于社会服务机构行政管理，代表性教材成果有时立荣主编的《社会工作行政》，它从行政过程和管理方法角度对机构社会工作行政做了完整的解释。2013年王思斌主编的《社会行政》再版，内容上也发生了较大的改变，更加明确了社会服务机构的社会工作行政地位，在内容编排上也按照行政过程、管理方法和体制进行。社会工作行政的重要性就在于能把社会政策转化为具体的社会服务，这也是社会工作行政学科发展的现实推动力。社会工作行政教育是培养社会工作人才，提高社会工作职业发展质量，发挥社会政策功能，实现社会使命的专业管理技术和艺术。

复习思考题

1. 社会工作行政的定义是什么？
2. 对社会工作行政可以从哪几个角度理解？
3. 社会工作行政的功能有哪些？
4. 社会工作行政的具体环境是什么？
5. 社会工作行政作为社会工作的一种间接服务方法，与其他三种社会工作方法的共性和差别是什么？

本章参考书目

1. 王思斌．社会行政．北京：高等教育出版社，2006.
2. 关信平．社会政策概论．2版．北京：高等教育出版社，2009.
3. 陈为雷．社会工作行政．北京：中国社会出版社，2010.
4. 时立荣．社会工作行政．北京：中央广播电视大学出版社，2011.

推荐阅读书目

1. 中华人民共和国慈善法．北京：法律出版社，2016.
2. 戴淑芬．管理学教程．3版．北京：北京大学出版社，2009.
3. 林显宗，陈明男．社会福利与行政．2版．台北：五南图书出版股份有限公司，2002.

第三章

决策与计划

基本概念

决策　决策过程　名义小组法　德尔菲法　横向影响模型　可行方案模型　目标性计划　方向性计划　策略性计划　管理性计划　战略规划　战略环境分析　一般环境分析　利益相关者分析　内部因素评价矩阵　行业标准比较法　SWOT 分析　BCG 分析

本章要点

1. 决策是一个确定行动目标，以及确定为实现目标而要采用的方法的过程。

2. 社会服务机构中的决策过程通常可划分为七个阶段，不同的决策阶段需要不同的决策方法与技巧。但应记住，完全理性决策只是一种理想。

3. 计划是一个目标及达成该目标的方法。

4. 调查研究、构建目标、战略规划和运作计划是计划编制的四个经典步骤。

5. 环境分析指对社会服务机构的内部环境和外部环境进行动态分析，是做机构战略规划的重要环节。SWOT 分析和 BCG 分析是进行战略规划的有效工具。

课前准备

了解一个组织如何进行决策、编制计划、制定战略规划，思考一下社会服务机构在这些方面有无特别之处；查阅组织决策、编制实施计划、制定战略规划的基本原理；查找社会服务机构在决策、计划编制及战略规划制定方面的典型案例，并尝试分析其特点。

第一节 决　策

一、社会服务机构的决策过程

决策是一个确定行动目标，以及确定为实现目标而要采用的方法的过程。决策的特征是“在任何时候，都存在着大量（实际）可能的备选方案；一个人可能选取其中任何一个方案；通过某种过程，这些大量的备选方案，被缩减为实际采用的一个方案”①。

决策是一个发现问题、分析问题、解决问题的理性过程。明晰决策过程，恰当使用决策方法是降低决策风险的前提。社会服务机构中的决策实际上包含以下几个阶段。

（一）问题或情境的界定

任何一个社会服务机构都要面对各种各样的问题。对于决策过程来说，首先要弄清楚问题到底是什么。不仅要理解问题实际上是什么，理解问题的背景也很重要，因为任何问题都与特定的情境，即与特定时空、社会、文化、心理等相关。在思考问题是什么的时候，甚至要了解某个特定的人和有关的他人对问题的感受。社会服务机构的行政者在进行决策时，首先应该记住的是其面对的是人，以及为人提供的服务，要认识到员工及服务对象的情感通常比他们的想法、要求更重要，因此，必须对问题或情境进行界定，必须理解语言所描述的事实和包括情感表达在内的情境意义。

（二）问题或事实的分析

在决策过程中，分析问题或事实是一个必需的过程。必须对收集而来的资料进行仔细、谨慎的甄别和权衡。这无疑有助于帮助我们确定哪些是应当优先考虑解决的问题，哪些是我们可以确定的长远目标。

（三）目标的明确与设定

决策目标的明确与设定，不仅为决策方案的选择与制定提供了依据，而且为决策的实施和控制，资源的协调、整合与分配奠定了基础。无论是怎样的目标设定，

---

① 芮明杰．管理学：现代的观点．2版．上海：上海人民出版社，2005：220.

都应该符合三个基本特征，即：可以计量、可以规定其期限、可以确定其责任者。①

明确决策目标，应该完成以下几项工作：提出目标，对目标的表达应尽可能清楚、准确，并建立需要与满足需要之间的平衡；明确多阶段、多层次目标之间的相互关系，既要明确使命目标与具体目标、总目标与各个分目标之间的关系，也要尽可能地按照过程逻辑梳理好目标的轻重缓急、先后次序；合理设定目标，应充分考虑到目标的可行性与可能出现的结果，并充分思考和权衡目标达成的利与弊，给不利方面划出一个合理的范围，如若超出这一范围，就应该及时终止或改变目标达成的过程。

（四）方案的准备与分析

当问题及要达成的目标得到确定后，就需要思考解决问题、达成目标的方法。从某种意义上讲，做决策的过程就是选择的过程。所以，清楚地认识和理解所能得到的不同的选择方案是很重要的。这也就是说，要想得到最满意的结果，就需要了解、准备并拟订尽可能多的方案，以便做出明智、公正的决策。一旦各种可能的方案被确认后，就需要对所有方案进行分析和比较。在分析各种方案之前，可以设定一些标准、指标或关键因素，用来作为比较和选择的基础。但需要注意的是，这些指标要尽可能具体，并依据其对解决问题或达成目标的重要性予以加权。

（五）最佳方案的选择与替代方案的预期

决策者必须认识到没有十全十美的方案。任何一种方案都会有让人感觉不太满意的方面，或者有方案本身固有的局限性。但不管怎样，最终必然要选择出一个可执行方案，而这种选择是比较的结果。经过比较分析后，决策者选择的应该是一个解决问题或达成目标的最佳答案，而不是最完美答案。对于社会服务机构来说，如果经过比较分析仍难以做出选择，就要考虑一些其他因素，比如团队成员的认可、服务对象或消费者的接受程度，以及社会大众的反应等。因为没有最完美的方案，所以，决策者必须对可能出现的不利结果有一个预期，必须尽可能地考虑每一个替代选择，以及如果选择了某个方向将可能发生什么。关于某个具体的替代选择，需要考虑的附加问题是：它会在何时发生？它会在哪里发生？它会怎样发生？还有，在所涉及的个体、他人和机构方面，预期的结果是怎样的？由于机构的员工要去追求机构的目标、维持机构的价值和服务水准，因此，从某种程度上看，预期结果并准备可供选择的替代方案是非常重要的。

（六）选择方案的执行

执行即将对策付诸实行以达到预先设定的目标。方案的执行关系到决策能否成

---

① 萧洪恩．社会工作行政．武汉：华中科技大学出版社，2005：274－275.

功。只有当决策相比较而言是最好的，并且没有合理的理由来改变决策时，才应该贯彻决策。在选择方案的执行过程中，应注意执行过程中的灵活性。因为不可能预测出某个决策的每种可能结果，或者不可控的因素变化会导致并不符合预测的另一种结果，所以决策不应固定不变。万一出现差错，或者发现某一个替代选择变得更有意义或具有明显优势时，就必须改变计划和执行过程。

（七）决策有效性的评估与总结

决策过程的最后一个阶段，是对决策是否有效、在多大程度上有效进行评估，并对其进行经验总结的过程。也就是说，对选择的方案是否解决了问题或达成目标的程度进行评估。如果发现问题尚未得到解决，则需要仔细剖析：问题出在何处？是否问题没有被正确地界定？是在选择方案时出现了错误，还是在执行方案的过程中出现了问题？这些都要求决策者回溯决策过程的某个相关步骤，进行仔细分析，甚至可能需要全部推翻重来。要及时、科学地总结决策过程产生的得失，为决策的修改和新的决策的形成总结经验和教训。

二、决策方法与技巧

决策方法与技巧是保障决策“令人满意”的重要工具。在决策过程中的不同阶段需要使用不同的决策方法与技巧。①

（一）问题界定的方法与技巧

1. 了解问题产生的背景

决策始于问题。问题的正确、清楚界定是产生“令人满意”的决策的根本基础。了解问题产生的背景或情境，是正确、清楚地界定问题的第一步，也是决策的开始。要正确、清楚地界定问题，需要深入研读与问题有关的文献，并与一些有解决这类问题的经验的人进行讨论，充分了解以下内容：这问题是暂时性的还是持续不断的？这问题是局限于小部分人还是影响广泛的？这问题存在的边界在哪里？这问题是否针对个人和家庭？这问题与地位和权力分配、利益分配有关吗？等等。此外，还要尽可能地通过调查获得相关信息。比如，可以通过人口普查资料、就业统计资料、调查报告，或来自学校、社会服务机构甚至法院的记录来获取与问题相关的信息。不管信息来源如何，最重要的都是获得有价值的和可靠的信息与资料。值得注意的是，在理解资料时要注意弄清楚研究者的“理论观点”，因为理论观点不同，对问题的看法就有不同。同时，也要注意思考这些理论观点是否恰当。

---

① 梁伟康．社会服务机构行政管理与实践．香港：集贤社，1990：13-24.

2. 与社会服务机构成立的背景联系起来描述问题

社会服务机构是在不同的背景下成立的。在理解问题时，机构负责人或决策者会受到机构的章程、资助要求、科层组织架构规则等影响，机构可能会规定推行某些方案、提供某些服务，以及符合某些“政治期望”。不管会受到何种影响，机构都应根据自身的范围和边界来描述问题。其过程如下。

（1）提问并必须回答最基本、最重要的问题。要精确地找到问题的性质，决策者必须回答下列最基本和最重要的五个问题（见表 3-1）。

表 3-1　社区问题识别工作表

要回答的基本问题	问题项目		
	问题（一）	问题（二）	问题（三）
什么问题？			
何处发生？			
有多少人受到该问题的影响？			
何时发生？			
该问题被感受到的严重性如何？			

⇩	⇩	⇩	⇩
社区问题陈述			

资料来源：梁伟康．社会服务机构行政管理与实践．香港：集贤社，1990：78-90.

（2）识别并审查促成问题的因素。促成问题的因素有很多，机构的负责人或决策者要注意与机构自身的范围和边界联系起来进行因素的识别与审查。也就是说，要识别促成问题的主要因素，确定哪些是机构可以改变及解决的。决策者须从诸多因素中辨别出哪些因素导致另一些因素产生、哪些因素与机构的“使命”没有直接的关系、哪些因素存在于“目标对象”中，以及哪些因素存在于机构本身（比如员工是否缺乏训练）等。决策者应仔细考虑各种因素，注意把那些类似的因素合并，把那些重复的因素删除，并探讨因素间的关系及其意义。可以使用如下表格工具进行操作（见表 3-2）。

（3）根据促成问题的因素选取并分析问题。促成问题的因素有多种，而社会服务机构要面对的仅仅是基于自身能力能够解决的问题。当问题的范围和边界被确定后，就要开始整理哪些是明确可以解决的问题，并分析这些问题产生的原因。然后，在此基础上探讨问题的后果可能是什么。

比如，分析老人受虐待问题[①]。

---

① 根据梁伟康一书中的案例整理改编而成。参见：梁伟康．社会服务机构行政管理与实践．香港：集贤社，1990：15-19.

表 3-2　　　　　　　　　　　　　问题分析表

问题陈述	问题（一）	问题（二）	问题（三）
明确的问题	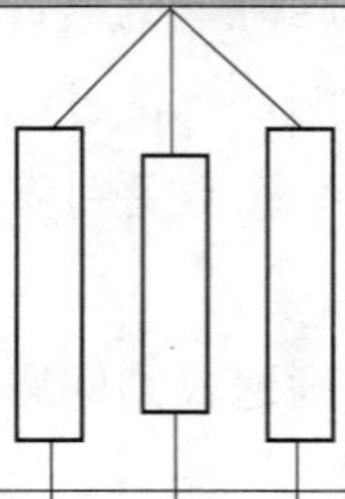	问题 1 问题 2 问题 3 …………	问题 1 问题 2 …………
问题产生的因素	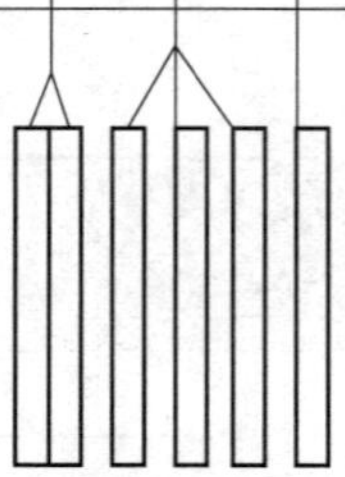	问题 1 的原因分析 问题 2 的原因分析 问题 3 的原因分析 …………	问题 1 的原因分析 问题 2 的原因分析 …………

资料来源：梁伟康．社会服务机构行政管理与实践．香港：集贤社，1990：78-90.

第一步，详尽列出促成问题的因素：（1）老人与家庭成员关系不和；（2）约有七成的老人因为身体伤残而对保姆有较高程度的依赖；（3）照顾老人的保姆有严重的情绪问题；（4）照顾老人的保姆不知道怎么或者从哪儿获得社区支援；（5）社区没有提供暂住服务；（6）机构没有足够的员工为照顾老人的保姆提供服务；（7）机构员工没有能够获得足够的训练以应对有情绪的保姆；（8）照顾老人的保姆没有足够的财政资源；（9）保姆遭受巨大压力或陷入严重危机，如离婚、丧偶等；（10）保姆缺乏非正式支持系统在情绪上的支持；（11）保姆缺乏非正式支持系统在实务上的支持；（12）社区缺乏足够的社区援助服务；（13）两代间暴力的恶性循环；（14）保姆有酗酒的习惯。

第二步，对问题进行删除、合并整理。将上述因素归纳为四个明确的问题，即保姆缺乏非正式支持系统的支持、老人对保姆有较高程度的依赖、保姆有情绪问题、社区援助性服务不足等。

第三步，根据机构自身的使命和能力，机构决策者经过仔细思考后，决定只集中力量解决"保姆缺乏非正式支持系统的支持"问题，并认为该问题形成的主要因素有：保姆易发脾气、保姆社交圈子太窄、保姆不愿向人吐露遇到的困难、保姆的朋友或邻居居住的地点离保姆工作的地方很远。在此基础上，探讨老人受虐待问题的可能后果：受虐待老人时刻处于恐惧的精神状态，并且约有 10%的受虐待老人极有可能受虐至死。

最后来看关于问题的描述。好的问题描述一定是清楚的、准确的，不会去使用那些不清楚、意义含糊甚至有歧义的词汇。比如，比较模糊的问题描述是：老人面临困难。而比较好的、清楚的问题描述是：那些身体伤残的老人有 98%自己不能做基本家务，必须依赖于别人的帮助；而身体没有伤残的老人则只有 10%自己不能做基本家务。

（二）确定决策目标的方法与技巧

大多数社会服务机构的时间、资源和金钱都是有限的，这意味着面对诸多有待解决的问题或事情，需要对问题或事情进行轻重缓急的排序，即确定决策目标。确定决策目标的常用方法与技巧有很多，在此仅简单介绍以下两种。

1. 根据问题或事情的重要性和可能性确定决策目标

决策者确定目标的前提是能够对问题或事情的重要程度和可能程度有清醒的认识与判断。判断问题或事情之重要性的标准包括：（1）有多少人受到这个问题或事情的影响？（2）解决这个问题或事情对机构的生存或发展的重要性表现在哪些方面？（3）这个问题或事情对整个机构或服务对象群体产生了什么影响？（4）对那些接受机构服务的人来说，这个问题或事情的重要性表现在哪儿？可使用需求评估表帮助进行决策判断（见表 3-3）。

表 3-3　需求评估表

人口名称	人数	居住区域
处于危机中的人口		
目标对象人口		
求助者/受冲击人口		

资料来源：梁伟康．社会服务机构行政管理与实践．香港：集贤社，1990：78-90.

判断成功解决问题或事情的可能性的标准包括：（1）组织人员（包括专家、相关组织成员等）预测承诺能够兑现的程度有多高？（2）其他机构潜在的支持程度有多高？（3）机构可运用的资源包括职员、志愿者、时间、金钱等有多少？（4）机构可运用的专业知识储备是否充足？（5）这个问题或事情的受关注程度是怎样的？（6）大众传媒对这个问题或事情表现出来的或潜在的支持程度有多高？

2. 运用名义小组法或德尔菲法确定决策目标

（1）名义小组法。名义小组法是一种创造性的决策方法。它仅仅是以小组的名义进行的多人决策方法，而不是成立实质意义上的小组。这种方法的好处是每个人都有机会参与决策，突出特点是背靠背式的独立思考。经实践证明，社会服务机构决策者和服务策划者都可以广泛地使用该方法。

名义小组法的主要步骤如下。

第一步，讨论前，将六到十位参与者组成一组，超过十五位成员的小组可以被分为两个或三个次小组。分发相应工具，比如纸、笔等。需要注意的是，小组人数太多会增加小组决策过程的复杂性。

第二步，对各小组成员进行引导。小组领袖强调小组成员参与的重要性，并尽可能详尽解释这次的小组任务。

第三步，安静地将意见写在纸上。各小组成员围坐在一张桌子旁，将自己的意见写在会议开始时发给的纸上。所有小组成员在 20 分钟之内不得与别人交谈。需要记住的是，除非是请求解释观点或就某个想法提简短的问题，使观点显得更清楚，否则，参与者不得与他人交谈、交流观点。这也是名义小组法与头脑风暴法最重要的不同。

第四步，将意见轮流读出并记录。小组成员轮流将其意见读出，每次只读一项，而小组领袖将这些意见逐一写在黑板或记录板上，让每一位小组成员都能清晰地看到。这一步最重要的是让每位成员都自由而充分地发言，充分提供不同意见，但不允许对他人的观点进行反驳。

第五步，简单地讨论这些意见、观点和想法。通过讨论，小组成员有机会归纳那些明显相同的意见，澄清每一个观点所包含的意义，以及为另外一些想法进行辩护。小组领袖应让每一个意见、观点和想法都有机会被讨论，但也要尽可能控制小组成员不要在冗长的辩论中花费太多时间，以及防止因过分看重某些意见而忽视、无视甚至牺牲其他成员的宝贵意见。

第六步，初步对重要的项目进行投票表决。在表决过程中，小组领袖要给每位成员 5 张纸，让他们从黑板或记录板上列出的若干个意见、观点和想法中选择 5 个他们认为最重要的，将其写在纸上，同时在纸的右上角写明该项目在黑板或记录板上的号码，在纸的左下角给这个项目打分——最高分是 5 分，最低分是 1 分。然后收回所有不记名纸张，并将结果记录在黑板或记录板上。

第七步，对初步的投票结果进行讨论。小组成员对投票结果进行讨论，对那些分数最多或最少的项目要重新统一讨论，以保证每位成员都明确地知道自己的立场和初步的投票结果，足以反映他们在判断问题方面的差异。

第八步，最后的投票表决。在小组会议结束之前，每位小组成员都必须进行最后的投票表决，以最终确定决策目标。①

（2）德尔菲法。德尔菲法是美国最重要的战略研究机构兰德公司发明的一种决策方法，又称专家调查法，该方法的目的是避免面对面的讨论所带来的干扰和影响。其具体步骤如下。

第一步，确定问题，即通过一系列仔细设计的问卷，要求成员提供相应的观点或想法。

第二步，由每一位成员匿名地、独立地完成第一组问卷。

第三步，将第一组问卷的结果集中在一起编辑、誊写、复制。

第四步，把复制的问卷结果发给成员每人一份。

---

① 梁伟康．社会服务机构行政管理与实践．香港：集贤社，1990：22－24.

第五步，看到结果后，再次请每位成员提出他们的观点或想法。①

第一组问卷填写结束后，会展示出多个不同的观点或想法。当结果被反馈后，每一位成员都会或多或少受到其他成员观点或想法的启发，经过思考后，提出更多更好的观点或想法。重复第四步、第五步，对所有观点或想法进行统计总结，直至最终形成一个达成基本共识的决策目标。参见表 3－4 中所举的例子。

表 3－4 采用德尔菲法确定目标的优先顺序

目标	重要性程度					得分
	十分重要（5 分）	很重要（4 分）	重要（3 分）	有些重要（2 分）	不重要（1 分）	
1. 协助老人的亲属了解老人的一般怪异行为	√√	√	√	√√		(5×2)＋(4×1)＋(3×1)＋(2×2)＝21
2. 鼓励老人每星期至少拨一次电话向其亲人问好	√√	√	√√	√		22
3. 增加老人亲属探访老人的次数，由每季度一次增至每季度两次	√√√√	√	√			27
4. 帮助老人认识三种促进身体健康的运动		√	√	√√	√√	13
5. 减少老人接触服务提供者所遭遇的困难，由每星期两次减至每星期一次		√	√	√√	√√	13
6. 增加为老人提供服务的义工数目，由目前的 20 名增至 30 名		√	√	√√√	√	14
7. 鼓励老人每日做基本家务半小时至一小时不等	√	√√	√√		√	20
8. 鼓励 50%的住院老人每星期至少参加一次小组集会		√	√	√	√√√	12
9. 保证老人每日获得两餐营养适当的正餐	√√	√√	√√			24

资料来源：梁伟康．社会服务机构行政管理与实践．香港：集贤社，1990：78－90.

从上表中可以看出，目标 3 得分最高，其次是目标 9，再次是目标 2。目标经过初步排序后，小组成员公开讨论上述排序是否合理，然后将上述目标重新排序，直至最终达成基本一致的意见。

德尔菲法具有集思广益、匿名求真、反馈收集等优点，但花费时间较长，分析

---

① 罗宾斯，库尔特．管理学（第 11 版）．北京：中国人民大学出版社，2012.

起来也比较复杂。当要求在短时间内快速确定决策目标时，是不适宜采用这样的方法的。

（三）选择方案的方法与技巧

要想识别并选择出可行的、“最令人满意”的方案，除了前述的名义小组法、德尔菲法外，还有下述三种较有效的方案选择方法①。

1. 横向影响模型

横向影响模型主要用来评价各种方案对要解决的问题的影响程度。其步骤如下：

第一，小组成员对机构现在要解决的问题打分，最急需解决的问题打 5 分，其次 4 分，最低 1 分。

第二，评价各可行方案对要解决的问题所产生影响的程度，影响最大的打 5 分，影响最小的打 1 分。

比如，某一老人社区服务中心成立由 5 位社会工作者组成的策划小组，进行新的年度计划的制订。通过对所获取资料进行分析，小组决定要处理的老人问题包括：家庭不和、贫穷、虐待老人、伤残和房屋等。小组成员认为急需解决的问题的优先顺序如表 3-5 所示。

表 3-5　　横向影响模型（1）

老人问题	问题之严重性					平均分	优先顺序
	1	2	3	4	5		
家庭不和	√	√	√√	√		(1+2+6+4)/5=2.6	4
贫穷			√	√√	√√	(3+8+10)/5=4.2	2
虐待老人			√	√	√√√	(3+4+15)/5=4.4	1
伤残	√√	√√	√			(2+4+3)/5=1.8	5
房屋		√	√	√√	√	(2+3+8+5)/5=3.6	3

假设共有六种方案可行，小组成员认为每一种可行方案对上述老人问题产生的影响如表 3-6 所示。

表 3-6　　横向影响模型（2）

服务方案	老人问题				
	家庭不和	贫穷	虐待老人	伤残	房屋
老人日间护理	2.2	1.8	2.8	4.4	2.2

① 以下内容中第 1 点和第 2 点参见：梁伟康．社会服务机构行政管理与实践．香港：集贤社，1990：70－73. 第 3 点参见：WATKINS R，MEIERS M W，VISSER Y. A Guide to assessing needs：essential tools for collecting information，making decisions，and achieving development results. Washington，D. C.：The World Bank，2012.

续表

服务方案	老人问题				
	家庭不和	贫穷	虐待老人	伤残	房屋
辅导	4.2	2.2	4.0	2.6	2.6
家务助理	3.6	2.4	3.2	4.6	2.2
社区教育	3.2	2.4	3.2	2.2	2.2
服务中介	2.6	2.8	2.8	3.2	3.4
家庭生活教育	3.8	2.4	3.6	2.4	1.8

上述分数是小组成员给予该方案的分数的平均分，也被称为“服务方案影响分数”。比如，5位小组成员分别认为，“老人日间护理”对“家庭不和”这个问题所能产生的效果为1分、1分、2分、3分、4分，即共得11分。用11除以5，得到2.2分。这便是小组给予该方案的分数的平均分。

由上述两个表所展示的数字，可以计算出各项服务方案的优先顺序，计算方法为：服务方案对老人问题可能产生效果的平均分乘以老人问题严重程度的平均分，然后加总。比如，“老人日间护理”服务方案得分＝2.2（“老人日间护理”服务方案对“家庭不和”问题可能产生效果的平均分）×2.6（“家庭不和”问题严重程度的平均分）＋1.8（“老人日间护理”服务方案对“贫穷”问题可能产生效果的平均分）×4.2（“贫穷”问题严重程度的平均分）＋2.8（“老人日间护理”服务方案对“虐待老人”问题可能产生效果的平均分）×4.4（“虐待老人”问题严重程度的平均分）＋4.4（“老人日间护理”服务方案对“伤残”问题可能产生效果的平均分）×1.8（“伤残”问题严重程度的平均分）＋2.2（“老人日间护理”服务方案对“房屋”问题可能产生效果的平均分）×3.6（“房屋”问题严重程度的平均分）＝41.44。按照这种计算方法，六种服务方案的得分情况如下。

（1）“老人日间护理”服务方案得分：2.2×2.6＋1.8×4.2＋2.8×4.4＋4.4×1.8＋2.2×3.6＝41.44。

（2）“辅导”服务方案得分：4.2×2.6＋2.2×4.2＋4.0×4.4＋2.6×1.8＋2.6×3.6＝51.8。

（3）“家务助理”服务方案得分：3.6×2.6＋2.4×4.2＋3.2×4.4＋4.6×1.8＋2.2×3.6＝49.72。

（4）“社区教育”服务方案得分：3.2×2.6＋2.4×4.2＋3.2×4.4＋2.2×1.8＋2.2×3.6＝44.36。

（5）“服务中介”服务方案得分：2.6×2.6＋2.8×4.2＋2.8×4.4＋3.2×1.8＋3.4×3.6＝48.84。

（6）“家庭生活教育”服务方案得分：3.8×2.6＋2.4×4.2＋3.6×4.4＋2.4×1.8＋1.8×3.6＝46.6。

由于“辅导”服务方案得分最高，所以该方案是最可行的方案，其次是“家务助理”服务方案，再次是“服务中介”服务方案。如果机构只能提供三项服务，则上述三个方案在正常情况下将获得实施。

2. 可行方案模型

在可行方案模型中，有六个选择原则（见表3-7）。

效率指资源的投入和服务的产出比例。通常指每一提供服务的单位的比较成本或服务每一对象所花费的成本。就方案的选择而言，主要看花费的成本能服务的对象数量有多少。

效能指方案达成目标的程度。

可行性指实施这一方案达至成功的程度。决策者要考虑的问题是：目标是否可行？机构员工能否胜任并完成该方案？机构过去完成该方案的记录和方案计划是否适当？

重要性指方案为达成目标而必须推行的程度。

公平指方案能平等地给有需要的个人或团体提供帮助的程度。

次生结果指社会将会获得或损失的范围，而该范围并未在方案要达成的目标中列明。

表3-7　可行方案模型

目标：____

方案（1）：____________________　服务成果：____________________

方案（2）：____________________　服务成果：____________________

方案（3）：____________________　服务成果：____________________

原则	评价		
	方案（1）	方案（2）	方案（3）
能够满足需要的百分比			
方案总成本			
每一服务成果的成本			
效率 一、该方案达成服务成果的成本 1. 太高，会引起公众怀疑 2. 略高于平均数 3. 略低于平均数 4. 远远低于平均数			
效能 二、就有关目标的达成而言，比起其他方案，该方案可达成的效果 1. 更少 2. 差不多一样 3. 更多 4. 更大			

续表

原则	评价		
	方案（1）	方案（2）	方案（3）
可行性 三、该方案 1. 不可行 2. 如幸运的话，或许可行 3. 应该可以达成目标 4. 差不多可以确定能够达成目标			
重要性 四、该方案 1. 有巨大的服务重叠（因其他机构有相似服务） 2. 属于几个满足某一特殊需要的方案之一 3. 是数量很少的现存可行方案之一 4. 是唯一可满足某一特殊需要的方案			
公平 五、该方案的服务 1. 明显地不能公平地被提供给有需要的个人或团体 2. 可能可以公平地被提供给有需要的个人或团体 3. 应该可以公平地被提供给有需要的个人或团体 4. 差不多可以确定能公平地被提供给有需要的个人或团体			
次生结果 六、关于没有在目标中反映的社会效益，该方案 1. 制造问题比解决问题多 2. 除指定的目标外，对社会没有重要的效益 3. 对社会有重要的效益 4. 对社会有巨大的效益			

注：（1）在上述原则中，选答案 1 的得 1 分，选答案 2 的得 2 分，选答案 3 的得 3 分，选答案 4 的得 4 分，获得分数最高的方案是最可行有效的方案。（2）每项服务方案的财政预算应详细列出，归入补充附件内。

资料来源：YORK R O. Human service planning：concepts，tools，and methods. Chapel Hill：University of North Carolina Press，1982：128－129.

大体而言，一个方案如果符合上述原则，就可以被视为理想方案。

3. 鱼骨图法

在大多数情况下，决策者需要综合考虑服务对象所面临的问题及其促成因素，制定具有综合性、整体性的服务方案。鱼骨图法有助于该类型方案的形成。

鱼骨图法的目标是发掘问题或需求的各种潜在因素间的联系，从而形成具有针对性和整体性的干预方案。该方法的具体操作与头脑风暴法类似。首先，参与讨论的小组成员将问题或需求的原因列出来；其次，列出产生上述原因的因素。以此类推，直至不能列出有价值的因素信息。比如，运用鱼骨图法分析老人选择居家养老的原因（见图 3－1）。[①]

---

① 吴帆．社会服务评估实用教程．北京：高等教育出版社，2018：108.

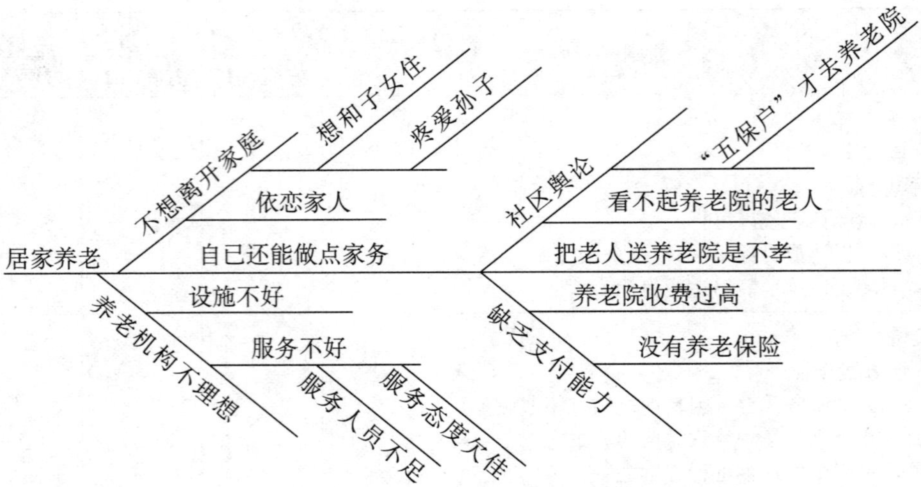

图 3-1　鱼骨图示例

总的来说，鱼骨图法有助于进行整体性服务目标与服务方案的决策，在一定程度上可以产生效能更高的社会服务方案。

（四）决策有效性评估的方法与技巧

决策的质量对决策本身是非常重要的，决策的有效性取决于决策过程的质量。通过全面的文献回顾，詹尼斯和曼提出了 7 种判断高的决策过程质量的主要标准①。

（1）彻底详细地讨论广泛的可供选择的行动路线。

（2）调查要实现的目标的全部范围以及该选择所蕴含的价值。

（3）仔细权衡决策者所了解的任何由每种选择所导致的正负面结果的成本和风险。

（4）深入细致地收集有关对替代选择的进一步评估的相关资料。

（5）正确地吸收和考虑所有新的信息或专家的判断，即使这种信息或判断并不支持决策者开始时倾向的行动路线。

（6）在做出最终决策前，再次仔细检查所有已知替代选择的正负面结果，包括那些以前认为不能接受的结果。

（7）制订详尽的执行或完成已选行动路线的计划的时候，特别注意到可能需要权变计划以应对各种已知风险的出现。

完全理性地做出决策只是一种理想，几乎所有的决策都基于理性与感觉之间的平衡。对于决策者来说，他们都会受到有限理性的制约，阅历和经验会充当他们的得力帮手。经验法则在大多数情况下是有用的，因为它在大多数时候能够帮助决策

① JANIS I L，MANN L. Decision making. New York：Free Press，1977：77. 斯基德莫尔．社会工作行政：动态管理与人际关系（第 3 版）. 北京：中国人民大学出版社，2005：66.

者正确地对复杂、不确定或者模糊的信息进行理解和判断。但是这种方法有时候也会导致决策者在评价与选择备选方案、制定决策的过程中出现偏差。

第二节　计　　划

一般而言，计划是“未来行动的方案，它具有三个主要特征：必须与未来有关；必须与行动有关；必须有某个机构负责促进这个未来行动，即有一个具体的计划管理机构”[①]。简单地说，计划就是一个目标及达成该目标的方法。计划是一个从宏观到微观的层次序列，大到国家社会福利事业的发展计划，小到一个社会服务机构的发展计划、一个服务项目的实施计划、一个部门的工作计划等。

一、计划的意义和特征

（一）计划的意义

雷克斯·A. 斯基德莫尔认为，在社会工作中提倡计划的重要原因有以下几点：效率、效能、责任、凝聚力[②]。计划在社会服务机构中的意义主要表现在：

（1）为机构成员指明方向，协调机构活动。良好的计划可以通过明确机构目标、开发机构各个层次的计划体系，将机构成员的力量凝聚成一股朝着同一目标方向的合力，从而减少内耗，降低成本，提高效率。

（2）为机构的未来预测变化，减少冲击。计划是面向未来的。而在未来，无论是机构生存的环境还是机构自身都具有一定的不确定性和变化性。计划则可以让机构通过周密细致的预测，尽可能地对那些不确定性和变化性进行控制，用深思熟虑的决策代替草率的判断，减少变化可能造成的冲击与影响。

（3）减少重复和浪费的活动。机构在实现目标的过程中，可能会出现多项活动前后不一，甚至脱节的现象，多项活动并行的过程中也可能会出现不协调现象。恰当的计划能使各项活动协调一致，有条不紊，减少重复和浪费。

（4）有利于进行控制。机构在实现目标的过程中离不开控制，而计划则是控制的基础。如果没有既定的目标和规划作为衡量的尺度，管理人员就无法督查机构目标的实现状况，也就无法实施控制。控制中几乎所有的标准都来自计划。

---

① 张国庆．行政管理学概论．2版．北京：北京大学出版社，2000：326.

② 斯基德莫尔．社会工作行政：动态管理与人际关系（第3版）．北京：中国人民大学出版社，2005：46－47.

（二）计划的特征

社会服务机构的计划工作既有普通计划工作的特征，又有社会服务机构自身的特征。

1. 目标性

计划是目标实现的蓝图，目标明确未来要达到的状态，而计划则明确现在的手段[①]。社会服务机构的计划是针对社会问题或社会需求而提出的具体行动方案，所以，其目标性更强。对社会服务机构来说，计划的核心部分就是决策目标，是将决策目标具体化并形成详细的、具有可操作性的安排。

2. 层次性

计划具有明显的层次性，这是因为计划不仅是高层管理者需要做的事情，而且是全体管理者的一项职能。不管是组织或机构的高层管理者，还是中层管理者抑或是基层管理者，都要根据自身职责与目标制订计划、承担计划职责。计划要求将各职能部门的努力凝聚起来，以达成某一目标。

3. 基础性

计划是组织协调、领导、控制等管理活动的基础。没有了计划，就谈不上采取进一步的行动。对于社会服务机构来说，要追求组织的效率或为服务对象提供符合其需要的服务，计划是必要的关键基础。好的计划能使工作具有清楚的方向或目标，而没有计划就可能使工作陷入混乱，不仅造成资源浪费，而且无法完成组织目标。

4. 预测性

作为长期计划的基础，预测试图使未来的环境少一些不确定性，帮助管理者避免掉入可能招致灾难的陷阱。基于预测的长期计划应能为组织或机构减少环境不确定性带来的风险，并能为可能出现的组织运行环境的管理决策规定范围。[②] 对于社会服务机构而言，对社会问题或社会需求的准确预测，是服务项目能够按照计划运行的关键。

5. 有效性

一般而言，计划工作的效率是计划工作对目的和目标的贡献。以合理的投入实现目标，意味着计划是有效率的。对于社会服务机构来说，考量计划效率具有特殊性，即不仅仅要用时间、费用等进行衡量，更要衡量个人和集体的满意度，甚至直接衡量所服务社区的改变。

对于社会服务机构来说，一个有效的计划还应具有下述特点：（1）具有伸缩性

---

① 达夫特．管理学（原书第5版）．北京：机械工业出版社，2003：198.

② 卡斯特，罗森茨韦克．组织与管理．北京：中国社会科学出版社，1985：488.

（弹性）；（2）与服务对象的需要、可利用的基金和人员、机构理念等相一致；（3）以科学的社区研究为基础；（4）易于为社区所接受；（5）易于沟通；（6）具有前瞻性[①]。

二、计划的类型

从不同角度、按照不同标准，可以把计划分为不同的种类。社会服务机构的计划主要有以下几种。

（一）长期计划、中期计划和短期计划[②]

按照规划期限的时间长短，计划可以分为长期计划、中期计划和短期计划。

长期计划与战略层的管理部门制定目标的职责密切相关，主要解决两方面的问题：一是组织或机构的长远目标和发展方向是什么；二是怎样去达到组织或机构的长远目标。长期计划为短期计划规定了范围，以历史、当前情况和对未来的估计为基础。从相对的角度看，“长期”既可以是几个月，也可以是几十年、上百年，这与组织或机构的特点相关。一般来说，长期计划是指那些 5 年、10 年或 15 年的计划。

中期计划来自长期计划，并按照长期计划的执行情况和预测到的具体条件的变化进行编制。长期计划以问题、目标为中心，中期计划则以时间为中心，具体说明各年应达到的目标和应开展的工作。中期计划因其时间范围通常为 1～2 年，所以又被称为年度计划；又因其关乎具体、可操作性的工作，也被称为战术计划。中期计划往往依照组织或机构的各种职能进行编制，并着重于各计划的综合平衡，使比较松散的长期计划有比较严密的内容。中期计划既赋予长期计划具体内容，又为短期计划指明方向，是衔接长期计划与短期计划的桥梁。

短期计划包括具体部门和个人的目标与计划，时间为 1 年或更少。短期计划着重于达成目标所应采取的方法，具有比中期计划更为详细、具体、明确，以及行动取向的特点，能够满足具体实施的需要。

需要注意的是，长期计划必须为组织或机构提供灵活性以适应变化。沃伦认为：“计划的主要目的是发展过程、机制和管理者的态度。这要做两件事：第一，它们会使今日做出的承担责任的决策有可能更多地了解未来所包含的内容。第二，它们将使未来的决策有可能做得更快、更经济，并对行业中的业务产生较少的破坏。”他的第二点强调长期计划必须为决策提供未来的灵活性。[③]

① 林显宗，陈明男．社会福利与行政．2 版．台北：五南图书出版股份有限公司，2002：100.

② 陈为雷．社会工作行政．北京：中国社会出版社，2010：123.

③ 卡斯特，罗森茨韦克．组织与管理．北京：中国社会科学出版社，1985：507.

（二）目标性计划和方向性计划

根据计划的可操作性和具体性，可以把计划分为目标性计划和方向性计划（见表3-8）。目标性计划是指那些目标具体，范围边界清晰、明确，几乎不存在模糊、歧义的计划，通常出现在稳定-机械式的组织或机构当中。相对于目标性计划而言，方向性计划则是一种具有灵活性、权变性的计划，它规定了指导性原则，提供了重点，但并不限定管理者在某个具体的目标上采取的具体行动。此计划通常会出现在适应-有机式的组织或机构当中。

表3-8　目标性计划与方向性计划的对比

目标性计划的特征	方向性计划的特征
目的性，朝向外界目标	方向性，来自内部的偏好
目标具体并可计量	范围有时难以确定
合理的、分析的	直观的，用非计量要素
对任务的集中的、缩小的感觉	对任务的广泛感觉
对处理新信息的要求较低	对处理新信息的要求较高
更有效率地利用能量	可能引起人员过剩、虚假指标
计划与行动阶段分开	不分计划与行动阶段
目标性计划产生的条件	方向性计划产生的条件
情愿要明确任务的人	情愿要具有多样性、变化性和复杂性的人
可以计量和相对稳定的任务或项目	不能量化的变化快的任务或项目
机械式的组织形式，“封闭”系统	有机式的组织形式，“开放”系统
一个项目的“紧闭”阶段	一个项目的“解冻”阶段

资料来源：卡斯特，罗森茨韦克．组织与管理．北京：中国社会科学出版社，1985：498.

（三）策略性计划和管理性计划

按照社会工作行政计划制订的程序先后进行分类，可以把计划分为策略性计划和管理性计划。策略性计划是社会服务机构决定机构目标、实现目标所需的资源，以及获得、支配、运用、控制资源的过程。该类计划关涉机构最基本、最重要的选择，诸如机构的使命和目标、方向、政策、程序、运作性目标和资源分配等。而管理性计划则强调资源的管理，以保证资源能被有效和高效地投入机构服务提供的过程中，从而达成策略性计划所设定的目标。管理性计划着重于规划详细具体的预定方案和实施程序，确定完成每项工作所需的时间、经费、人力、资源和应采取的途径，以及在规定时间内应完成的工作任务等。若清楚了工作程序、职责范围，那么计划的执行者就可以按部就班地完成计划的内容。①

① 梁伟康．社会服务机构行政管理与实践．香港：集贤社，1990：56-58.

三、编制计划的过程

调查研究、构建目标、战略规划和运作计划是计划编制的四个经典步骤[①]。

也有研究者曾指出，任何计划的编制都应该至少包括五个基本步骤：第一，目标设定；第二，评估目前的优缺点；第三，发展计划；第四，实施计划；第五，监督与评估计划[②]。

根据社会工作和社会服务机构的特点，斯基德莫尔提出了计划编制的七个步骤及其相关活动（见图 3－2），并认为这七个步骤及其相关活动对于社会工作和社会服务机构是特别重要的[③]。

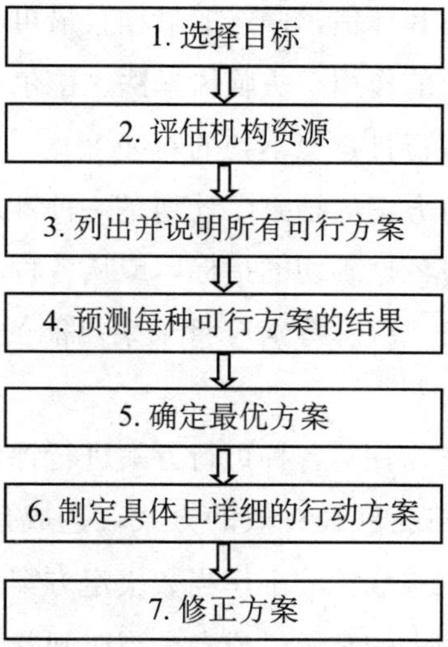

图 3－2　计划编制的七步骤

第一步，选择目标。目标即目的或要达至的结果，它关系到机构的目的和政策。目标主要有两种形式：一种是整体或长期的目标；另一种是特定或短期的目标。前者关系到机构存在的目的或使命，这类目标的设定对于机构而言是非常重要的，它能够激发机构的创造性与前瞻性。后者指机构目前或当下的目标，是具体的、简单的、可达成的。这类目标大部分是短期的，所关心的通常是发生在某天、某周或某一特定时间的事情，它对于社会服务机构的日常行政工作特别重要。

第二步，评估机构资源。社会工作或社会服务机构在确立了目标之后，就开始

---

① SCHAFFER R H. Putting action into planning//斯基德莫尔．社会工作行政：动态管理与人际关系（第 3 版）．北京：中国人民大学出版社，2005：47.

② SMYTH. Managing health and social care//黄源协．社会工作管理．台北：扬智文化事业股份有限公司，1999：103.

③ 斯基德莫尔．社会工作行政：动态管理与人际关系（第 3 版）．北京：中国人民大学出版社，2005：48－55．黄源协．社会工作管理．台北：扬智文化事业股份有限公司，1999：104－109.

了计划的第二步，即对机构可用的资源进行评估。比如，要考虑机构的经济情况和硬件资源以及人力资源，要评估机构的目标与提供某项服务所需的机构设施、预算、经费、社区支持等的相适合程度。人力资源不仅仅要考虑量的多寡，更要考虑素质问题，包括其能力、态度和情绪。比如，各部门及其职员的能力是否足以达成方案的目标？如果不能，那么是否有足够的经费雇用他人？若对这些问题的回答是肯定的，就表示机构主管掌握有可使用的资源；如果回答是否定的，那就需要想办法去获得其他资源。

第三步，列出并说明所有可行方案。在设定过目标并评估过机构的资源之后，接下来需要考虑的是可以达成目标的所有可行方案。一位较拙劣的机构主管，也许会采用他所看到的第一个方案。而一位较称职的机构主管，也许会考察各种可行方案，并仔细地对其进行描述和评估，以选取最佳且最可行的方案。在这一步里，积极的、开放的思维具有重要的作用。头脑风暴法、德尔菲法等有助于更多更优方案的形成，也许会由此产生可行且意想不到的新理念。

第四步，预测每种可行方案的结果。计划是一种针对未来行动的过程。对于达成目标的各种可行方案，应依据确切的指标，或从各种不同的角度，对其可能的结果加以预测和评估（见表 3－7）。特别应将未来可能的环境或经济变迁纳入考虑，以为最后决策提供参考。

第五步，确定最优方案。在对各种可行方案进行评估与预测之后，紧接着就要选择一个最佳的方案，以期能以最有效的方式，达成预期的目标，获得预设的结果。在计划过程中，最具有挑战性的工作当数决定方案和目标的优先次序，特别是当资源的供给与拥有少于需求的时候，或者是当时间紧迫而实现任务或目标艰巨繁重之时，优先次序的排列能让我们区分轻重缓急，并循序渐进地向目标前进，而这样恰恰是有助于效率的提升的。

第六步，制定具体且详细的行动方案。最佳方案选定后，就到了制定具体且详细的行动方案的时候了。在这个阶段，最中心之事莫过于勾画出按部就班的行动蓝图。在行动蓝图中，应该对行动计划的每一步做简要介绍并做记录。达成目标的流程图与优先次序的排列都是必要而且重要的。否则，漫无目的，将严重阻碍目标的达成。达成目标的具体时间表，以及对进度的定期研究和报告，也都非常重要。另外，给紧急状况的处理预留时间，同样是必须进入具体行动方案设计的重要一项。

制定时间表，对执行有效方案和实现计划蓝图有相当大的帮助。在制定时间表的方法中，被广泛使用的是 1910 年企业管理先驱亨利·L. 甘特制定的甘特图（Gantt Chart）。例如，一项为期一年的研究计划的时间表，其甘特图如图 3－3 所示。

项目	时间（月份）											
	1	2	3	4	5	6	7	8	9	10	11	12
文献收集与阅读												
研究设计												
调查访问的计划与安排												
调查访问的进行												
调查访问资料分析												
撰写报告												
完成报告												

图 3-3 甘特图

第七步，修正方案。通常而言，除非有事实改变或是有更好的程序出现，否则，应该严格遵守原先设定的计划。但是，在计划执行过程中也常常会出现一些难以避免的意外情况。此时，如果能够在计划中留有足够的弹性，则能够有效控制“计划赶不上变化”的尴尬局面。由此，弹性是计划过程中绝对必要的考虑。

计划制订的上述七个步骤并不一定要按部就班、循序渐进，弹性本身就是计划的基本原则，可根据环境或机构的变动，不拘泥于固定的程序，跳跃性地或前后次序倒置地实施，有弹性地运用上述七个步骤，有时可能会带来意想不到的收获。

计划是一个过程，过程中的每一个阶段，都会面临种种可能的阻力或障碍。这些阻力或障碍主要表现为：缺乏计划能力、有违计划结构和过程、管理者推动计划的决心或承诺不足、信息使用不当、忽视不利的及可控的变量、忽视长远目标、缺乏整体的协调与沟通等。

第三节　战略规划

对于社会服务机构来讲，通过分析现在与未来的环境中存在的机会和威胁、可供使用的资源，进而确定机构的任务、设立机构的目标和制定机构能够在环境中成功运行的战略规划，是社会服务机构实现机构使命、提供优质社会服务、实现机构可持续发展的基本前提。

一、战略规划及其过程

战略规划等同于狭义上的战略管理，它是指“对组织及其内外环境进行系统的战略思考，从而确定组织的宗旨和目标，制定切实可行的规划，积极而有步骤地推动其实施，并及时加以调整的一整套系统的方法和过程”①。战略规划的特征是：可

① 王名．非营利组织管理概论．北京：中国人民大学出版社，2002：82.

以明确机构的发展方向；能集中人们对机构使命与目标的思考，增强凝聚力；能为人们提供行政控制的标准和手段①。

社会服务机构的战略规划主要包含三个层次，即：(1) 使命和宣言。其拟定者是机构决策者和高层管理者，主要内容包括机构本身的信念、价值观及其在社会上所要达到的地位。它具有宏观、长远、稳定的特点，无具体实现期限。(2) 策略性计划。其拟定者是机构高层和中层管理者，主要是对未来的发展做出预估后制定的工作方针，也是机构整体的目标和方向。它的实现期限主要是未来 3～5 年。(3) 运作性计划。其拟定者是机构中层和基层管理者，主要内容是机构目前具体可测量的短期服务指标，较常见的有年度计划、项目计划等，是机构具体的行动计划。它的实现期限一般是一个年度。

社会服务机构的战略规划通常包含如下过程（见图 3－4）。

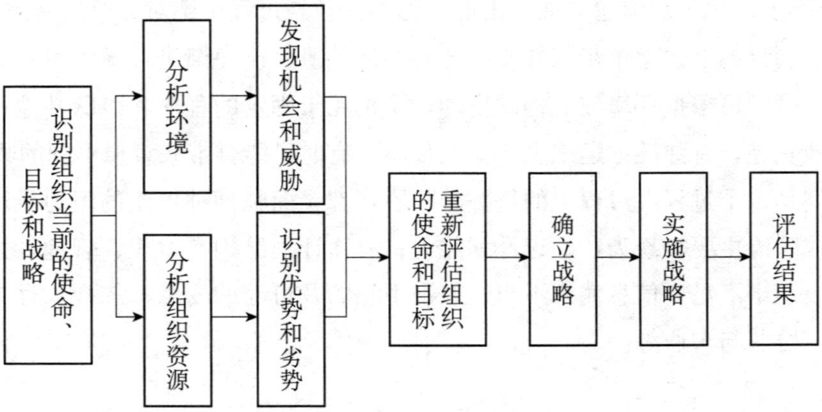

图 3－4 战略规划过程

资料来源：罗宾斯．管理学（第 4 版）．北京：中国人民大学出版社，1997：171．范志海，阎更法．社会工作行政．上海：华东理工大学出版社，2004：207．

在正式进入战略规划时，负责人应该召集机构的相关人员对机构的使命和目标、机构所处的内外部环境、规划过程和计划等展开讨论，并达成一定的共识，形成规划方案。通过民意调查、文献查阅等方法搜集相关资料，可以为战略规划工作提供事实依据和基础，帮助规划者做出合理决策。对于在重新讨论时所设立的目标，战略规划委员会或者特别小组委员会需要进行详细研究和审核，比如，这些目标是否符合机构的宗旨、是否反映外部环境的变化趋势、是否需要补充完善。

当新目标得到确认之后，机构需要将这些目标公布，征求外部意见，尤其是利益相关者的意见。这是战略规划中非常重要的步骤。规划者需要征询捐助者、服务对象、合作者的想法和期望，并在战略规划当中将其考虑进来。

① 全国社会工作者职业水平考试教材编写组．社会工作综合能力（初级）．北京：中国社会出版社，2014．

在广泛征询机构内外的意见之后，战略规划委员会会对整个规划方案进行调整和完善，并确定最终的规划。接下来就是执行这份规划，实施战略。最后，机构需要对战略规划的实施情况进行评估。①

二、内、外部战略环境分析

环境分析指对机构的内部环境和外部环境进行动态分析，是做机构战略规划的重要环节。其中，外部环境分析方法一般包括一般环境分析和利益相关者分析两种，内部环境分析方法包括内部因素评价矩阵和行业标准比较法。就具体的资料收集方法而言，环境分析可以通过文献查阅、专家咨询、座谈会、形势分析研讨会等方法来获取相关的重要信息。环境分析的结果通常以“环境分析报告”的形式呈现出来，成为机构战略规划的一项基本材料。

（一）外部环境分析

外部环境会制约社会服务机构的工作方向和内容，影响机构的内部管理，甚至对机构的管理水平产生影响。因此，社会服务机构在做战略规划时需要主动认识外部环境，主动适应环境的变化，为机构的发展获取机会和资源。②

1. 一般环境分析

一般环境是指在一定时空内影响各类组织的总体性宏观环境。它可分为政治与法律环境（P）、经济环境（E）、社会与文化环境（S）、科学技术环境（T）、自然环境（N）这五个方面。对社会服务机构的一般环境通常也是从这五个方面（PESTN）来进行分析的。这五个方面的具体内涵可参见表 3 - 9。

表 3 - 9　　一般环境分析的 PESTN

主要方面	主要内容
政治与法律环境	环境保护、社会保障、反不正当竞争法以及国家的产业政策
经济环境	增长率、政府收支、外贸收支及汇率、利率、通货膨胀率等
社会与文化环境	公民的环保意识、消费文化、就业观念、工作观念等
科学技术环境	高新技术、工艺技术和基础研究的突破性进展
自然环境	自然资源、生态平衡等

资料来源：李维安．非营利组织管理学．北京：高等教育出版社，2005：50.

具体而言，表 3 - 9 的五个方面构成了机构生存和发展的一般环境。

（1）政治与法律环境。这是指政治制度、政府政策、国家法律等因素。它们规

① 布林克霍夫．非营利标杆管理．北京：北京大学出版社，2007：182 - 185.

② 陈洪安．管理学原理．上海：华东理工大学出版社，2016：25 - 27.

定和制约了社会服务机构的业务活动，而且会直接影响机构的管理政策和管理方法。

（2）经济环境。它是指社会服务机构运行所处的经济系统情况，如政府的财政状况、税收政策、GDP 增长率、物价水平、国外的经济形势等。虽然社会服务机构不是营利性组织，但是经济环境会对机构的运行产生直接影响。例如，对于那些可以获得政府财政拨款的社会服务机构来说，政府充足的财力可以保障机构资金的稳定；当物价上涨时，社会服务机构的业务成本可能会提高；相对于经济落后地区，社会服务机构在经济发展水平高的地区可能更容易筹资。

（3）社会与文化环境。社会服务机构存在于具体的社区当中，当地的文化传统、风俗习惯、宗教信仰，以及居民的受教育程度、社区的组织化程度等构成了机构运行的社会文化环境。社会文化环境直接影响社区以及社区居民对社会服务机构及其业务的支持程度和参与程度。比如，在居民受教育程度较高的社区，居民对无偿献血或者捐献造血干细胞的社会意义有更深刻的认知，可能更会积极主动地支持相关社会服务机构的工作。

（4）科学技术环境。科学技术是一个范畴很广的概念，既包括生产技术，如新设备、新工艺、新材料等，又包括管理技术，如用于管理的方法和工具，还包括医疗、信息等服务技术和生活技术。这些技术不仅影响机构的管理，对机构业务的开展也会产生影响。

（5）自然环境。虽然与企业相比，社会服务机构的运行对自然资源和生态环境的要求并不高，但自然环境是很多社会服务机构关注的重要议题。

机构的战略规划需要对这些方面予以分析，厘清其中哪些因素是利于机构发展的，哪些因素是限制机构发展的，以使机构在规划中体现和应对客观的总体性环境。

2. 利益相关者分析

对于社会服务机构来说，利益相关者是影响机构生存与发展的重要因素，是机构外在环境中的核心要素。社会服务机构是非营利性的特殊组织，其资源获取以及服务提供是一个极为复杂的过程，涉及诸多实际的和潜在的利益相关者，如提供资源的捐赠者、提供合法性的政府、共同开展业务的合作者、服务提供者（如志愿者）、服务对象、竞争者、社区等。我们可以用图 3－5 来表示。

（1）捐赠者。社会服务机构的捐赠者是社会服务机构的重要利益相关者，机构应该努力让捐赠者的期望和意愿得到实现。在做战略规划时，需要明确机构的捐赠者是谁，清楚机构可以从哪里获取资源和支持。

（2）合作者。合作者除了为机构的活动和业务提供资源之外，往往还参与到机构的相关活动当中，与机构一起开展活动，共同完成某项业务。因此，机构在分析外部环境时，一个很重要的方面是辨识机构的潜在合作者，找寻可能的合作内容和

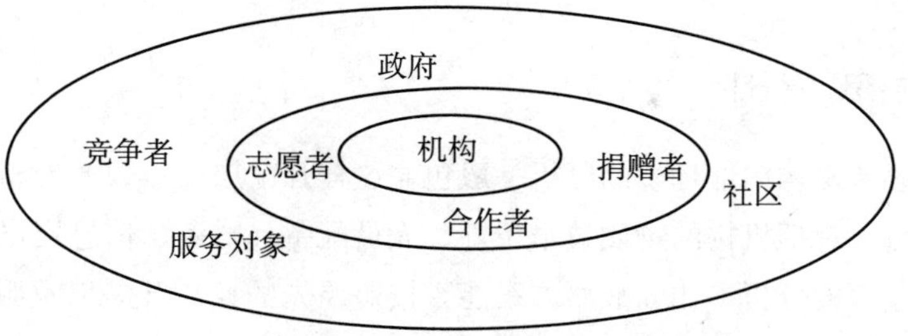

图 3-5 机构与利益相关者的关系

资料来源：李维安，等．公司治理．天津：南开大学出版社，2001：35.

路径，为机构获得尽可能多的外部支持，增强机构开展活动的能力。

(3) 志愿者。除了机构内部的正式员工之外，志愿者是可使用的重要的社会资源，在做战略规划时，规划者需要分析机构的志愿者来源和构成情况，有针对性地对志愿者进行理性的、成功的管理，以提高对志愿者的吸引力和感召力，增强志愿者参与公益事业的热情。

(4) 服务对象。提供什么样的服务以及用何种方式提供服务，关涉到服务对象的主体状况。一个有效的服务供给模式必然要关照服务对象的主体需求。

(5) 社区。对于诸多社会服务机构来说，社区是其存在和发展的重要依托。机构的一些活动不仅要在社区中开展，而且需要社区为其提供资源和支撑。与一般性的环境相比，社区环境是机构运行的具体环境。社区的地理区位、自然资源、人口、历史文化、组织状况、社会资源等对机构的运行和业务开展有着直接的影响。基于社区状况与需求的战略规划不仅更明确，而且为机构获取社区支持奠定了基础。

(6) 政府。社会服务机构的成立和发展与政府部门有着千丝万缕的联系。例如，社会服务机构在筹办和成立时需要到政府的相关部门注册，经过正式批准后，才具有合法性。另外，政府部门通常会给社会服务机构提供一些其他营利组织无法得到的政策支持，比如税收优惠。除此之外，社会服务机构还需要接受政府相关部门的监管。政府通常是唯一具有法定权力对社会服务机构进行监管的组织。政府是社会服务机构在做战略决策时必须考虑的因素，比如机构的战略规划是否符合政府的方针政策，机构开展的业务能在多大程度上得到政府的认可，等等。

(7) 竞争者。机构在做决策时，需要了解自己实际的和潜在的竞争者是谁，实际的竞争者在做些什么，与竞争者之间是否存在合作的可能以及机构从合作中可能获得的益处是什么。机构可以分析竞争者对不同战略、行业变迁、环境变化可能做出的反应，从而在行业竞争中找到可能导向成功的战略。总体而言，基于对竞争者和行业环境的分析，机构可以在行业内进行恰当的定位。

通过对一般环境和利益相关者的分析，机构可以大致辨析出外部环境中的机会、风险和挑战。据此，机构制定出有针对性的战略方案，主动抓住机会，规避风险，应对挑战。

（二）内部环境分析

对社会服务机构内部环境的分析一般包含这样几个层面：（1）对机构的资源投入情况的分析，包括机构的物质技术条件、人员配备、财务、信息资讯等。（2）对现有的战略过程的分析，比如战略方案能否按照原先的计划开展以及服务方案达到预期的程度。（3）对机构绩效的分析，比如，分析机构达成战略目标的资源成本，进行成本—成果（效能）分析。①

内部环境分析常用的方法有内部因素评价矩阵（IFE 矩阵）和行业标准比较法（Industry Norms Comparison）。

1. 内部因素评价矩阵

内部因素评价矩阵一般包含五个步骤：

第一步，确定内部分析过程中的关键因素，并将其逐一列出。

第二步，给每个列出的因素赋予权重，数值范围为 0～1，其中 0 表示不重要，1 表示非常重要，数值越大表示这个因素越重要。

第三步，对各个因素进行分析，根据机构在各个因素上的表现对其进行赋值，4 分代表重要优势，3 分代表次要优势，2 分代表次要劣势，1 分代表重要劣势。

第四步，将每个因素的得分乘以权重，得到每个因素的加权分数。

第五步，将每个因素的加权分数逐个相加，得分便是机构的总加权分数，分值越高表明机构的内部环境越好。

需要强调的是，在建立内部因素评价矩阵时，评价者需要依靠直觉判断来对机构中的各个关键因素进行评价和赋值，并且，对矩阵中各个因素的深刻理解比实际数字更为重要。

比如，当用内部因素评价矩阵对某个社会服务机构的组织建设情况进行分析时，可以进行如下操作：

首先，确定组织建设的关键因素。如我们将组织建设的关键因素确定为组织机构建设、组织制度建设、组织队伍建设、组织物质技术条件建设、组织信息化建设。

其次，我们给这几个因素赋予权重，以确定它们在评价组织建设情况方面的重要程度。假定对组织机构建设赋值 1，对组织制度建设赋值 0.7，对组织队伍建设赋值 0.9，对组织物质技术条件建设赋值 0.8，对组织信息化建设赋值 0.5。

再次，我们根据机构在这几个因素上的表现状况对其进行评价并赋予相应分值。假定我们认为这个机构的组织机构建设存在诸多缺陷，是机构的重要劣势，我

---

① 范志海，阎更法．社会工作行政．上海：华东理工大学出版社，2004：208.

们对这一项赋值 1；认为组织制度建设也不完善，是机构的次要劣势，我们对其赋值 2；认为组织队伍建设和组织物质技术条件建设都是重要优势，均赋值 4；认为组织信息化建设是次要优势，赋值 3。

最后，我们将机构在每一项上的得分乘以权重，再相加，得到机构的总加权分数为 10.7（见表 3－10）。而在最理想状况下，这五个因素的总加权满分是 15.6。这表明，该机构的内部环境只达到了中等略偏上的水平。

表 3－10　　组织建设情况分析表

组织建设情况内容	权重	赋分（基于表现状况）	得分
组织机构建设	1	1	1×1=1
组织制度建设	0.7	2	0.7×2=1.4
组织队伍建设	0.9	4	0.9×4=3.6
组织物质技术条件建设	0.8	4	0.8×4=3.2
组织信息化建设	0.5	3	0.3×5=1.5
总加权分	10.7<15.6（满分）		

2. 行业标准比较法①

行业标准比较法是根据一些已确定好的指标对同行业或同领域中机构的业绩进行比较分析。这种比较不是对机构的整体业绩表现进行比较，而是根据机构的不同业务活动来分别进行比较。比较的结果通常以积分排名表的形式呈现出来。通过行业内部的机构之间的比较，我们可以了解特定机构在行业中的某项业绩表现以及所处的位置，进一步明确机构的资源占有情况。

三、社会服务机构的战略分析工具

社会服务机构在对内外部环境进行全面分析，了解自身的优势和劣势并且辨识环境中的机会与威胁之后，便进入具体的战略制定与决策阶段。战略制定是整个战略规划中最为核心的部分。战略制定需要借助战略分析工具来进行。战略分析工具能够告诉决策者机构的优势与劣势是什么，机构的机会在哪儿，以及机构应该避免的风险是什么，为其制定战略提供一些可行性方案。常用的战略分析工具有 SWOT 分析和 BCG 分析。

（一）SWOT 分析

SWOT 分析是“把对机构的优势（strengths）和劣势（weaknesses）、机会

① 关于这一方法更详细的说明，参见：李维安．非营利组织管理学．北京：高等教育出版社，2005：55－56.

(opportunities) 和威胁 (threats) 的分析结合在一起，以便发现机构重要的战略机遇"[①]。其中，优势和劣势关涉机构内部环境因素，机会和威胁关涉机构外部环境因素。SWOT 分析是综合考虑机构内外部环境变量，以此来选择机构战略。该分析方法认为，战略应是一个机构"能够做的"（即机构自身的优势和劣势）和"可能做的"（即外部环境中的机会和威胁）两者的有机组合。通过 SWOT 分析，机构可以把自身的资源与行动集中在自己的优势项目和有更多机会的方面，并让机构的战略方向变得明朗。

SWOT 分析的操作方法是：通过对内部的优势与劣势、外部的机会与威胁这四个方面进行交叉匹配分析，帮助机构在分析内外部环境的基础上，制定出适合机构发展的战略决策（见图 3－6）。

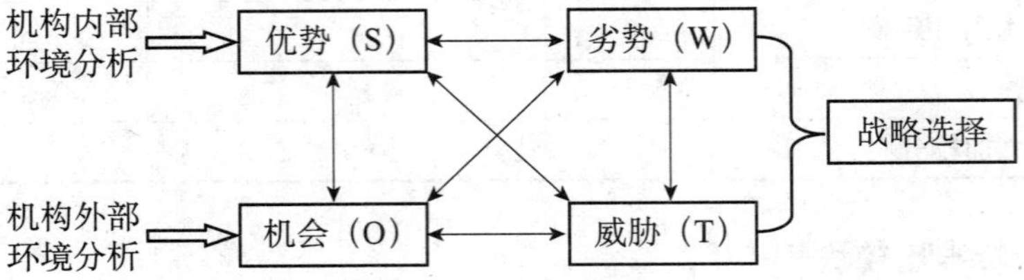

图 3－6　SWOT 分析的操作方法

资料来源：李维安．非营利组织管理学．北京：高等教育出版社，2005：57.

基于 SWOT 分析过程，我们可以得到一个 SWOT 矩阵（见图 3－7）。

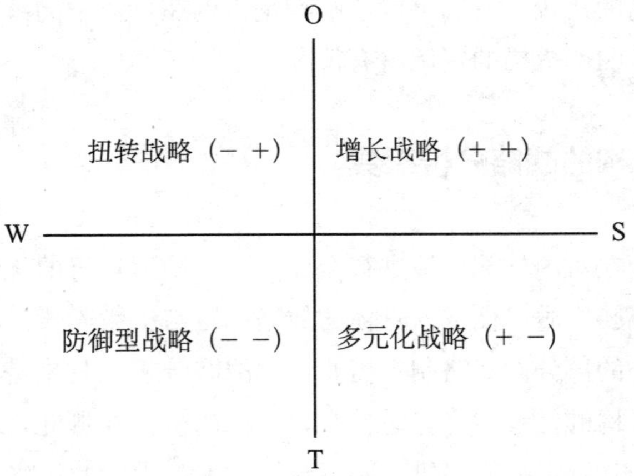

图 3－7　SWOT 矩阵

资料来源：李维安．非营利组织管理学．北京：高等教育出版社，2005：58.

在 SWOT 矩阵中，优势（S）和劣势（W）组成横坐标轴，机会（O）和威胁（T）组成纵坐标轴。这两条坐标轴交叉形成四个象限，即优势-机会（SO）、劣势-机会（WO）、劣势-威胁（WT）和优势-威胁（ST）。这四个象限分别代表着不同

① 范志海，阎更法．社会工作行政．上海：华东理工大学出版社，2004：209.

的战略模式。

1. 优势-机会组合模式

在该模式中，机构既有优势，又有机会，是一种理想状态下的战略模式。在这种战略模式下，机构应该选择增长战略，即主动发挥内部优势和利用外部机会。机构应审时度势地用内部优势撬动外部机会，使优势和机会充分结合。

2. 劣势-机会组合模式

该模式表示，虽然外部环境存在机会，但是机构自身存在劣势。机构应该采取扭转战略，即采取措施改变自身的劣势，克服弱点，提高自身的资源拥有量和能力，以便尽可能地利用各种外部机会。当外部环境提供的机会与机构内部资源不吻合或者不匹配的时候，外部的机会再多，机构也难以抓住。此时，机构需要通过加大资源投入等，促使内部劣势向优势转化，进而适应外部环境的要求。

3. 劣势-威胁组合模式

在该模式中，机构自身存在劣势，而且外部环境存在威胁。机构应该明智地选择防御型战略，即减少自身劣势和弱点，规避外部环境的威胁。在这种战略模式下，机构处于内忧外患的困境当中，甚至面临生存危机，当务之急是紧抓现有的业务和工作，提高效能，尽可能地改变劣势。

4. 优势-威胁组合模式

该模式表示，虽然机构自身有优势，但外部环境存在威胁。机构可以采用多元化战略，充分利用自身优势，在原来的业务领域里寻找新的发展机会，规避或弱化外部威胁所带来的影响。比如在面对其他机构的挑战时，机构可以利用充足的资金、技能娴熟的员工和良好的公信力来开发新的项目，从而降低机构之间的竞争所带来的威胁。

简言之，使用 SWOT 分析法，至少包含以下基本程序：

第一，分析环境因素。基于扎实的调查研究，分析机构所处的外部环境因素和内部环境因素。

第二，构建 SWOT 矩阵。将机构的内部优势（S）、劣势（W）与外部机会（O）、威胁（T）进行匹配，形成 SO 战略、WO 战略、WT 战略和 ST 战略。根据调查研究，将影响机构发展的因素按照重要程度、迫切程度、直接相关程度进行排列，构建 SWOT 矩阵。

第三，制订行动计划。本着“发挥优势（S）、克服劣势（W）、抓住机会（O）、直面威胁（T）”的原则，制订行动战略计划。

由于 SWOT 分析法具有简洁直观的优点，因此其被广泛地应用于机构的战略研究当中，成为战略制定的重要分析工具。这种分析方法在没有精确数据支持的情况下，也可以得出有价值的结论。不过，SWOT 分析法在精度方面存在明显缺陷，甚至会因为分析者主观判断的不准确而对机构的内外部环境产生不恰当的描述。因此，在使用SWOT分析法时，要尽可能地将判断建立在客观事实之上，并且对机构内外部环境的分析要尽可能全面、具体、客观和精确。比如，我们要对机构的优势和劣势有一个客观的认知，对机构的当下现状和未来前景进行区别，对竞争对手的情况有准确的了解，在做分析时避免复杂化和过度分析，等等。

接下来，我们以颜小钗对北京市第一社会福利院社工科专业化发展的SWOT分析为例，呈现SWOT战略分析工具的应用过程[①]。北京市第一社会福利院（下文简称“一福”）始建于1988年，是一家大型的公办养老机构，在行业中处于领头羊地位。2007年，一福响应民政部社会工作专业人才队伍建设号召，探索社会工作专业人才队伍建设模式，并成为示范单位。颜小钗基于在一福社工科的实习和调查研究，对社工科主导的养老机构社会工作专业化发展进行了SWOT分析。

第一步，外部环境和内部环境分析。

社工科的优势（S）：（1）组织架构健全。一福于2005年成立了社工部，隶属于业务科，职责主要是与其他科室合作，运用社会工作方法开展老年社会工作。自2007年成为民政部社会工作人才队伍建设试点单位后，一福成立了社会工作人才队伍建设领导小组，院长任组长，业务主管任副组长，社工、医生、护士、康复治疗师等为小组成员。2010年，一福将社工部和业务科合并，更名为社工科。（2）人员素质优良。一福有社工4人，其中3人为本科学历，1人为大专学历，4人都有社工专业背景，且都获得了全国社会工作者职业水平证书，另外，社工经常接受专业培训，专业理论知识和实务技巧扎实。（3）专业行为规范。一福社工科坚持规范化管理，引进ISO国际质量管理体系，并推行规范化服务。

社工科的劣势（W）：（1）机构行政化趋向明显。社工科由原来的社工部和业务科合并而成，导致社工需要承担大量的行政性事务，挤占了提供专业性服务的时间和精力。另外，社工科与护士站业务有重叠，导致社工的专业性服务范围不够清楚，影响专业优势发挥。（2）人员稳定性差、人员结构欠合理。社工科的社工可能会被调到其他科室工作，或因为编制限制及待遇问题辞职。另外，社工科男女社工比例为1∶3。一福需要为较多的男性老人提供服务，但社工科的男性社工数量不足，需要招聘和留用更多的男性社工。由于入住一福的老人对医疗护理需求较多，且一福附设医院，所以一福对医护专业人才较为重视，对社工人员的配置相对忽视。（3）专业能力发展不易。社工偏年轻，工作经验不够丰富，所学专业知识在实践中也面临本土化的挑战，导致社工与入住老人之间的互动和关系建立等存在一定的障碍。

---

① 颜小钗．养老机构社会工作专业化路径研究：基于北京市第一社会福利院SWOT分析．北京：中国社会科学院研究生院，2012.

社工科遇到的机会（O）：机构处于行业发展机遇期。一是国家出台了多个有助于社会养老服务产业发展的政策文件；二是国家出台了多个促进社会工作专业人才队伍建设的政策措施。在此大背景下，社工科面临以下机会：（1）政策推动。一福是民政部社会工作人才队伍建设试点和示范单位，已制定相关政策措施，着力壮大社会工作专业人才队伍，发展社会工作专业服务。2008 年，民政部与人力资源和社会保障部联合出台的《关于民政事业单位岗位设置管理的指导意见》，明确要求推进民政事业单位专业社会工作岗位设置，一福是北京市以社会工作服务为主的事业单位，2009 年就已正式将社会工作专业纳入专业技术职称。（2）领导重视。一福的院长比较支持社会工作发展。社工科的组织队伍建设和经费支持等均离不开院领导的重视。（3）财政支持。一福作为公办养老机构，属于全额拨款型单位，资金来源相对较为稳定，为引进社工开展专业服务提供了经费保障。

社工科面临的威胁（T）：（1）机构改制的挑战。公办养老机构面临社会化改革、转制的挑战，在此过程中，经费压力会增大，对发展社工专业服务的投入可能会减少甚至中断。（2）社会文化的障碍。由于宣传成效不佳，公众对社工专业服务的认可度不高；老人比较敏感，对社工的接受度和信任度有限，难以主动向社工敞开心扉。

第二步，SWOT 矩阵构建。

SO 增长战略：发挥专业行为规范的优势，抓住政策推动、领导重视的外在机会，加强社会工作专业能力建设。

WO 扭转战略：抓住财政支持的外在机会，克服人员稳定性差、人员结构欠合理及专业能力发展不易的内在劣势，加强社会工作专业人才队伍建设。

ST 多元化战略：发挥组织架构健全及人员素质优良的优势，直面社会文化的障碍，在中观上健全相关机制。

WT 防御型战略：克服机构行政化趋向明显的内在劣势，直面机构改制的外在挑战，在宏观、微观上完善体制及精准角色。

对影响社工科发展的诸多因素根据重要性和关联程度进行排序，构建出以下矩阵（见表 3-11）。

表 3-11　SWOT 矩阵

	优势 组织架构健全 人员素质优良 专业行为规范	**劣势** 机构行政化趋向明显 人员稳定性差、人员结构欠合理 专业能力发展不易
机会 政策推动 领导重视 财政支持	**SO 战略（增长战略）** 发挥专业行为规范的优势，抓住政策推动、领导重视的外在机会，加强社会工作专业能力建设	**WO 战略（扭转战略）** 抓住财政支持的外在机会，克服人员稳定性差、人员结构欠合理及专业能力发展不易的内在劣势，加强社会工作专业人才队伍建设

续表

威胁 机构改制的挑战 社会文化的障碍	ST 战略（多元化战略） 发挥组织架构健全及人员素质优良的优势，直面社会文化的障碍，在中观上健全相关机制	WT 战略（防御型战略） 克服机构行政化趋向明显的内在劣势，直面机构改制的外在挑战，在宏观、微观上完善体制及精准角色

第三步，制订行动计划。

第一，去行政化。（1）完善体制。通过体制建设，克服机构行政化趋向明显的内在劣势，应对机构改制的外在挑战。例如，规划志愿服务团队，有效调动社会资源；在跨专业与部门协作方面制定统一的参照指标体系，明确工作任务，避免工作混淆和重叠；加强社工与其他科室人员之间的沟通互动，增进彼此间的了解和信任；建立社工科与其他科室之间的工作联络体制，做到对等的回应、监督、评估。（2）健全机制。健全服务体系机制，整合各方力量和资源，发展本土化养老服务模式，促使养老机构服务管理创新，响应老人的机构养老需求；健全制度体系机制，使专业社工具备开展政策研究及倡导的策略能力；健全文化体系机制，让专业社工具备督导及开展宣传培训的能力，解决社会文化障碍。（3）精准角色。反思社工科角色，重视其为老服务和机构管理服务的双重角色。

第二，推进专业化。（1）人才队伍建设。抓住财政支持的机会，推进人才队伍建设，注重人才数量、结构、布局、稳定性等因素。（2）能力建设。发挥社工专业的价值，着力打造专业服务领域的品牌。

（二）BCG 分析

BCG 分析法是由美国波士顿咨询集团首创的一种协助企业分析其产品和业务的组合方法，全称是波士顿咨询集团矩阵（Boston Consulting Group Matrix）。该矩阵旨在帮助企业更合理地分配资源，制定战略规划。后来，保罗·C. 纳特和罗伯特·W. 巴可夫对 BCG 矩阵进行了改造，用非营利组织中的“利益相关者支持程度”和“可控性”分别替代了企业中的“市场份额”和“产业增长速度”，进而使 BCG 矩阵适用于非营利组织等社会服务机构的战略分析。改造后的 BCG 矩阵强调了社会服务机构的各类业务和项目在“利益相关者支持程度”和“可控性”方面的差异状况。基于对“利益相关者支持程度”和“可控性”这两个维度的交叉比较，社会服务机构的业务状况将以一种更清晰的方式展现出来。社会服务机构的 BCG 矩阵模型见图 3-8。

依据 BCG 矩阵模型，社会服务机构的业务状况可以被分为四类。

1. “坐鸭”业务

此类业务具有可控性高且利益相关者支持度高的特点，是具有极好发展前景的业务类型。机构不仅有充分的能力开展此类业务，而且开展此类业务会赢得声誉和

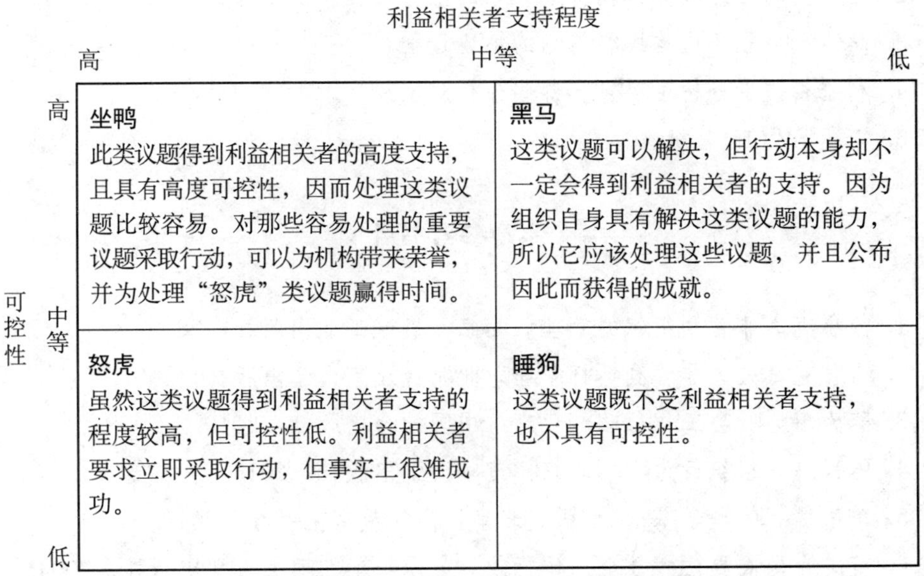

图 3 - 8　社会服务机构的 BCG 矩阵模型

资料来源：李维安．非营利组织管理学．北京：高等教育出版社，2005：59.

赞同。因此，机构需要优先给予此类业务资源支持，促进它们的广泛开展。

2. “黑马”业务

此类业务同样具有较高的可控性，但利益相关者对其不太支持。鉴于机构依靠自身的能力能够很好地开展此类业务，所以，机构应该开展相关活动，并且将活动的成果及时公布出来，转变利益相关者对此类业务的评价状况，赢得他们的支持。

3. “怒虎”业务

此类业务具有利益相关者支持程度高但可控性低的典型特点。即虽然利益相关者极为支持此类业务，要求机构立即开展，但此类业务可控性较低，以机构现有的资源和能力难以实施，即使勉强实施，一般也很难成功。

4. “睡狗”业务

此类业务的可控性低，而且利益相关者也不支持。因此，这类业务是机构不应该考虑的。

总而言之，改造后的 BCG 分析法通过分析业务的可控性状况以及业务得到利益相关者支持的程度，为机构的业务发展战略提供依据，是一种十分有价值的战略分析工具。

复习思考题

1. 社会服务机构的常用决策方法有哪些？在你的实践中，哪一种决策方法是常用的？

2. 描述编制社会服务机构行政计划的主要过程。

3. 简述社会服务机构战略规划的主要过程。

4. 利益相关者分析主要包含哪些分析对象？

5. 简述 SWOT 分析法。

本章参考书目

1. 德鲁克．非营利组织的管理．北京：机械工业出版社，2009.

2. 布林克霍夫．非营利标杆管理．北京：北京大学出版社，2007.

3. 陈为雷．社会工作行政．北京：中国社会出版社，2010.

4. 陈兴淋．组织行为学．北京：清华大学出版社，2016.

5. 单凤儒．管理学基础．4 版．北京：高等教育出版社，2012.

6. 范志海，阎更法．社会工作行政．上海：华东理工大学出版社，2004.

7. 何明宝，朱希峰．社会工作 200 问．上海：上海社会科学院出版社，2007.

8. 黄源协．社会工作管理．台北：扬智文化事业股份有限公司，1999.

9. 李维安．非营利组织管理学．北京：高等教育出版社，2005.

10. 林显宗，陈明男．社会福利与行政．2 版．台北：五南图书出版股份有限公司，2002.

11. 芮明杰．管理学：现代的观点．2 版．上海：上海人民出版社，2005.

12. 王思斌．社会行政．北京：高等教育出版社，2006.

13. 吴江．行政管理学．北京：中国农业出版社，2007.

14. 萧洪恩．社会工作行政．武汉：华中科技大学出版社，2005.

15. 张曙．社会工作行政．北京：社会科学文献出版社，2002.

16. 赵学慧．社会服务组织管理．北京：中国社会出版社，2013.

17. 杨涛．社会服务机构管理：利他经营、集体行动与自主共治．南京：南京大学出版社，2019.

推荐阅读书目

1. 斯基德莫尔．社会工作行政：动态管理与人际关系（第 3 版）．北京：中国人民大学出版社，2005.

2. 梁伟康．社会服务机构行政管理与实践．香港：集贤社，1990.

3. 吴帆．社会服务评估实用教程．北京：高等教育出版社，2018.

4. AUSTIN M J，BRODY R P，PACKARD T. Managing the challenges in human service organizations. Sage，2008.

5. KETTNER P M, MORONEY R, MARTIN L L. Designing and managing programs: an effectiveness-based approach (the 2ed edition). London: Sage Publications, 1999.

6. ALLISON M, KAYE J. Strategic planning for nonprofit organizations: a practical guide and workbook. Hoboken: John Wiley & Sons, Inc., 1997.

第四章

组　　织

基本概念

组织要素　钻石结构图　组织结构　组织结构设计　管理幅度　管理层级　直线式组织结构　直线参谋式组织结构　职能式组织结构　事业部制组织结构　团队式结构　理事会制度　控制　控制的层次　控制的类型　有效控制的原则　监督　监督的主体

本章要点

1. 组织是为完成特定目标而设计的工具，是协调各种资源去实现组织目标的过程，既是一种结构，也是一个过程。社会服务机构在确立了组织使命、战略目标和发展方向之后，就需要对组织进行工作结构设计，以利于组织目标的实现。

2. 社会服务机构组织结构就是组织成员为完成工作任务，实现组织目标，在职责、职权等方面的分工、协作体系。

3. 组织结构设计包括横向组织结构设计和纵向组织结构设计。横向组织结构设计是要解决部门划分问题，可以按职能划分、按人数划分、按工作时间划分、按学科划分、按服务地区划分、按服务对象划分等。纵向组织结构设计是对有效的管理幅度和合理的管理层级进行设计，核心是解决管理需要几个层级的问题。管理幅度构成组织的横向结构，管理层级构成组织的纵向结构，横向与纵向相结合，才能构成组织的整体结构。

4. 社会服务机构的基本组织结构类型分为直线式、直线参谋式、职能式、事业部制和团队式结构。社会服务机构一般采取的组织制度为理事会制度，理事会制度包括理事会、监事会和执行委员会三个部门的设置。

5. 社会服务机构的组织运作主要是指机构内部的动态机制，即通过授权、协调、沟通等过程，推动机构内部各部门、各岗位工作的运转。

6. 社会服务机构的运行需要采取控制行为，有效的控制工作主要包含确定标准、偏差评估、纠正偏差三项基本要素。

7. 在社会服务机构中，监督是指通过内部和外部途径对社会服务机构或机构的项目活动的环节、过程进行监视、督促与管理。

课前准备

学习关于组织理论、组织设计的知识，上网查找社会服务机构关于理事会制度的建设情况，通过《民办非企业单位登记管理暂行条例》《社会团体登记管理条例》《基金会管理条例》等法规文件，查找理事会成立的规则和步骤、理事会的基本职责。

组织是为完成特定目标而设计的工具，是协调各种资源去实现组织目标的过程；组织既是一种结构，也是一个过程。从结构来看，任何一个社会服务机构都有一定的组织形式，并以适当的方式处理人、财、物各方面的工作关系，这就是静态的组织结构；同时，一个组织还必须按照一定的机制运行组织行为，协调各部门的工作，整合有限的服务资源，这就是动态的组织运作过程。掌握社会服务机构的组织结构，学会机构的组织设计和运作，可以提升我们的行政管理能力。

第一节　组织要素与组织结构设计

组织要素是组织的基本元素，只有了解组织的基本元素构成，才能做好组织设计和运行工作。

一、组织要素

组织要素是组成组织系统的各个部分或成分，是组织的最基本单位。根据利维特对组织的研究，任何一个组织都包括社会结构、参与者、目标和技术四个重要组成部分；但理查德·斯格特等学者提出，环境分析是组织分析中不可缺少的一部分[①]。因此，可以认为，组织包括社会结构、参与者、目标、技术和环境五个基本要素（见图 4-1）。在社会工作行政中，也应当从这五个基本要素出发对组织进行考察。

---

① 斯格特引用了利维特的组织钻石结构图，并增加了环境要素。参见：斯格特．组织理论．北京：华夏出版社，2002：15-16.

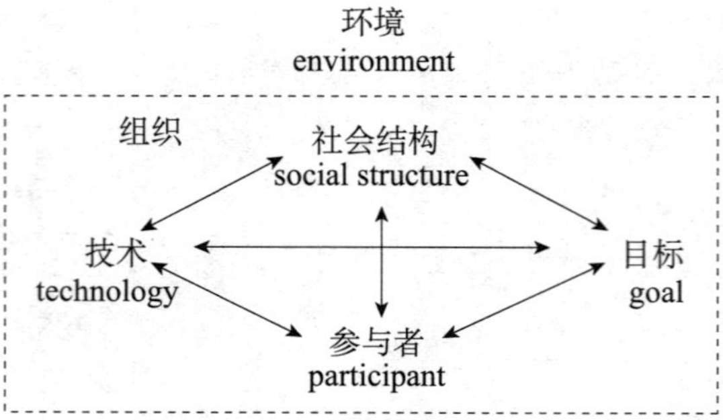

图 4－1　组织模型

（一）社会结构

社会结构指组织参与者关系的模式化和规范化，包括规范结构（规范体系）和行为结构（既存秩序）两部分。社会服务机构的规范结构部分包括反映机构价值观的组织理念、规章制度和创建者对组织的角色期待（社会服务机构使命与定位）。社会服务机构的行为结构部分，主要指在制度规定下，机构工作人员之间以及他们与利益相关者（如服务对象、捐赠者、合作者等）之间形成的相对模式化的互动关系、权力结构和工作风格。参与者之间关系的既存秩序，指社会服务机构运行中的实际行为而不是规范，是有规律的活动、互动和感知。如由机构的权力结构状态、人际关系、理念等构成的组织文化状态。

（二）参与者

参与者指那些出于各种原因而为该组织做出贡献的机构或个体。一般来讲，社会服务机构的参与者主要包括举办者、出资人、管理者、社会工作者和志愿者。作为组织运行过程中的行动者，参与者的价值观、态度和实际行动，影响着社会服务机构的效率和公平，构建和决定了机构的结构，影响和决定了机构的组织化程度。另外，广义地说，政府管理部门、行业协会和社会人士也可以是社会服务机构的参与者，其参与方式不同于前者，对社会服务机构的影响作用大小取决于其对机构的认识、态度和与机构的互动程度。

（三）目标

组织的目标是组织参与者力图通过其行为活动而达成的目的。作为一个组织，社会服务机构的目标或者要达成的目的可划分为不同层次。一般而言，组织目标的类型按形式来分包括总目标、分目标和个人目标，按内容来分包括长期目标、中期目标和短期目标。从社会服务的角度出发，所有社会服务机构都有共同的目标，即进行助人自助的服务，促进人的发展。不同国家不同的社会制度和法律以及社会的不同时代，又赋予不同层次和类型的社会服务机构以具体的社会服务目标。从社会服务机构的个体层面来考虑，每一个机构都应该在所在国家现行的社会制度和法律下，结合所处时代背景和社会要求，根据自身的层次、类型和资源占有或可能占有的情况，确定自身具有独特个性的社会服务理念和组织发展目标。

(四)技术

技术指人类在认识自然和利用自然的过程中积累起来并在生产劳动中体现出来的经验和知识①，在组织层面，其特指组织拥有的技术装备和参与者的操作技巧。社会服务机构拥有的技术一方面表现为植根于物质形态的机构设施设备的质与量的技术含量，另一方面表现为植根于机构运行活动的所有参与者具备的知识和技能，如决策者的决策能力、管理者的管理能力、社会工作者的服务水平等。在考察社会服务机构所拥有的技术要素时，除了看其拥有的技术要素水平外，更重要的是考察其技术的有效化程度，如设施设备的有效使用率，各级员工积极性、主动性、创造性的发挥程度。

(五)环境

组织和环境之间是相互依赖的。任何一个组织都存在于某一特定的物质、科技、文化、制度和社会环境之中，并且必须与之相适应。没有一个组织是自给自足的，所有组织的存在和发展都有赖于与其所处的更大体系的关系。② 环境对组织的形式和运作具有决定性的影响，但环境对组织的影响并非单向的，组织在受环境影响的同时，也在影响环境。在某种特定的环境下，组织与环境间的这种双向影响的力量大小和方向，主要取决于组织自身的完善程度和其组织化的程度。

每个组织要素——社会结构、参与者、目标、技术和环境，都是所有组织的重要组成部分。组织结构和组织运作都是组织要素之间不同的组合及其所发挥的作用的结果。

二、组织结构设计

(一)组织结构及其作用

结构是组织的基本属性之一，组织在确立了组织使命、战略目标和发展方向之后，就需要对组织进行工作结构设计，以利于组织目标的实现。“组织结构是指组织成员为完成规定的工作任务和实现组织既定的目标而在职责、职权等方面的分工和协作体系。组织结构的作用在于：组织结构决定组织中的正式关系，包括职权层

---

① 中国社会科学院语言研究所词典编辑室．现代汉语词典．7版．北京：商务印书馆，2016：617.

② 斯格特．组织理论．北京：华夏出版社，2002：19－20.

级的数目和主管人员的管理幅度；组织结构确定了由个体组合成部门，部门再组合成整个组织的方式；组织结构必然包含确保跨部门沟通、协作与力量整合的组织制度设计。”① 社会服务机构组织结构就是组织成员为完成工作任务，实现组织目标，在职责、职权等方面的分工、协作体系。社会服务机构的结构形态和运行机制是否高效与合理，是影响社会服务质量和机构运作效率的主要因素。

斯基德莫尔认为，组织的基本结构要素分别是劳动分工、等级和职能过程、结构和控制幅度②。包括以下五项内容：

（1）职能设计，包括职能分析、职能整理和职能分解。机构战略计划和目标的实现有赖于职能设计，即科学合理地规定管理层级、部门的规模及结构。

（2）管理幅度设计，即机构管理的控制幅度，指组织的一名领导者能直接领导下级的人数。适中的管理幅度有利于提高组织的效率。

（3）管理层级设计，指机构职能的纵向结构。管理层级太多或太少，都将导致组织效率的低下。

（4）部门设计，指对机构中的各种工作根据某种标准进行分类。具体内容包括机构中应分哪些部门，各部门的大小规模、彼此之间的关系，等等。

（5）信息联系设计，主要解决纵向和横向的信息联系，克服专业化分工与上下沟通、部门协作之间的矛盾。

（二）组织结构设计的内容和原则

1. 组织结构设计的内容

组织结构设计是指在组织内部做出的关于如何建立一种功能型结构的决定，内容包括组织内部的业务如何进行分工、如何进行合作，这是横向组织结构设计的内容；还包括管理层级的划分与职权分配，这是纵向组织结构设计的内容，涉及组织权力隶属关系的确定。

（1）横向组织结构设计。

横向组织结构设计是对组织各个部门的业务和管理工作进行划分，划分原则可以为按职能划分、按人数划分、按工作时间划分、按学科划分、按服务地区划分、按服务对象划分等。

（2）纵向组织结构设计。

纵向组织结构设计是对有效的管理幅度和合理的管理层级进行设计，核心是解决管理需要几个层级的问题。管理幅度构成组织的横向结构，管理层级构成组织的纵向结构，横向与纵向相结合，才能构成组织的整体结构。

---

① 达夫特．组织理论与设计（第7版）．北京：清华大学出版社，2003：103-106.

② 王思斌．社会行政．北京：高等教育出版社，2006：98.

管理幅度主要依据上下级关系的复杂程度进行设计。影响设计的直接因素有：管理工作的性质，如相似性和复杂性；管理者自身的素质和能力；下级人员的素质与职能的性质，如技术程度；计划与控制的难度与有效性；信息沟通的难易程度与效率；组织的空间分布；外部环境约束。①

管理层级指机构职能的纵向等级结构和层次。管理层级以组织内部劳动分工和权力的等级性为基础，反映了组织内部的纵向分工关系。管理层级设计就是对上下有多少职能层级和级别之间的权力范围即工作关系进行的规定和设计。

根据管理幅度宽窄和管理层级多少的变化，纵向组织结构会呈现锥式和扁平式两种结构类型。锥式组织结构的管理幅度窄、管理层级多，是权力和责任集中在上一级管理部门的高层结构设计。它适用于以下情形：工作任务要求不明确、下级人员自由处置权大、工作责任重大且绩效衡量期长、成果不易测定和测量、部属之间工作依赖性强等。扁平式组织结构的管理幅度宽、管理层级少，权力和责任相对分散，有利于授权、信息沟通和激发员工的积极性。它适用于非长期性的特定工作任务，即任务灵活多样、人员少、压力不大的组织工作情形。

2. 组织结构设计的原则

社会服务机构在组织结构设计过程中，应遵循的基本原则主要有以下几点：

（1）目标任务原则。机构内部的部门、职务和职位都应因事设职、因职设人，做到目标明确、结构清楚。

（2）分工协作原则。分工与协作是组织运转效率的根本保障。分工可以提高效率，协作是实现机构目标的必要条件，专业化是分工的基础。

（3）有效管理幅度原则。管理幅度的设计应考虑管理者的个人特质（如体力、精力、能力、时间）、管理对象的特点和数量、环境条件、机构性质与工作性质，确保管理者能够直接、有效地管理下级和部门。管理幅度的设计没有统一标准，管理者需要在管理实践中灵活掌握。

（4）统一指挥原则。每一个下级应只对一个上级负责，确保组织上下级对机构活动有共同的使命感。

（5）权责对等原则。社会服务机构组织结构设计应严格保证机构内的每一个职位所拥有的权力与所承担的责任对等，这是发挥组织成员能力的重要条件。

（6）精简与效率原则。在保证机构目标能够实现的前提下，社会服务机构的组织结构设计应尽可能简单，减少层次和职务类别，以保证机构最有效地使用资源，加快信息传递的速度，使机构保持一定的高效性和灵活性。

（7）统一领导与分级管理原则。统一领导有利于机构协调，分级管理有利于充分发挥职员的积极性和创造性。这一原则有助于保证机构的高效和灵活。

---

① 单凤儒．管理学基础．4 版．北京：高等教育出版社，2012：105.

第二节　组织结构类型与运作

现代社会有各种各样的组织，经过大量的社会实践，也形成了适合社会服务机构的组织结构类型。

一、社会服务机构的基本组织结构类型

（一）直线式组织结构

这是最简单的组织方式。组织由上而下分成若干层级，各层级中的每一个部门地位相等或权责相符，层级间只有水平和垂直的关系（见图4-2）。直线式的职权赋予主管指挥其下属的权力，这是一种由上而下的指挥关系，主管在其所属的范围内具有绝对的指挥权，也承担管理有关活动和达成组织目标的责任。这种结构适合小中型、内部管理简单的机构。

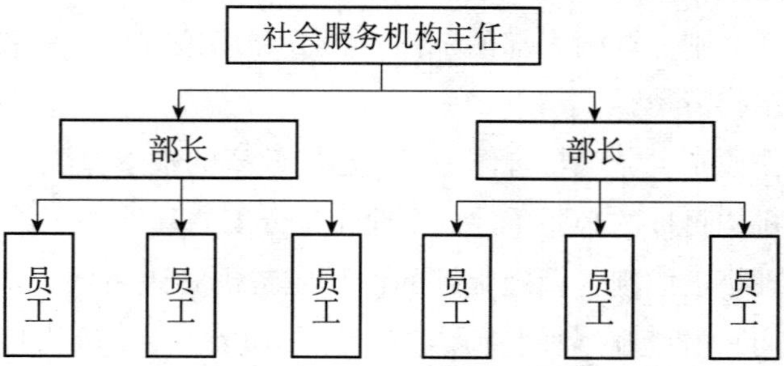

图4-2　直线式组织结构图

（二）直线参谋式组织结构

在直线式组织结构的基础上，设置一个为管理层提供专业意见、有针对性支持的部门（参谋），以更好地实现组织的战略目标。参谋的职权是主管授权的一种权力形式。在这一组织结构中，组织层级之间存在着水平和垂直的关系；参谋作为专家，有责任协助直线部门的管理者，但不能对部门进行直接的管理（见图4-3）。这种结构适合中等规模以上、内部管理不太复杂的机构。

（三）职能式组织结构

这种结构指按照职能或工作职责设立若干职能机构或人员，各职能机构在自己的业务范围内都有权向下级下达命令，即基层负责人除了要服从上级直接领导外，

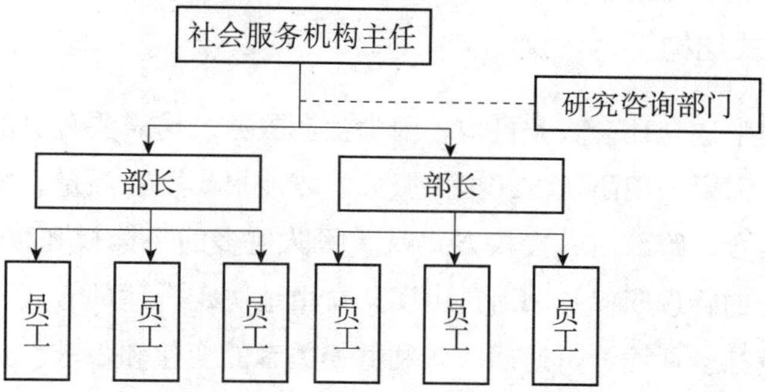

图 4-3 直线参谋式组织结构图

还要服从上级职能部门的领导（见图 4-4）。这种结构适合中等规模、内部管理有些复杂的机构。由于分工明确，这种结构通常在特定职能领域内能够实现高度的效率和专业化，但也可能导致部门之间的信息孤岛和协作挑战。

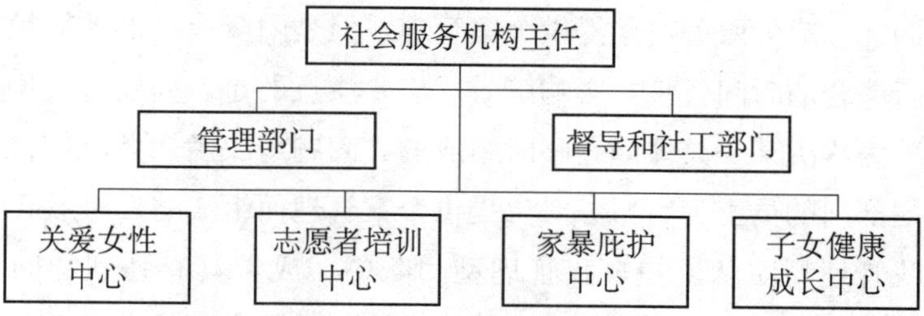

图 4-4 职能式组织结构图

（四）事业部制组织结构

这是较为复杂的一种联合结构。它由相对独立的事业部组成，每个独立的事业部拥有自己的管理团队、员工和资源，拥有较大的自主权，事业部的负责人有较为独立的战略规划和决策的权力，但只对本部门的业绩负责。社会服务机构总干事或秘书长负责监督、协调和控制各个事业部的活动，同时也提供诸如财务和法律方面的服务（见图 4-5）。这种结构适合规模较大、内部管理复杂程度较高的机构。

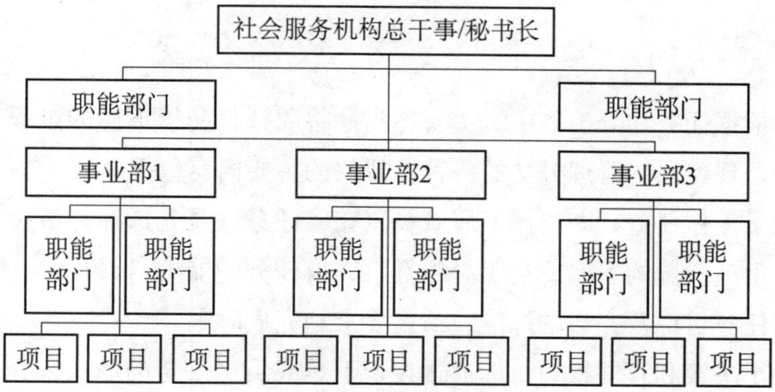

图 4-5 事业部制组织结构图

（五）团队式结构

这种结构非常适合社会服务机构。因为社会服务机构需要解决的某些社会问题相对较为复杂，需要采用团队方式提供服务，才能提高服务质量。团队式结构是以跨专业的人员组合、跨部门的授权方式赋予团队更多的决策权和责任的结构形式，不存在由上至下的管理职权链，而是由团队自由地决定合适的方式。团队式结构设计能够快速适应社会环境，迅速回应各利益相关者的变化和需求。最常采用的团队式结构有以下三种：

一是问题解决型团队。其由来自同一部门的若干个员工组成，定期讨论并解决工作中的某些具体问题。此团队虽然有利于沟通与合作以及问题的迅速解决，但是具有临时性，不利于机构总体目标的实现。

二是跨专业团队。其由来自不同部门、不同专业领域的专业人员组成，目的是完成一项共同任务或为服务对象提供个案管理，但是团队成员的差异性可能带来冲突，需要进行磨合的时间较长，影响绩效。需要注意的是，问题解决型团队是由同一部门的员工为解决某一具体问题临时组成的，问题解决后团队就解散；而跨专业团队是由不同部门的员工为给服务对象提供个案管理而组成的，一般会长期存在。

三是自我管理型团队。在自我管理型团队中，成员具有强烈的归属感和责任感，他们都可以参与到机构的运作及决策中。成员之间具有充分的信任和沟通，并且将自己的发展融入团队的事业中。同时，对于自我管理型团队的成员来讲，团队是一个有效的学习型群体，成员之间存在积极的冲突，这种冲突通过创新方式解决，并能促进团队的发展。

二、社会服务机构的组织运作

社会服务机构的组织运作主要是指机构内部的动态机制，即通过授权、协调、沟通等过程，推动机构内部各部门、各岗位工作的运转。

（一）授权

授权是根据任务和分工，上级主管适当地将职权移交给下属的过程。授权也叫授权管理，是现代民主管理方法的一种。授权的主要内容包括：

一是授予工作任务，即指派下属或员工完成任务。要先选择好被授予工作任务的下属或员工（所选的下属或员工必须具有完成任务的能力），再下达明确的任务，并具体指明任务目标及完成的标准、质量要求和完成时限。

二是授予决策和管辖权力，即通过授予下属或员工一定的职权来完成任务。授予权力时，一方面要注意责权对等，不能只分派任务却不授予完成任务所需的权力；另一方面要明确所授权力的界限和限制，强调所授权力仅限于从事某一特定任务，不能模棱两可，不能令出多门。授权后对下属或员工还要充分地信任和支持。

三是必要的监督考核。授权后不是放任自流，而是在下属或员工工作过程中给予适当的控制，确保权力的正确使用和任务的完成。工作结束后要对授权结果、工作业绩进行考核评价，总结经验和教训，使授权更加完善。

授权时可遵循以下七项原则：（1）重要性原则——敢于把重要的职权授予下属；（2）适度原则——放权要适度，授权多少要以效率为基础，不能无原则地放权；（3）权责一致原则——必须明确所授任务的目标、责任及其权力范围，权责一致；（4）极差授权原则——不能越级授权，破坏管理秩序；（5）目的性原则——分派职责和委任权力都以组织目的为依据，明确具体工作目标、具体工作责任，有效授权；（6）信任原则——授权需要在上下级之间建立充分信任的关系，下属只有充分感到上级管理者的信任，才能充分发挥积极性和主动性；（7）有效监控原则——管理者要保持必要的监督控制手段，使所授权力不失控①。

（二）协调

协调是将社会服务机构中各部门的活动转化为一致性行动的过程，目的是促进各部门的密切配合、分工合作，推动部门之间、员工之间步调一致，增进组织效率。社会服务机构的协调可分为程序性协调和工作性协调，前者是在活动设计过程中进行的，后者是在服务实施过程中进行的。

根据明茨伯格关于组织和管理的理论，组织协调工作的基本方法可以分为五种：相互调节、直接监督、工作流程标准化、工作输出标准化以及员工技能标准化。

相互调节强调不同部门或员工个体之间通过直接交流和协作来解决问题，强调部门、员工个体之间的自发协作，而不是通过上级命令或规章制度来推动。当组织成员发展到一定数目之后，组织协调和控制通常需要通过上级管理者对下属的直接管理和监督来实现。这种协调方式被称为直接监督。工作流程标准化是指通过规章制度将组织内部的工作流程、程序和操作方法进行规范化和统一，以确保工作的一致性和效率。如果工作流程过于复杂、制度效果不明显，那么可以通过对工作输出（即工作结果）的控制来达到协调工作的目的，即将工作任务的产出物或结果进行规范化和标准化，以确保它们满足一定的质量、准确性和一致性要求，其包括确保工作输出物的格式、内容、质量和可交付性符合组织或行业的特定标准和期望。在工作本身和工作结果都无法标准化的情况下，组织还可以通过将员工的技能标准化来实现工作协调的目的，即对员工在工作中需要具备的知识、技能、经验和行为特

---

① 周三多．管理学．北京：高等教育出版社，2000：152.

征进行明确和统一的要求。明茨伯格认为，这五种协调机制会随着工作或组织的复杂化形成一个循环。[①]

（三）沟通

沟通是通过各种渠道传播消息、事实、观念、感觉和态度，以达到共同了解的活动。社会服务机构管理者在沟通方面发挥着上情下达、下情上达、与同事协调、向公众交代等作用。良好的组织运行离不开领导者与下属之间、各个部门之间、组织机构与外部利益相关者之间的有效沟通。关于沟通，在第五章有专门论述，这里不再赘述。

第三节　社会服务机构的理事会制度

理事会制度是社会服务机构进行决策与治理的组织结构和规范，常常被称为内部治理结构。理事会制度下的组织结构由理事会、监事会和理事会下的执行委员会构成。其中，理事会是最高的决策部门，执行委员会是理事会下的执行部门，监事会作为监督机构对理事会和执行委员会的工作合法性进行监督，三者相互作用，构成了理事会制度下的组织结构和职能分工（示例见图 4－6）。

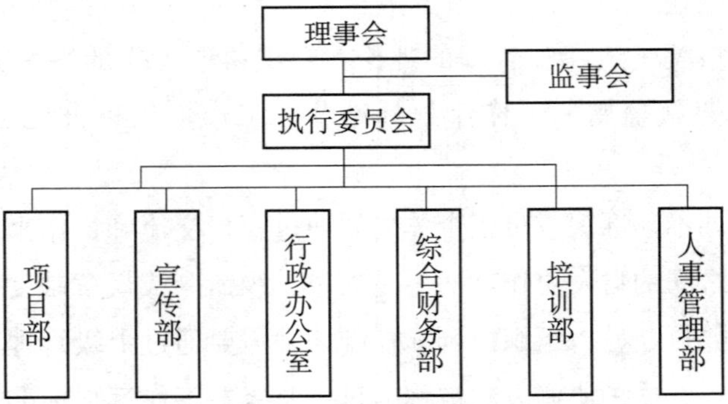

图 4－6　理事会制度下的组织结构

一、理事会的功能和职责

理事会是在独立的法人机构中建立的、通常经由全体会员（员工）大会选举产生的组织决策和治理的最高权力机构。在社会服务机构中，理事会的成员构成因组织而异，通常包括社会知名人士、资助者代表、受益者代表、资深专家等，有时也

① 王思斌．社会行政．北京：高等教育出版社，2006：98.

包括政府机构的代表、退休人员和企业代表等。理事会是理事会制度的核心。

（一）理事会的四大基本功能

第一，决策功能。理事会是组织内部的最高决策机构，负责制定和批准组织重大政策、计划和战略；理事就是参与决策的领导层。有些大型的组织理事较多，经常采用常务理事会的形式进行日常的决策与管理。

第二，支持功能。理事会是组织事业的支持者，负有提供组织运作资源的责任，是核心利益相关者。理事会通过直接捐助组织，或者为组织建立广泛的社会资源网络等，使组织获得充分的经费和及时有效的实质性帮助。

第三，使命倡导功能。使命是组织存在的理由，理事会有向政府、社会、市场和公众说明组织的使命与业绩的责任。理事和理事会代表应同外界建立良好的沟通渠道，为组织做宣传、说明和辩护，维护、塑造和提高组织的公共形象。

第四，监督控制功能。理事会及其成员要保护组织免受资金支持方的不当操控，监督机构与政府之间、机构与企业之间及机构本身运作过程中是否有重大利益与使命目标不一致的现象，以捍卫组织公信力。

（二）理事会的七项职责

根据理事会的四大基本功能，可以细化出理事会的七项职责：

一是实现组织的宗旨和使命。理事会应明确定位组织的使命，持续审视、评估组织的宗旨和使命是否得以恰当地贯彻和实现。

二是决定战略规划。理事会担负着制定组织发展战略规划，或者对管理层提出的战略规划进行研讨和审核的责任。

三是选择、评估和解聘行政主管。对执行主席，理事会要支持其工作的开展并定期进行绩效评估；在适当的时候也可依据需要更换执行主席和管理层人员。

四是财务监督。审核、批准组织的预算和决算；对组织的财务状况进行定期审查。

五是筹集资金。制定筹资战略，指导执行筹资计划，反馈筹资结果以便对筹资战略进行调整。

六是协调公众关系。协调与社会大众、舆论媒体、社区、企业、政府等各个利益相关者的公共关系。

七是自我评估。在对管理层进行审核和监督时，理事会还要对自身的工作绩效进行自我评估。

理事会的职责与实际功能之间可能会存在落差。根据理事会的实际作用，可以把理事会分为三种：权威型理事会，即对执行机构保持着权威性，掌控着重大决策权力并对组织的发展负有不可推卸的责任；管理型理事会，指在理事会的成员中，大多数成员要承担组织的日常运行管理工作，能够较好地发挥四大基本功能，承担七项职责；橡皮图章型理事会，即不发挥作用，只是一个合法的形式上的摆设。

由于多数理事会成员不具有专职的身份，因此，许多社会服务机构的理事会主要发挥了审核和批准政策、监督和评估工作计划及其执行情况的职能，而不是决策和领导职能。另外，大量研究认为，理事会制度作为重要的治理机制，要在组织与外界的合作和互动中发挥核心作用，理事会最为有效的职能是对外联络和争取资源以及建立社会网络。

（三）理事会运行指标与影响理事会功能发挥的因素

对理事会运作情况的判断，可以用以下三个指标：

第一，理事的出席率。出席率是判断理事会功能运作是否顺畅的重要指标之一。那些成员出席率高的理事会，理事成员参与积极，对组织使命有认同，因而能够使理事会有效地发挥作用。

第二，专业化程度。专业化标准要求理事具备的专业资格及人数达到以下程度：1/3 以上理事非常认同机构的使命；掌握有关组织发展的一般规律的知识；具有对非营利组织进行管理的专业水平，能够成为咨询顾问、为组织管理和发展提供专业指导。这是影响理事会角色功能发挥的重要因素。

第三，理事会的组成结构。理事会成员总数和成分构成要有合理的比例和规定的任期。理事会的成员不能少于 5 人，一般不超过 50 人；大型组织以常务理事会成员来限定，成员一般以 15～30 人为宜。

影响理事会功能发挥的因素主要有：

一是对外部组织的资源依赖程度。这直接影响着理事会的组成方式、理事会规模的大小以及理事会功能的发挥。当组织高度依赖地方资源时，理事会经常被视为获取资源的策略工具，这导致理事人选优先考虑政府官员代表。

二是理事人选的决定方式。如果理事人选必须优先考虑政府官员代表，则会降低该组织理事会的自主性。

三是政府直接行政干预的程度。政府直接行政干预或组织本身行政化程度过高都会影响理事会作用的发挥，主要表现为对机构自身自主性的破坏，以及由此产生利益不一致问题。

二、监事会的构成和职能

监事会是理事会制度中不可缺少的部分。监事会成员在举办者、出资者、本机构从业人员或有关单位推荐的人员中产生或更换，本机构理事、执行委员会负责人及财务负责人不得兼任监事。监事会一般为 3～15 人。在组织规模很小的情况下，可以设立监事 1 名。

监事会的主要职能有以下几项：

第一，检查监督本机构的财务情况。

第二，监督机构理事、执行委员会负责人违反法律法规或章程的行为。

第三，对机构理事、执行委员会负责人违反法律法规或章程的行为予以纠正。

三、执行委员会的构成和职能

执行委员会是理事会下的执行机构，其负责人也叫总干事、秘书长或主任，负责机构的日常管理工作，执行理事会的决定，向理事会汇报工作情况。执行委员会是社会服务机构实际工作的执行者，其工作对机构的发展起决定性作用。

执行委员会的职能主要包括：

第一，对理事会负责，向会员大会和理事会汇报工作。

第二，主持机构的日常工作，组织实施理事会的决议。

第三，拟定内部机构设置方案。

第四，拟定内部管理制度。

第五，提请聘任或解聘本单位副职和财务负责人。

第六，聘任或解聘本单位内设机构负责人。

第四节　控制与监督

控制与监督是社会工作行政过程中必不可少的重要环节。控制一般指社会服务机构内部的管理质量控制，监督一般指来自社会服务机构外部的质量控制，也包含自律。

一、控制

在管理学中，控制是为了保证组织目标的实现和既定计划的顺利执行，依据拟定计划，对实现目标的进展情况进行确定和衡量的过程。它与计划、组织、指挥和人员配备目标的实现密切相关。[①]

（一）控制的内涵

在计划执行过程中，机构外部环境的变化、机构领导者的主观认识以及工作中

---

① 戴淑芬．管理学教程．3 版．北京：北京大学出版社，2009：273.

的失误，都可能造成计划与目标达成之间出现偏差。因此，控制显得尤为重要。在社会工作行政管理过程中，控制可以被定义为：社会服务机构在动态的环境中，为保证计划目标的实现而进行的检查、监督以及纠正各种重要偏差的过程。它是完成计划的重要手段，是工作方向的重要保障，也是保证组织目标实现的重要机制。控制的主要要素包括：人员、财务、工作过程、信息、组织绩效等。

对于整个社会服务机构来讲，组织、计划、领导都要受到控制，只有进行良好的控制，才能防止社会服务机构工作的各个环节出现问题，确保机构朝着既定的战略目标稳步前进。图 4－7 显示了社会服务机构中控制的基本作用。

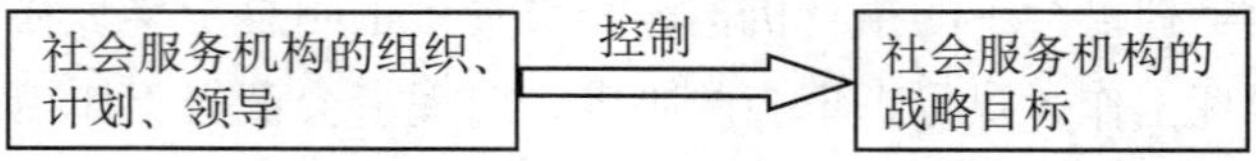

图 4－7　社会服务机构中控制的基本作用

（二）控制的过程

在对社会服务机构进行行政管理时，有效的控制工作主要包含三项基本要素，即确定标准、偏差评估、纠正偏差。三项要素息息相关、缺一不可。控制标准的确定既是机构控制工作的出发点，也是对机构进行相关检查和衡量的重要依据，有了控制标准，才能对机构工作进行偏差评估。偏差评估是将机构工作的实际情况或结果与控制标准进行比较，以此来确定机构工作的偏差，它是机构控制工作的重要环节。纠正偏差就是对机构中出现的工作偏差做出相应的工作反馈和调整，矫正机构的实际工作或是修改计划、标准，它是机构控制工作的关键环节。控制的重要意义在于，控制使得社会服务机构的工作动态与战略计划或目标相符合，确保机构工作的计划实现和目标达成。图 4－8 展示了社会服务机构控制工作的实施过程。

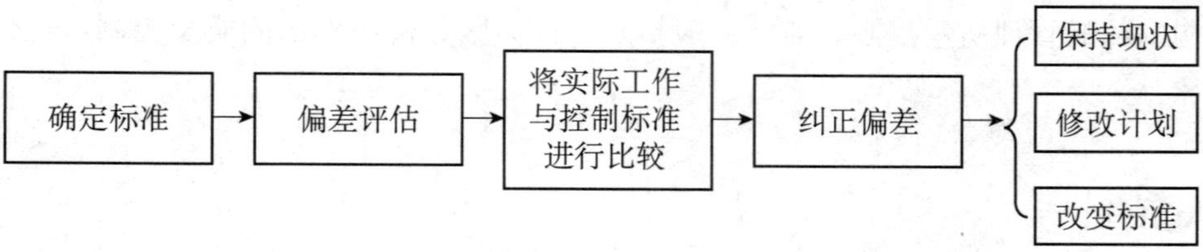

图 4－8　社会服务机构控制工作的实施过程

（三）控制的层次与类型

1. 控制的层次

按照层次进行划分，控制可以分为机构战略控制、机构结构控制和机构运营控制三个层次。机构战略控制主要关注机构的决策、战略管理、目标管理是如何帮助机构实现目标的；机构结构控制主要关注机构组织架构的各要素是怎样为机构整体及其各部门确定目标服务的；机构运营控制主要关注机构如何将外部资源（如志愿者、社会捐赠、政府项目资助等）和内部资源（如人力资源、机构资金、机构设施等）转化成机构服务，以达成既定的目标。

2. 控制的类型

控制可大致分为过程控制和冲突控制两类。

（1）过程控制。

过程控制是按照机构制订的服务计划对机构现在提供的服务的工作进度和效果进行综合监控，其目的是实现机构的总体协调，确保机构的各项行政管理职能得以顺利实现。过程控制的内容包括：第一，方案的执行绩效，如计划制订的正确性、计划执行的严格性、受控者执行方案的能力与绩效等。第二，机构的行政管理能力，主要监控机构整体运营的过程，如机构的人事政策和管理步骤、行政程序等。第三，工作者的督导与培训，控制者应留意机构为满足员工的学习与发展需要所组织的各项培训与专业发展活动。第四，机构的财政运作状况，监察机构的财政支出状况，确保资金使用和物资购置符合有关规定。

（2）冲突控制。

冲突控制是指对机构中不同部门、成员之间可能发生的冲突进行有效控制，尽力缓解和避免冲突，防止机构资源的浪费及工作环境的恶化。冲突的具体表现包括：第一，机构成员个人目标与机构目标的冲突。第二，角色期待与机构成员心理的冲突，即机构对担任某个特定职位的成员的角色期待与成员心理发生矛盾，成员不愿意做出符合角色期待的行为或者做了不符合角色期待的事情。第三，资历浅与资历深的成员间的冲突，即新成员与老成员在知识、观念、工作方法方面的差异造成的冲突。第四，机构内的上级行政主管单位与下级专业服务单位之间的冲突。由于机构的层级及所负担的职能不同，上级行政主管单位及主管与下级专业服务单位对同一问题及管理措施常产生不同的态度与看法。因此，对上述冲突的控制对于行政目标的最终达成是十分必要的。①

（四）控制的具体方法

在社会服务机构中，过程控制和冲突控制的具体方法主要有以下几项。

过程控制的方法有：（1）实地考察机构的运作活动；（2）对机构管理层、一线工作者、受助者进行深入访谈；（3）利用信息管理系统，了解服务方案是否依照规定的形式执行；（4）利用财务管理系统，评估服务的成本—效益，确保资金的合理使用。

冲突控制的方法有：（1）加强沟通参与；（2）激励意愿潜能；（3）善用管理策略；（4）科学设计社会服务机构的设置体系；（5）回避；（6）妥协；（7）合作；

① 张曙．社会工作行政．北京：社会科学文献出版社，2002：177－178.

(8) 强制解决。前四种方法带有预防的性质，后四种方法带有缓解、解决矛盾的性质。

总之，在社会工作行政管理过程中，控制活动都必须坚持系统、客观、适时、灵活、经济的原则，对具体控制手段的选择则需要视每个社会服务机构与管理者的情况而定[①]。

（五）有效控制的原则

在社会工作行政日常的办事程序和工作中，机构的管理人员不仅要掌握控制的基本要素及过程，还要掌握控制的基本原则。社会服务机构的使命、宗旨及战略有别于营利性质的企业，因此在社会服务机构的控制中要遵循有效控制的原则。

1. 重点控制原则

在管理学的控制原理中，最为重要的一条原理就是关键点控制原理，即有效控制要求关注那些关键因素，并以此对业绩进行控制[②]。同样，这条原理也适用于对社会服务机构的控制，要实现对社会服务机构的有效管理，必须突出管理重点或关键点。

社会服务机构所处的环境是多变而不稳定的，在工作中需要面临不同的服务对象，有许多需要控制的目标，但是机构管理者的时间和精力是有限的，不可能事无巨细、面面俱到地对机构实现良好的控制，而且在社会服务机构进行的项目活动中不可能完全避免失误和偏差的发生。因此，必须挑选出关键的目标进行控制，而且对于项目活动也须将其控制在一定的偏差范围内。

对于社会服务机构来讲，因其服务对象的复杂性、政策和计划的多变性、项目活动的动态性，对控制的重点必须具体问题具体分析。一般来讲，在社会工作行政管理过程中，社会服务机构的战略计划和项目活动的目标规划都是控制的重点。

2. 适度控制原则

(1) 避免控制过多或控制不足。

有效控制要求控制的范围、程度和频度恰到好处，既能满足对社会服务机构活动监督和检查的需要，又要防止社会服务机构内部成员之间发生强烈的冲突。对机构内成员的过度控制，会造成机构成员积极性、主动性和创造性的下降，从而影响本机构的效率；控制不足，则不能使机构活动有序地进行，不能保证机构中各部门和成员之间活动进度的协调，从而造成资源的浪费。

(2) 考虑控制的经济性。

控制费用基本上随着控制程度的提高而增加，控制收益的变化则比较复杂。为

---

① 张曙．社会工作行政．北京：社会科学文献出版社，2002：179.

② 戴淑芬．管理学教程．3 版．北京：北京大学出版社，2009：286.

使花费一定成本的控制得到足够的控制收益，机构应根据活动的规模特点和复杂程度来确定控制的范围和频度，建立有效的控制系统。而且，对于社会服务机构来讲，其资金支持始终是行政管理要考虑的重要因素，因此，机构必须将资金用在“刀刃上”，根据实际情况选择重要的和关键的问题进行控制，在降低控制费用的同时增强控制效果。

（3）加强自我控制。

自我控制的主要特点是员工进行自我监督检查、自我考核和自我评价。这种控制方法既能够充分地发挥员工的主观能动性，减少控制系统所需的人力和物力，又能够强调在机构中人是第一位的人本管理，从而进一步增强控制效果。①

3. 弹性控制原则

弹性控制主要是针对社会服务机构面对突发、紧急或是无力抗拒的变化而进行的控制，以保证社会服务机构在意料之外的情况发生后还能够维持机构或是项目活动的正常运行，控制工作仍然行之有效。

弹性控制需要控制者有多种方案应对突发变化，并且具有多种灵活的控制方式，从而达到“处变不惊”，实现有效控制。同时，弹性控制也必须从实际出发，不能过分依赖预算、检查、报告等正规的控制方式，因为实际情况会与预计情况有较大偏差，若只依赖于原有的预算或是数据来进行控制，那么可能会导致无效的控制，从而引起一系列的严重偏差。

4. 客观控制原则

客观控制主要适用于对机构员工的绩效、项目活动达成的结果以及机构计划目标的完成情况的控制。只有采用客观、合理、简明的控制标准，才能给机构人员和社会公众以说服力，同时保证较好地衡量工作绩效，从而避免机构管理者的主观印象和个人偏见。而且，客观的评价对于调动机构人员的积极性、树立社会服务机构的公信力具有很好的效果。但是，我们必须注意，对于绩效的衡量和评估项目、计划，要尽可能地采取易于操作、简单明了的方式进行，这样有利于提高控制的效果。

二、监督

在一般意义上，监督特指管理方面的监督，即与一项工作的数量完成情况及质量达标情况相关联。在社会服务机构中，监督是指通过内部和外部途径对社会服务机构或机构的项目活动的环节、过程进行监视、督促与管理。

---

① 费湘军．管理学教程：从实践中来，到实践中去．北京：化学工业出版社，2011：249－250.

（一）监督的要素

在社会工作行政监督过程中，一个完善的监督机制的构成要素应包括：

（1）监督的主体，以及各种监督主体之间的关系。

（2）监督的制度安排，包括监督主体的权利、义务、责任，被监督方的权利、义务，监督的程序、方式、手段。

（3）监督的动力，即促使监督主体行使监督权利、履行监督义务的动力。

（4）监督的客体，即具有意志性的社会公共权力。

但是，必须注意，以上这些要素的总和并不就等于监督机制，只有当要素之间发生相互作用，其动态过程及其所呈现的具有某些客观规律的运行方式才是监督机制。

监督管理的目的在于规范社会服务机构的行为，促进机构合法、合理、有序、高效地完成机构的使命，更好地服务于社会，使社会服务机构能够得到持续、健康、稳定的发展。

（二）监督的方法

目前，对社会服务机构运行效率和服务效果的监督主要通过五个途径：自律、行业监督、社会监督、政府监管和法律制度的规制。其中，自律属于内部途径的监督，其余属于外部途径的监督。运用互联网、信息技术、大数据技术进行监管，提高监督力度，降低社会公众、第三方评估机构和政府部门的监管成本也是重要发展趋势。

1. 自律

自律也被称为内部治理，是指通过机构内部力量对行为主体进行监督和约束。社会工作行政需要高度重视和加强自律，如果社会服务机构内部治理非常混乱，没有有效的监督和约束，那么组织的生存都很难维持，更谈不上承担社会责任和提供社会服务。社会服务机构内部自律主要采用以下几种形式。

（1）改进内部治理结构。

理事会和监事会是组织设计的主要方面。机构要保证自己的公开、公正、透明，就必须有良好的组织架构和治理结构。而在其中，社会服务机构的理事会和监事会起着举足轻重的作用，社会服务机构必须有强有力的、积极进取的理事会和监事会来进行监管。

（2）完善机构内部的组织章程和规章制度。

完善的制度在很大程度上制约和控制了机构内部的各种违规行为，对机构的运行起到了监管作用。如果社会服务机构的内部规章制度不是很明确，办事程序中存在暗箱操作，财务制度不完善，账目混乱，资金的使用率较低，就会对社会服务机构的内部监督提出严峻的挑战。因此，只有完善的工作制度规定才能更有效地保障监管的力度，从而提升社会服务机构的公信力和透明度。

（3）坚守机构的使命。

与企业相比，社会服务机构肩负着更重要的社会职能，机构人员的使命感和社会责任感也更加重要；使命是社会服务机构的根基和灵魂，对于组织的健康发展起指引作用。强调使命，并且将社会服务机构的使命转化为明确的任务和目标，再具体化为可操作的目标和可实施的方案——这是社会服务机构内部治理的关键。机构人员如果不履行机构的使命，行为缺乏约束，就会失去社会公众的信任和支持。

但是，自律仅是社会服务机构自身的主体行为，机构还必须接受来自外部的监督，只有外部监督和自律"双管齐下"，才能使社会服务机构主动加强对自身的制约，从而避免机构自律流于形式。

2. 行业监督

行业监督有利于相互制约、自我纠正，有利于同行业机构的共同进步与发展，这对于社会服务机构的成长与发展具有重要意义。

社会服务机构的行业监督主要有以下特征：从监督的形式来看，有第三方的独立监督和行业监管；从监督的方式来看，有制定共同遵守的道德标准和服务标准、进行独立的审计和鉴定、评估社会服务机构的服务和项目、资格的审查和认证、信息的公开和披露等；从监督的功能来看，监督不仅有利于淘汰社会公信力较差的社会服务机构，而且有利于促进社会服务机构更好地健康发展，更重要的是可以节约监督成本①。行业监督的具体形式包括：

（1）第三方的独立监督。

独立的第三方是指那些不直接从事向公众提供专业业务服务的社会服务机构，它们制定标准，对其他社会服务机构的工作和项目进行评审，确认或否定其他非营利组织的自我评估，其工作的目的就是监督其他社会服务机构的活动。

（2）行业监管。

这种监管主要是指通过建立行业协会来完成对社会服务机构的管理与监督，具体的方式有成员互查和行业协会抽查。成员互查，是要允许和鼓励社会服务机构之间相互进行监督审查。一方面，它们对机构的运作比较熟悉，可以降低监督的成本；另一方面，一旦机构的问题被披露，违规一方的公信力就会降低，捐赠者或寻求服务者就会转向其他的社会服务机构，这样可以使机构之间具有相互的约束性。行业协会抽查，指行业协会组织专家力量每年对大中小不同规模的社会服务机构进行抽查，最后将抽查的结果形成报告，在行业协会备案，并通过媒体、网络、期刊

---

① 侯春飞．政府主导下的多元共治：突破我国非营利组织监督困境的思考．济南：山东大学，2005.

等平台向社会公布。

3. 社会监督

社会监督是发挥公众舆论力量，使用社会话语权力对机构进行的监督。社会监督是一种非正式的监督形式，具有监督成本低和影响广的特点。其具体的形式有：群众监督、媒体监督、第三方监督。

（1）群众监督。

社会服务机构主要面向社会脆弱群体提供服务，其资金很大一部分来源于社会的捐赠、财政拨款和服务收费，因此它应该对社会公众有所交代，接受群众的监督。在行政管理过程中，实行群众监督要注意三个方面：一是社会服务机构要通过各种方式让群众了解和认可其社会价值，以便得到群众的支持；二是社会服务机构要帮助群众树立监督的意识；三是社会服务机构要建立群众监督的平台，比如，将机构的信息放到网上或是开通热线电话，接受群众的监督和回应群众的质疑，也可以在进行年度工作总结时，让群众代表列席参加，面对面地沟通。

（2）媒体监督。

媒体监督具有时效性强、影响广等特点。媒体的监督报道对于社会服务机构具有两方面的作用：一方面，媒体的正面报道可以树立社会服务机构的形象，有助于提高社会服务机构的公信力，从而可以使社会服务机构获得更多的社会捐助，吸引更多的热心人士参与服务项目；另一方面，媒体揭露的社会服务机构的不良现象或丑闻，会使社会服务机构直面公众的质疑，失去公信力，甚至会对整个行业产生冲击，引发一系列的连锁反应。因此，媒体监督具有强大的导向和威慑作用，能够对社会服务机构形成强有力的约束。

（3）第三方监督。

第三方指的是依法成立、独立于政府和社会服务机构的会计和审查机构，其主要职能是定期对社会服务机构的财务报告和社会公益活动报告进行审查。第三方出具的审计报告具有绝对的权威性，可以帮助企业、个人等捐赠者全面掌握社会服务机构的信息，使捐赠者可以做出更加明智的选择。对于这类机构，在赋予其权利的同时，也要相应规定其应履行的义务，即要公平、公正、客观地评价社会服务机构，一旦发现第三方有徇私舞弊、违法串通等行为，必须给予严厉的法律制裁。[①]特殊之处在于，在我国，事业单位性质的社会服务机构由政府部门进行财务审核监督。

4. 政府监管

政府作为唯一具有法律权威的监督主体，其力量是不容忽视的。在我国，近年

① 丁莎莎．对我国非营利组织监督机制的思考．会计师，2010（2）．

来政府与社会服务机构之间逐渐体现出一种互补的和良性的“伙伴”关系。一方面，社会服务机构有相对的独立性，具有为社会提供服务的自主性；另一方面，由于社会服务机构自身的特点和目前整个行业的不规范性，政府又必须扮演重要的管理者和监督者的角色。社会服务机构在某种程度上是依赖于政府的支持而存在和发展的，特别是在资金来源和提供某些公共服务方面，可以说没有独立于政府而单独存在的社会服务机构。

政府对社会服务机构的监管主要依赖于准入机制、审查机制、信息披露机制、税收机制、竞争机制和奖惩机制①。

（1）准入机制是对于社会服务机构从申请到注册的一系列规定，包括组织性质和目标、机构设置及章程、注册资本等方面的要求。

（2）审查机制即季度上报和年审制度。社会服务机构每季度将组织的活动、财务、资金筹集与使用、机构人员等内容向上级主管单位或民政部门汇报，进行资料备案，同时上级主管部门和民政部门每年对社会服务机构进行年度审查，包括组织活动与组织的使命是否一致、财务是否存在造假、资金使用是否合理有效、税收优惠和财务报告是否符合要求等内容。

（3）信息披露机制。社会服务机构将组织资金的筹集和使用情况（包括工作人员薪酬等各项开支），开展的各种项目活动的进展、结果及反馈总结等情况，通过网站、期刊等途径告知公众，提高社会服务机构的信息透明度，以树立良好、健康的公众形象。

（4）税收机制。根据社会服务机构从事的公益事业的不同性质给予不同的税收优惠。

（5）竞争机制。良好的竞争机制可以使社会服务机构在发展中优胜劣汰，同时保证更具活力的小型社会服务机构的发展。

（6）奖惩机制。对于优秀的社会服务机构或个人，要给予适当的奖励，这不仅是为了鼓励其更好地发展，也是为了促进整个行业的良性运行。对于违规操作、贪污受贿的机构或个人要予以严厉的法律制裁。

5. 法律制度的规制

经过长期探索，我国关于社会组织监管的法律制度不断完善，形成了以宪法为主干，有关法律、行政法规和规章、办法为补充的制度体系。但是当前的立法层次和立法质量还不高，法规之间的衔接性较差，并且缺乏完整的社会服务机构监督的法律文本。

我国现有的社会服务机构相关法律主要有《社会团体登记管理条例》《民办非企业单位登记管理暂行条例》《基金会管理条例》《民间非营利组织会计制度》《外

① 丁莎莎．对我国非营利组织监督机制的思考．会计师，2010（2）．

国商会管理暂行规定》《行业协会商会综合监管办法》《社会组织信用信息管理办法》《社会组织抽查暂行办法》《社会组织登记管理机关受理投诉举报办法（试行）》《中华人民共和国公益事业捐赠法》《中华人民共和国慈善法》等等。

复习思考题

1. 怎样进行横向组织结构设计？
2. 怎样进行纵向组织结构设计？
3. 社会服务机构运行的四个步骤是什么？
4. 理事会的四大基本功能和七项职责是什么？
5. 简述监事会的构成和职能。
6. 简述执行委员会的构成和职能。
7. 社会服务机构的控制方法有哪些？
8. 监督社会服务机构的政策法规有哪些？

本章参考书目

1. 斯格特．组织理论．北京：华夏出版社，2002.
2. 达夫特．组织理论与设计（第7版）．北京：清华大学出版社，2003.
3. 王思斌．社会行政．北京：高等教育出版社，2006.
4. 单凤儒．管理学基础．4版．北京：高等教育出版社，2012.
5. 赵学慧．社会服务组织管理．北京：中国社会出版社，2013.
6. 周三多．管理学．北京：高等教育出版社，2000.

推荐阅读书目

达夫特．组织理论与设计（第11版）．北京：清华大学出版社，2014.

第五章
领导与沟通、激励

基本概念

领导　领导与管理　领导方式　领导方式的选择　社会服务机构领导者的特征　沟通的类型　社会服务机构沟通的方法　社会服务机构沟通实务　常见的激励方式　职业倦怠与激励

本章要点

1. 领导，就是群体或组织中的领导者为了实现共同目标，对其追随者施加影响的过程。

2. 社会服务机构中的领导方式依据不同标准可以区分为不同的类型，对于不同领导方式的选择要依据领导者-成员关系、任务结构和职位权力三个方面的实际情况来确定。

3. 社会服务机构领导者的职责一般包括领导机构的日常运作、人力资源管理和志愿者管理、财务管理与筹资管理，以及公信力建设和公共关系管理。

4. 领导工作的有效开展，离不开良好的沟通。沟通是人与人之间通过语言、文字、符号或类似的表现形式，进行信息、情报交流和思想传达的过程。社会服务机构的沟通分为外部沟通和内部沟通两大类，外部沟通主要是面向政府、企业、社会公众及服务对象的沟通，内部沟通即机构内部各部门、层级及人员之间的沟通。影响社会服务机构沟通的因素包括沟通技能、沟通渠道和沟通文化。

5. 领导者的核心工作之一是激励。社会服务机构的激励是指机构领导者提供并调整能够满足机构工作人员（包括志愿者）各种需求的内外因素，激发他们的工作积极性，使之产生朝向机构期望目标的特定行为的过程。社会服务机构中的激励方式包括多种手段，既要充分运用保健性方式，也要积极采取其他激励方式，以有效应对社会服务工作中可能出现的职业倦怠。

课前准备

阅读行政学或管理学中关于领导、沟通与激励的一般介绍，思考企业和政府行政管理中的领导、沟通及激励与社会服务机构中领导、沟通及激励的异同之处；登录一些社会服务机构的官网，查找其有关领导、沟通与激励的信息，分析其开展领导、沟通与激励的主要方式。

第一节　领　导

领导就是带领、引导，俗话说“人无头不走，鸟无头不飞”，一个正规的社会组织的运转，一项复杂的集体行动的开展，都离不开领导或领导者的掌控。对于社会服务机构这种正式组织而言，领导的角色和活动自然更不可或缺。行政学认为，领导是行政工作的核心环节之一，社会服务机构行政活动中的计划、组织、人事、预算、项目管理等工作都需要依托领导的推动和引领，因此，我们必须对领导工作给予足够的重视。

一、领导的原理

（一）领导的概念

在汉语中，“领导”一词兼具名词和动词两种属性：作为名词，指的是领导者，即在一个群体或组织中发挥组织、决策、指挥和控制等作用，处于支配地位的个人或集体；作为动词，指的则是领导者所实施的支配行为和过程。在行政学和管理学的研究中，一般取后一种用法。

研究者们曾经从不同的层面对“领导”一词进行过界定。虽然具体表述不同，但有一些要素被公认为领导概念的核心，包括：(1) 领导是一种过程。领导是发生在领导者与其追随者之间的一种互动过程，这种过程并不是一种单向的活动，领导者不仅影响追随者，也受追随者的影响。(2) 领导是一种影响力。领导的实质是一种影响力，是对下属施加影响，使他们主动地为实现组织目标而努力的过程。如果没有影响力，领导也就不复存在。(3) 领导发生在群体情境之中。领导意味着影响具有共同目标的一群人，这个群体既可以是一个小型初级群体，也可以是一个大型社会组织。领导的作用就在于在特定情境中激发、挖掘组织成员的潜力以实现组织目标。(4) 领导总是伴随着群体或组织目标的实现。领导产生的前提是有一个目标在维系着一群个体，有效的领导也表现为目标的实现。[①]

基于以上分析，本书将领导界定为：所谓领导，就是群体或组织中的领导者为了实现共同目标，对其追随者施加影响的过程。领导者和追随者是领导行为中相互作用的主体，群体情境是领导行为运作的空间，群体或组织目标是领导行为的最终追求，而影响力则是领导行为得以实现的根本保障。

（二）领导与权力

领导显然是与权力联系在一起的，领导所发挥的影响力，本质上就是权力。从影响力的来源来看，领导的权力可以分为两种类型：职位权力（position power）和人格权力（personal power）。

所谓职位权力，是从组织体系中的特定职位衍生出来的权力，会随职位的变化而变化，在其职则有其权、不在职则无权，对任何人来说都是一样的，人们出于压力和习惯而不得不听命于这种权力。一般来说，职位权力包括决策权、组织权、指挥权、人事权、奖惩权、调控权等正式的、合法的权力。所谓人格权力，是指一个领导者因其自身的特殊禀赋而不是其特定职位而获得的影响力，如领导者具有高尚的品德、丰富的经验、卓越的能力、良好的人际关系，或者善于关心他人、提携他人等。相对于职位权力，人格权力是非正式的，但其影响是更加持久的，不会随着职位的变动而变动或消失。

一个机构的领导者要能够从多种途径获得影响力，既要善于使用职位所赋予其的合法权力，同时也要提升自身的魅力和素养，获取尽可能多的人格权力。

（三）领导与管理

领导与管理密切相关，但又存在明显的区别：

第一，职能范围不同。管理的职能比领导的职能宽泛，领导主要是直接对人们施加影响力的行为，而管理是对组织资源进行有效配置的过程，包括计划、组织、领导、协调、控制等。[②]

第二，工作侧重点不同。管理强调带给组织一种秩序与效率，而领导更加强调带给组织一种变革与发展[③]；管理者倾向于安于现状，忙于行政管理，领导者则倾向于挑战惯例，寻找新的途径；管理者强调方法，考虑如何以最快的速度做事，而领导者强调方向，考虑做事的方向是否正确。

第三，产生的途径不同。管理建立在正式的、合法的权力基础之上，其影响力来自组织体系中的正式职位；而领导既可能建立在正式的、合法的权力之上，也可

---

① 诺思豪斯．领导学：理论与实践．南京：江苏教育出版社，2002：2.

② 王思斌．社会行政．2 版．北京：高等教育出版社，2013：101.

③ 同②.

能从一个群体中通过非正式途径产生，其影响力不一定来自正式的职位，而可能来自个人魅力和能力。

二、社会服务机构中的领导方式

每个领导者在对待员工时，都会有不同的态度和行为模式。领导方式是对领导者在领导过程中对待员工的态度和行为的概括，是一种比较稳定的、模式化的领导风格。没有一种领导方式是普遍有效的，不同的社会服务机构需要根据具体情境选择合适的领导方式。

（一）领导方式的分类

依据不同标准，可将领导方式分为不同的类型。

1. 按照领导活动的侧重点，领导方式可分为任务取向、人员取向和人事并重三种

任务取向的领导方式，是指领导者以工作任务为中心，把工作任务完成的数量、质量以及达成目标的程度，作为衡量员工优劣和组织成败的标准。在这种领导方式中，领导者只关心工作的进程，对员工的情绪和需要则关注较少。

人员取向的领导方式，是指领导者以员工的情绪和需要为中心，尊重他们的人格，注重通过人性化的关怀，发挥员工的主动性和积极性。在这种领导方式中，领导者尽可能地满足员工的各种需要，提高待遇，减少干预，营造一个相互信任、充满温情的工作环境，以此提高员工的效率，取得最好的工作效果。

人事并重的领导方式，是将前两者进行折中，既重视人也重视工作，强调二者不可偏废。这种领导方式既强调改善工作条件，使员工积极完成工作，又强调对工作严格要求、赏罚分明，使员工能按时、保质保量地完成工作计划。

2. 按照领导活动组织的方式，领导方式可分为命令式、说服式、激励式和示范式四种

命令式领导方式，是指通过发布权威性、强制性的命令来推动组织计划和目标的实现。这种强制性的领导方式依赖于社会服务机构的正式权威，领导者只能在自己的职权范围内使用强制力，而且其有效性还需要有相应的纪律和惩罚作为保障。

说服式领导方式，是指通过宣传、劝告、启发、诱导等手段，使员工理解、接受并贯彻自己的意志。这种方式的有效性建立在领导者职位权力和人格权力的基础之上。首先，员工要对工作本身的目的、意义、计划、方法以及自己的岗位职责有清晰的认识；其次，员工要对领导者的职位权力和人格力量有所认同，才更容易接受领导者的说服。

激励式领导方式，是指通过运用多种手段激发员工的行为动机和内在潜质，使其为组织目标的实现而奋斗。这种领导方式的成败有赖于领导者是否具有人格魅力，能否使员工相信自己的目标与领导者的目标、组织目标是高度一致的，为实现组织目标而奋斗是自己的使命。

示范式领导方式，是指领导者通过以身作则、言传身教，发挥榜样表率作用，使员工心悦诚服地去仿效、学习，从而实现对他们的领导。这种领导方式的成效取决于领导者的道德品质和专业技能被认可的程度。

3. 按照领导者与被领导者的关系，领导方式可分为指令型、参与型和自由放任型三种

指令型领导方式，又称独裁型领导方式，是指领导者倾向于大权独揽、独断专行、限制员工参与。这种领导类型的特点在于：以权力为基础，以领导者为核心，以任务为导向，以严密监督为手段，与员工保持距离，独揽决策权，员工只是奉命行事。其优点在于，办事效率高，减少了决策过程中复杂的中间环节。但其缺点也很明显，那就是领导者与员工之间缺乏情感交流，容易引起员工的消极、自卑、不满、依赖和反抗情绪，而且由于决策带有浓厚的领导者个人色彩，容易失之偏颇。

参与型领导方式，又称民主型领导方式，是指领导者倾向于让员工参与决策、计划等各个环节，以求集思广益，并调动员工的积极性，发挥其主人翁的作用。这种领导方式的优点是明显的：首先，可以提高决策的科学性；其次，能够发挥员工的主体性作用；最后，还可以使团队更具凝聚力。但其缺点在于，可能降低决策和办事效率。

自由放任型领导方式，是指领导者鼓励员工独立行事，极少运用权力干涉他们的行为，主张无为而治、放任自流。在这种领导方式中，员工享有自主的决策权和执行权，领导者往往只提供信息，并充当组织与外部环境的联系人。这种领导方式的优点是可以发挥员工的主动性、创造性，但缺点是容易使组织陷入各自为政、群龙无首的境地，降低团队的凝聚力和工作效率。

（二）领导方式的选择

关于领导方式的分类只是理论上的区分，在现实中，各种领导方式往往是被综合使用的。而且，究竟采用哪种方式最为有效，要根据组织的性质及其所处的具体情境，具体问题具体分析，不能一概而论。

管理学家菲德勒曾通过对组织绩效与领导方式之间关系的长期研究，提出了著名的“有效领导的权变模式”理论。根据这一理论，任何领导方式都可能是有效的，这取决于其是否与所处的环境相适应。他把影响领导者领导风格的环境因素归纳为三个情境变量：领导者-成员关系、任务结构和职位权力。①

---

① 诺思豪斯．领导学：理论与实践．南京：江苏教育出版社，2002：49－51.

1. 领导者-成员关系与领导方式的选择

领导者-成员关系（leader-member relations）是指员工对领导者的信任、忠诚程度，以及领导者对员工的关心、爱护和吸引程度。如果机构内部氛围是积极的，即领导者与员工之间相互信任、关系融洽，特别是领导者能够依靠自己的德行和能力赢得员工的尊重和支持，领导者就会倾向于选择人员取向、说服式和参与型的领导方式。相反，如果机构内部氛围是消极的，领导者就不得不依靠正式权威，选择任务取向的、命令式的和指令型的领导方式。

如何评估领导者与成员之间的关系呢？可以参见表 5-1。

表 5-1　　机构领导者-成员关系的评估

指标	评估标准	选择	分数
1. 领导者与成员的教育背景差距	1.1 小：同级，如都是大学毕业 1.2 中：相关一级，如分别是普通大学生与预科生 1.3 大：相关二级或以上		3 2 1
2. 领导者与成员共事的时间	2.1 长：五年以上 2.2 中：两年至五年 2.3 短：少于两年		3 2 1
3. 领导者与成员的工作距离	3.1 近：同一座办公楼/同一层/同一个办公室 3.2 中：同一地区 3.3 远：不同地区		3 2 1
4. 领导者与成员互相信任的程度	4.1 高：十分了解、合拍，放心权力下放 4.2 中：持保留、试探态度 4.3 低：互相猜忌，不信任，存在权力斗争		3 2 1
5. 领导者与成员以往合作的结果	5.1 满意：目标完成，成效显著 5.2 普通：公事公办，优劣与荣辱共存 5.3 不满：充满矛盾、冲突、不愉快		3 2 1

资料来源：梁伟康，黄玉明．社会服务机构管理新知．香港：集贤社，1994：133.

根据上述指标及评估标准进行选择，将各项得分相加，总分为 5～10 分的，表明领导者与机构成员关系恶劣；总分为 11～15 分的，则表明领导者与成员关系和谐。

2. 任务结构与领导方式的选择

所谓任务结构（task structure），是指工作任务本身的明确程度，以及员工对工作任务职责的明确程度，一般可分为紧密结构和松散结构。

紧密结构是指工作任务及其实施步骤都非常清晰，已有被大家一致认同的制度化或惯例化的程式，员工明白组织对自己的期望，领导者也清楚员工在这一任务中的需要。在这种任务结构中，领导者可以采取人员取向、说服式、参与型的领导方式。

松散结构是指工作任务的内容和实施程序都有很大弹性，缺乏大家一致认同的惯例、规则，在解决这些问题的过程中，不同的成员可以做不同的理解。在这种任务结构下，领导者采取什么样的领导方式，还要考虑一个因素，那就是与个人利益的相关性同与组织利益的相关性的对比。如果该任务与个人利益的相关性远远大于与组织利益的相关性，那么采取人员取向、说服式、参与型的领导方式比较有效，因为人们都期望在参与过程中维护自己的利益。如果该任务与组织利益的相关性远远大于与个人利益的相关性，则任务取向、命令式、指令型的领导方式更为有效。

对社会服务机构的工作任务结构进行评估可以参考表 5－2。

表 5－2 机构的工作任务结构评估

指标	评估标准	选择	分数
1. 工作任务的目标	1.1 明确 1.2 模糊		2 1
2. 工作任务的完成方法	2.1 清楚界定 2.2 自由发挥		2 1
3. 工作任务的完成时间	3.1 有适当的规律 3.2 无固定时间表		2 1
4. 工作任务的对象	4.1 相互了解，有合作动机 4.2 抗拒、不接纳		2 1
5. 工作任务的性质	5.1 依赖团队协作 5.2 可各师各法		2 1

资料来源：梁伟康，黄玉明．社会服务机构管理新知．香港：集贤社，1994：135.

根据上述指标及评估标准进行选择，将各项得分相加，总分为 5～7 分的，表明工作任务结构为松散型；总分为 8～10 分的，则表明工作任务结构为紧密型。

3. 职位权力与领导方式的选择

职位权力是指领导者的职位所赋予他的正式权力，以及他在组织内得到的支持程度，具体表现为领导者对下属所拥有的实际支配能力。在科层制组织结构中，一般来说，位置越高，拥有的职位权力越大，能够实际调配的资源越多，权力越呈强势。当职位权力呈强势的时候，领导者往往倾向于采取任务取向、命令式、指令型的领导方式；当职位权力呈弱势的时候，领导者往往倾向于采取人员取向、说服式、参与型的领导方式。

对领导者职位权力的评估参考表 5－3。

表 5－3 领导者职位权力评估

指标	评估标准	选择	分数
1. 权力在整个机构内的位置	1.1 高：在科层组织中的最高 10%的职位 1.2 中：在科层组织中高于 50%而未进入最高 10%的职位 1.3 低：在科层组织中的最低 50%的职位		3 2 1

续表

指标	评估	选择	分数
2. 权力所管辖的下属人数	2.1 多：超过 50 人 2.2 中：20～50 人 2.3 低：20 人以下		3 2 1
3. 权力所直接控制的资源：a. 财政；b. 物质资料；c. 工作进度的时空	3.1 高：三项 3.2 中：任何两项 3.3 低：任何一项		3 2 1
4. 权力得到上级的信任度	4.1 高：全面的信任，有全面的决定、执行及检讨权责 4.2 中：一般事务可自行决定，重大关键事务要请示 4.3 低：多数事务要经事先批准才可推行		3 2 1
5. 权力的稳定性	5.1 高：在位五年以上 5.2 中：在位两年至五年 5.3 低：在位少于两年		3 2 1

资料来源：梁伟康，黄玉明．社会服务机构管理新知．香港：集贤社，1994：138.

根据以上五项指标及评估标准进行选择，将各项得分相加，总分为 5～10 分的，表明职位权力呈弱势；总分为 11～15 分的，则表明职位权力呈强势。

4. 情境变量的综合形态与领导方式的选择

上述领导者-成员关系、任务结构、职位权力三种因素相互交叉，就构成了三个情境变量的综合形态，共分为八种情形，如表 5-4 所示。

表 5-4　三个变量组合成的八种情形

		领导者-成员关系			
		和谐		恶劣	
		强势地位	弱势地位	强势地位	弱势地位
工作任务的结构	紧密结构	1	2	5	6
	松散结构	3	4	7	8

资料来源：梁伟康，黄玉明．社会服务机构管理新知．香港：集贤社，1994：139.

情形 1：和谐的领导者-成员关系、紧密的工作任务结构以及强势的职位权力。这是最佳搭配，领导者可以与所有机构成员同心协力，以上下一致的最高效率实现目标。任务取向的领导方式在这种情形下能够取得最佳效果。

情形 2：和谐的领导者-成员关系、紧密的工作任务结构以及弱势的职位权力。在这种情形下，领导者处于弱势权力位置，最好按章行事，用指令来推动任务的完成。

情形 3：和谐的领导者-成员关系、松散的工作任务结构以及强势的职位权力。在这种情形下，机构中实现工作任务的结构较为松散，领导者可利用适当的咨询、协商来补救。同时，由于领导者仍处于强势权力地位，任务取向的领导方式仍可取得良好效果。

情形 4：和谐的领导者-成员关系、松散的工作任务结构以及弱势的职位权力。在这种情形下，领导者处于相当不利的地位，只有依靠与成员的紧密关系来赢得理解和支持，进而实现组织目标。此时，只有人员取向的领导方式才能取得较好的效果。

情形 5：恶劣的领导者-成员关系、紧密的工作任务结构以及强势的职位权力。在这种情形下，最迅速有效的方法是建立合理的激励制度，以调动成员的积极性，领导者应采用人员取向的领导方式。

情形 6：恶劣的领导者-成员关系、紧密的工作任务结构以及弱势的职位权力。在这种情形下，领导者要加强个人的影响力，通过系统的个别交谈等各种方法改善与成员的关系。人员取向的领导方式是这种情形下的最佳选择。

情形 7：恶劣的领导者-成员关系、松散的工作任务结构以及强势的职位权力。在这种情形下，领导者要增加督导的次数和内容，使成员了解实现目标的步骤和计划，人员取向的领导方式是这种情形下最主要的选择。

情形 8：恶劣的领导者-成员关系、松散的工作任务结构以及弱势的职位权力。这是最困难的情形。领导者一方面要采取任务取向的领导方式，赏罚分明；另一方面也要用各种正规及非正规的方法改善与成员的关系，以达到预期目标。在这种情形下，人事并重的领导方式是最佳选择。

当然，社会服务机构领导方式的选择还与诸多其他因素相关，如员工的多少和素质，任务的专业化程度，领导者个人的价值观、素质、性情，组织对某种领导方式的偏好，组织的文化和传统，等等。总之，领导不仅仅是一种技术，更是一门艺术，一个优秀的领导者应该巧妙运用各种领导条件、原则和方法，根据具体情况灵活应变，做到因地制宜、因时制宜、因人制宜。

三、社会服务机构领导实务

在社会服务机构中，领导是社会服务方案管理的核心，但领导的实际任务会因领导者在机构中的职位（岗位）不同而存在差异：高层领导者的主要任务是执行理事会（董事会）所确定的政策；中层领导者一方面要确认员工的工作，以有效实现机构目标，另一方面要妥善配置资源，协助员工在服务过程中获得成长，并完成所交付的工作①。

---

① 全国社会工作者职业水平考试教材编委会．社会工作综合能力（中级）．北京：中国社会出版社，2022：272.

（一）社会服务机构领导者的功能

与其他组织一样，在社会服务机构的发展过程中，领导者发挥着非常重要的功能。具体来说，主要包括以下几个方面：

第一，确立和宣扬机构的价值理念，鼓舞机构成员的工作情绪。大多数社会服务机构拥有一定的社会理想和价值观念，如以人为本、助人自助、和谐共享等，它们不仅是维系组织生存和发展的不竭精神动力，也是机构成员情感认同和自我价值的载体。社会服务机构领导者的首要任务就是确立并大力弘扬这些价值理念，并用这些理念来鼓舞机构成员的工作情绪，使他们时刻感觉到所承担的工作是有意义的，进而促进机构在文化层面的整合并提高工作效率。

第二，把握机构发展战略，促进机构目标的达成。与政府机构和企业组织相比，社会服务机构在中国的发展总体上还处于起步阶段，到底怎样使其发展壮大，国内还处于探索时期。作为社会服务机构的领导者，必须具备战略眼光，审时度势，制定机构发展战略。而且，要明确机构各发展阶段的目标，并通过工作计划的制订、充分的意见沟通、有效的行动协调以及有效的管理与考核来促进机构目标的实现。

第三，整合各种内外资源，维持机构的完整性和适应性。资源对于社会服务机构的生存和发展来说至关重要，一个优秀的社会服务机构领导者应该是一个资源整合大师。首先，要整合机构内部的资源，形成整体合力。随着机构的发展，机构内部的部门分化和业务分工在所难免，与之相伴随的往往是部门本位主义和资源分割，这是机构内部资源损耗的主要原因。这时候，就需要领导者来统筹协调，维持机构的完整性。其次，社会服务机构要发展壮大，还要善于不断从外部获取资源，这就需要机构不断根据社会环境的变化做出适当的调整，以保证机构的适应性。

第四，建章立制，形成机构的基本秩序。要使一个社会服务机构能够良性运行和协调发展，就必须通过一系列制度形成基本秩序。这需要制定严格的规章制度，并要有相应的监督、考核、奖惩机制。

（二）社会服务机构领导者的职责

作为社会服务机构的领导者，需要履行的一般职责包括①：

第一，领导机构的日常运作，落实国家的社会福利政策，确定机构工作目标，制订具体工作计划，整合机构内外资源，提供高效的社会服务。

第二，人力资源管理和志愿者管理。社会服务机构作为从事社会福利服务的组

---

① 全国社会工作者职业水平考试教材编委会．社会工作综合能力（中级）．北京：中国社会出版社，2022：272－286.

织，具有人力资源密集的特征。人力资源管理就是对机构内各类员工的聘用、培训、绩效考核、薪酬发放、激励、职业发展等方面的管理活动。同时，由于社会服务机构常常使用大量的志愿者来提供服务，所以对志愿者的管理也成为领导者的重要职责，志愿者管理包括对志愿者的发动、选择、培训、组织、督导和服务等方面的管理活动。

第三，财务管理与筹资管理。社会服务机构开展服务活动往往需要相应的财务支持，对于机构所需的各类资金的筹措、获取、分配、使用、监管等都属于机构高层领导者的财务管理内容。由于社会服务机构是非营利组织，其资金主要来源于外部募集，而不是自身赚取和利润积累，所以面向政府、企业、社会公众或基金会开展机构财务资源的筹集、募捐等筹资管理活动，也成为社会服务机构领导者的主要责任。

第四，公信力建设和公共关系管理。由于社会服务机构主要依赖外部资源为生，因此能否获取政府、企业、社会公众和服务对象的充分信任，即能否具备较高公信力，就成为机构能否生存及发展的关键。为此，领导者需要带领机构积极开展对外交往、宣传、沟通等公共关系管理活动，以树立机构良好的公众形象，并获取社会各界的广泛信任。

（三）社会服务机构领导者的特征

相对于政府、企业等组织，社会服务机构具有独特性，如其大多数成员是受过专业训练的社会工作者或其他专业人士，机构的宗旨是“以人为本”“助人自助”，机构的性质是“非营利”，等等。这些都使得社会服务机构的领导者具有一些突出特征。

首先，领导者较少使用职位权力。这是因为：第一，相对于政府和企业，社会服务机构的重要特点就是其官僚化和功利性色彩相对较淡，员工之间的关系更为平等，这也是诸多从业者选择社会服务机构的重要原因；第二，在许多公立社会服务机构中，员工领取的是政府根据专业技术职称而规定的标准工资，机构的领导者较难运用金钱奖励和报酬来影响员工的工作。

其次，领导者在目标设定、价值塑造和资源整合等方面的作用尤其突出。社会服务机构的性质决定了在机构运作中，领导者很少使用奖赏、升职、加薪等基于利益交换策略的奖赏性权力来影响员工的工作，也很少使用降职、开除、减薪等基于压迫和惩罚的强制性权力来要求员工努力工作。而且，从功利层面来看，社会服务机构对员工的吸引力是比较小的，要维系其正常运转，并使其发展壮大，领导者必须通过价值塑造、意义赋予等方式激励机构成员的奉献精神，使他们主动投身于本职工作中。另外，在我国，当前社会服务机构的生存空间还不够开阔，突出表现是资源非常有限，这就需要机构领导者充分发挥资源整合的作用，善于“四处化缘”，开拓发展空间，逐渐壮大机构的实力。

再次，领导者较多运用指导、诱导的方式来影响下属。社会服务机构的员工大多是基于一定的理想和价值追求而从事这一工作的，他们热爱这一事业，甚至满怀激情地献身于这一事业。在共同理想的凝聚下，社会服务机构通常把内部的和谐、互助、共享等作为组织文化加以强调。而在这种文化氛围中，领导者一般比较注重同下属的平等交流、相互尊重和充分沟通，较多采用说服、示范的方式来影响下属。此外，社会服务机构比较强调员工的自主性，对于员工来说，最重要的是给予他们发挥作用的机会并加以信任，这也使得领导者较多地给予指导而非命令。

最后，领导者需要将愿景领导和参与式管理相结合，唤醒机构员工的主人翁意识①。愿景领导是指通过形成、实现和审视共同愿景，引领个人成长、团队建设、组织发展、事业进步、社会和谐。国外已有学者通过研究证实了愿景领导对企业发展会产生重要的影响和作用。对于社会服务机构来说，其“服务为主”的宗旨和“利他主义”的性质，决定了其特别适合发挥愿景领导的作用。这就要求领导者必须持续向员工传达并强化愿景，鼓励员工为愿景而行动，使员工将机构的理想和目标内化为自己的理想和目标。在运用愿景领导的同时，还应当引入参与式管理。参与式管理是指承诺员工能够参与组织重大决定的策略。参与有助于员工对相关的政策和行为做出决定、协助评估问题和改善方案，以及发展组织内部的关系。员工有许多种参与形式，包括小组会议与个案讨论，也可设立特别团队和委员会，以鼓励并促进员工在种种议题上的互动。员工也可参与组织所设定并定期举办的各式训练活动。领导者可以将愿景领导与参与式管理两种领导模式有机结合起来，通过愿景的内化、管理的参与，唤醒机构内全体成员的主人翁意识，大大提高其工作热情和士气，从而增强机构的内在活力和凝聚力，提升机构的整体执行力及执行效果。

第二节　沟　　通

领导工作的有效开展，离不开良好的沟通。沟通即个人、群体或组织之间各类信息的传递与接收，其目的是让接收者理解发送者所要传递的信息，使沟通双方或多方共享认识与感受，最终实现行为的协调。对于社会服务机构的领导者而言，由于机构的生存和发展依赖于内部的高效整合运作和外部的大量资源输入，所以，如何做好机构内部不同部门、层级和人员之间的有效沟通，实现整体的协调运转，以

① 廖思莹，杨敏敏，尹建华．我国社会工作服务机构管理中领导职能履行存在的不足及建议．决策与信息，2019（1）．

及如何开展与机构相关的政府、企业、公众和服务对象的良好沟通，获取尽可能多的外部资源，就成为机构领导者必须考虑的重大问题。

一、沟通的原理

（一）沟通的概念

沟通（communication）是人与人之间通过语言、文字、符号或类似的表现形式，进行信息、情报交流和思想传达的过程。沟通不仅仅是指意义的传递，更重要的是指意义必须被理解。①

行政沟通是指在行政执行活动中，行政组织体系与外界环境之间，行政组织体系内部各部门之间、层级之间、人员之间，为实现共同的行政目标，用语言、文字、图片、动作等传递思想、观点、情感、信息等，以期达到相互了解、支持与合作，谋取体系和谐有序运转而做出的信息上的传递、交流与联系的行为或过程。简而言之，即行政组织体系内外信息的各种交流与了解的过程。行政沟通的实质是行政信息的传递和处理。

在社会服务机构行政管理中，沟通的重要意义体现在三个方面②：（1）提高服务效能。只有员工之间能相互沟通，机构才能有效地输送相关的服务。（2）提高工作效率。沟通可以促进员工之间的相互学习，加快先进服务技术的传播，提出改变低效的工作程序或政策的建议，从而提高整个机构的工作效率。（3）提高员工士气。士气即工作热情或积极性，士气建立或至少部分建立在领导和员工相互理解的基础上，而这种理解显然离不开沟通。

（二）沟通的类型

1. 根据沟通的边界可分为内部沟通和外部沟通

以组织机构本身为坐标，内部沟通指机构内部上下级之间、部门之间、个人和团队之间的信息沟通；外部沟通指机构同外在的环境要素，特别是其利益相关者（如资源提供者、服务对象等）之间的沟通。

2. 根据沟通线路的结构可分为正式沟通和非正式沟通

正式沟通是指组织的信息传递与交流依据组织明文规定的规章制度来进行。这种沟通秉持事本原则，正式、严肃，具有约束力、连续性和稳定性，比如组织之间的公函来往，组织内部的文件传达、例会，等等。

---

① 谢斌．行政管理学．西安：陕西人民出版社，2000：265.

② 斯基德莫尔．社会工作行政：动态管理与人际关系（第3版）．北京：中国人民大学出版社，2005：185.

非正式沟通是指正式沟通渠道之外的信息交流和传递方式，它不受组织规章制度的限制，比如同事之间的随意交谈、通过他人进行的传话等。非正式沟通在很大程度上依赖于个人的关系网络和互动行为，沟通的方式与过程具有很强的弹性。与正式沟通相比，非正式沟通简便、迅速、灵活、多样，可以传递很多正式沟通无法传递的信息；但其缺点在于信息来源模糊，信息导向不受控制，容易被歪曲，造成失真现象。

3. 根据沟通的方向可分为下行沟通、上行沟通和横向沟通

下行沟通是指信息通过组织的层级体系从上级向下级传递的过程，即所谓的“上情下达”。这种沟通一般具有较强的权威性，其方式包括正式的书面文件、工作布置、会议或上下级之间的约谈。

上行沟通是指下级人员向上级领导提交信息、汇报情况以及反映意见的过程，即所谓的“下情上达”。这种沟通一方面能使上级了解下级的工作情况和思想态度，另一方面能确保上级的决策和安排充分依据下级的实际状况，从而得到下级的支持。上行沟通也可以通过较正式的会议、座谈会以及书面汇报等方式进行。

横向沟通是指组织机构中具有对等地位、不具有隶属关系的人员之间的信息传递与交流的过程。与纵向的下行、上行沟通相比，横向沟通一般不存在层级问题，信息可以快速高效地得到传达，并且不容易被扭曲。顺畅的横向沟通有助于机构职能部门之间相互了解，促进彼此间的合作。

4. 根据沟通的符号系统可分为语言沟通和非语言沟通[①]

语言沟通是指使用正式语言符号系统所进行的沟通，包括口头沟通和书面沟通。口头沟通是指运用口头表达的方式进行的沟通，是信息传递的主要方式。书面沟通是指以书面语言形式进行的沟通，更为正式和结构化。

非语言沟通是指使用非语言符号系统所进行的沟通，包括身体语言沟通和辅助语言沟通。身体语言沟通通过目光接触如眼神、表情动作、手势、体态变化、饰物或着装变化、空间距离等形式来实现沟通。辅助语言沟通通过非语言的声音，如重音、声调的变化、哭声、停顿等来实现沟通。它们有时作为单独的沟通方式存在，有时附着于口头沟通等其他沟通方式上。

5. 根据沟通方向的可逆性分为单向沟通和双向沟通

单向沟通是指没有信息反馈回路或不需要信息反馈的沟通方式。这种沟通方式不注重沟通效果，不关心信息是否被理解和接受。下行或上行沟通都会发生单向沟通的情形。单向沟通是不完全的沟通。

双向沟通是指既有信息发送又有信息反馈的完整信息沟通。通过信息回路可以

---

① 王思斌．社会行政．北京：高等教育出版社，2006：109.

掌握沟通双方对信息的理解和接受程度，加强沟通的有效性。讨论、协商、会谈等都属于双向沟通。

二、社会服务机构中的沟通方式

（一）社会服务机构沟通的方法

在社会服务机构中开展有效的沟通，需要从组织沟通的具体方式、选择合适的沟通媒介以及营造良好的沟通气氛三个方面入手。

1. 组织沟通的具体方式①

（1）会议记录：对会上讨论过的主要行动和信息的重点内容，以会议记录的方式公布，能够使这些行动和信息变得更为有效。

（2）员工会议：员工会议的目的是通过沟通以达成一致的意见或共识，一般以口头的形式进行比较合适。

（3）信件和笔记：问候信和笔记一般用于通知类的信息沟通。

（4）非正式会议：通过与员工进行定期讨论的非正式会议，可以为员工提供表达和分享思想、问题和感受的机会，这种沟通方式的作用很大。

（5）时事通讯：机构内部的定期通讯，会帮助员工了解机构当前的发展状况。

（6）公告栏：将信息区分为正式材料、非正式声明以及其他类型并予以公告。

（7）社交活动：举行联欢会、招待会、午餐会等各种形式的社交活动和文体活动，在与同事的非正式沟通中作用很大。

（8）意见箱：意见箱可以为员工私下提建议提供机会。

（9）打电话：直接与沟通对象打电话，更能表达对沟通对象的尊重和认可。

（10）网络电子通信：电子邮件、机构网站等网络通信平台可以给员工提供更便捷的沟通渠道，加快信息的交流。

2. 选择合适的沟通媒介

传递信息的媒介种类非常丰富，无论是正式沟通中的文件、信件、会议记录、公函，还是非正式沟通中的面谈、电话交谈等，都可以构成社会服务机构行政系统的沟通媒介。只有掌握了信息接收者的具体情况，针对对方的特性以及要传达信息内容的性质选择合适的沟通媒介，使信息被准确有效地传达，才能促成有效的沟通。

3. 营造良好的沟通气氛

有些时候沟通不能达到预期的效果，并不是因为沟通的技巧有问题，也不是因

---

① 斯基德莫尔．社会工作行政：动态管理与人际关系（第 3 版）．北京：中国人民大学出版社，2005：193－194.

为传达的信息不准确，而是因为沟通的气氛不适合，使得信息在传递后被有意或无意地误会或曲解。沟通需要气氛，这种气氛与人的心理需求息息相关。沟通气氛可分为开放的沟通气氛和封闭的沟通气氛两种。在前一种情况下，沟通的双方是坦诚开放的，沟通的信息是明晰的，沟通的意图显而易见，信息传递者多做客观描述，以解决问题为宗旨，真实地表达和传递自己的想法；而在后一种情况下，信息传递者多做主观描述，传递者和接收者缺乏相互的信任，彼此之间隐瞒真实意图，总以指挥他人为目的，对对方的感受却漠不关心。显然，只有在开放的沟通气氛中，才能最大限度地保证信息的充分交流互动，促进沟通双方根据自身所得到的信息，更全面地了解情况以及进行下一步的决策与执行。

（二）社会服务机构沟通的注意事项

斯基德莫尔把社会工作行政中有效沟通的元素和注意事项归纳为事实和情感并重、沟通时间的长短、倾听、重复和 5C 原则[①]。

1. 事实和情感并重

社会工作中的沟通通常包含事实和情感两个元素。社会服务机构的领导者不仅要让员工了解机构的信息和资料，也要让员工分享对这些事实的相关态度、观点和情感。只有这样，员工才能知道领导在想什么问题，充分理解领导在沟通中所要传达的意思。

2. 沟通时间的长短

沟通时间的长短是影响沟通效果的一个重要因素。沟通时间的长短需要结合具体的沟通信息以及沟通双方的情况来合理安排，既不能太长，也不能太短。一般来讲，对机构领导者而言，用于沟通的时间是有限的，对于非常有限的沟通时间，需要非常认真地准备，每一分钟都有价值。有效的沟通正是来自认真的准备和对时间的充分利用。

3. 倾听

在语言沟通过程中，每个人都希望自己的话能够被对方认真地倾听。可以说，倾听是一种综合运用身体、情绪、智力寻求意义和理解的过程，它对于建立开放式沟通是必不可少的。倾听不同于“听见”，它反映了人们对讲话者尊重和认真的态度。对社会服务机构中的沟通而言，要想赢得对方的信任，就要学会体恤和倾听对方。

4. 重复

在大多数情况下，在沟通中仅仅做一次陈述往往是不够的，更不能认为是充分

---

① 斯基德莫尔．社会工作行政：动态管理与人际关系（第 3 版）．北京：中国人民大学出版社，2005：190－193.

的。如果沟通中传递的信息很重要，就需要进行多次沟通，重复交流和互动过程。不断重复，可以强化理解和记忆，这对于有效沟通是必要的。

5. 5C 原则

沟通的 5C 原则，是指沟通中所传递的信息要做到清楚（clear）、完整（complete）、简洁（concise）、具体（concrete）和准确（correct），因为每一个原则的英文首字母都是“c”，所以被简称为“5C”原则。显然，良好的沟通离不开这五项原则。

三、社会服务机构沟通实务

社会服务机构的沟通主要包括外部沟通和内部沟通两大类①。

（一）社会服务机构的外部沟通

社会服务机构的资金主要来源于政府拨款、企业资助、公众捐赠和服务对象收费，因此，其外部沟通也主要是面向政府、企业、社会公众及服务对象的沟通。

社会服务机构必须与政府进行沟通。这方面沟通的内容，首先是取得机构成立的合法性。只有获得合法性，机构才具备存在和运作的前提基础。其次是争取来自政府的尽可能多的财政支持。在我国，政府的财政支持在社会服务机构的资金来源中占有很大的比重。社会服务机构通过与政府的沟通，可以积极争取政府补贴、政府购买服务或者政府委托，以及较大幅度地减免税收等形式的财政支持。最后是争取更大的活动空间。社会服务机构在提高自身代表性和影响力的基础上，可以通过与政府的沟通，向政府提出有理有据和可行的政策建议，制定有利于社会服务机构发展的公共政策，从而为机构的发展争取更大的活动空间。

企业是社会公益事业的主要参与者，拥有雄厚的财力资源，其对社会公益事业的捐款对社会服务机构的发展影响巨大。因此，社会服务机构要主动与企业沟通，建立与企业之间的紧密联系。社会服务机构与企业沟通的内容主要有：（1）获得企业资金或实物等形式的捐赠。伴随国民经济的持续高速发展，国内很多企业尤其是大企业已经积累起了相当雄厚的资金，并萌生了参与社会公益事业的愿望，积极与企业沟通，获取企业捐赠，无疑是社会服务机构最具有前景的资金来源。（2）获得企业方面的公众基础。对于社会服务机构来说，只有为一定的社会公众提供服务，才能体现自己的价值，而企业影响所及的一部分社会公众，可以通过一定的沟通转化为社会服务机构的捐助者、支持者乃至服务对象，从而扩大社会服务机构的公众基础。（3）提高机构自身的影响力。社会服务机构在与企业的沟通中，通过宣传其

① 凌再阳．我国非营利组织管理沟通问题研究．长沙：湖南大学，2008.

使命，获得对方认可，可使更多的企业以及社会成员了解、接触社会服务机构，扩大机构的影响力。

社会服务机构能够生存的前提是其能很好地满足公众特别是服务对象的需要，而满足公众和服务对象需要的前提，则是全面而准确地理解公众和服务对象的需要。而这都需要与公众和服务对象进行充分的沟通。这方面沟通的内容主要包括：(1) 寻找服务空间，为公众提供服务。社会服务机构需要通过详细而深入的调查、咨询等形式的沟通，了解公众和服务对象的迫切需要，找到适合的服务空间，为公众和服务对象提供所需的服务。(2) 建立和提高组织公信力。如何建立和提高社会服务机构的公信力，获取社会公众的广泛认可和信任，是当前中国很多社会服务机构需解决的首要问题。一方面，社会服务机构需要建立与社会公众开展良好沟通的渠道，通过公开宣讲、新闻报道、媒体宣传等方式，加深公众对机构运作的关注和了解，树立机构在广大民众中的良好形象和公信力；另一方面，社会服务机构更需要建立透明的财务和信息公开机制，接受公众和服务对象的有效监督，从而获取他们的接受与信任。[①] (3) 争取公众捐赠。公益捐赠是社会服务机构的一个重要资金来源，社会服务机构要通过与公众积极沟通，宣传慈善理念，培养公众的公益意识，建设有效的捐助途径和机制，努力争取社会公众更多的公益捐赠。

（二）社会服务机构的内部沟通

社会服务机构的内部沟通即机构内部各部门、层级及人员之间的横向和纵向信息传播、交流活动。它以制度化的模式规定着机构内部各类信息的传递数量、范围、方式和时间等。

社会服务机构内部沟通主要有纵向和横向两种流向。

纵向沟通的主要内容可分为战略信息、业务信息等。战略信息包括组织使命、组织战略、政策方针等层面的信息，它是所有组织成员的行动指南，也是组织成员齐心协力、共同奋斗的总目标。业务信息即成员怎么工作和应该怎么工作及目前工作绩效如何等信息，主要包括各类应用于日常工作中的任务、指令、意见、建议、方案、财务数据、市场数据等。纵向沟通根据信息的流动方向，又可以分为上行沟通与下行沟通。

横向沟通指社会服务机构内部同一层级之间的沟通。横向沟通的内容主要有知识共享、情感交流和信息协调等。

社会服务机构可以采取以下措施来疏通其内部沟通渠道：

(1) 减轻上行沟通渠道阻力。上行沟通渠道是下级人员以报告或建议等方式与

---

① 全国社会工作者职业水平考试教材编委会．社会工作综合能力（中级）．北京：中国社会出版社，2022：283-284.

上级进行沟通的途径。首先，要求遵循“例外管理”原则，即下级人员把一些例行的决策和行动交付政策、程序、规则等来解决，只有例外的、非常规的、紧急的事件才向上级报告。其次，要求遵循足够原则，即机构有意地限制上行沟通信息的数量和质量。最后，要求对信息进行排序，即领导者要按信息的重要性，依次处理有关信息。因此，领导者应充分认识到管理沟通中可能存在的思维差异，从而对各种信息做出合理的评判，以便更有效地利用组织成员的沟通力量，保障组织的上行沟通渠道的畅通。

（2）保障下行沟通渠道畅通。下行沟通渠道就是信息依照组织系统，由上层传至下层，通常是由管理层传到执行层的通道。首先，上级应对分配给下级人员的工作或任务的性质进行解释说明。下级人员越是清楚自己工作的性质和要求，其对所分配任务的接受程度越高，也就越能减少搜寻时间，提高工作积极性。其次，领导者还可利用多种沟通渠道（采用书面和口头沟通方式），重复传递同一信息，对所传递信息进行强化。

（3）加强横向沟通渠道建设。横向沟通大多发生于处于不同命令系统而地位相当的人员之间。加强横向沟通渠道的建设，可以加强机构中的群体和部门的协调和配合。为此，可采取的一种方法就是培养团队内成员间的高度信任感和开放度；另一种方法则是协调例会制度，即两个以上的部门的全体成员聚在一起，共享信息，共谋问题解决之道。通过这些方法，不仅可以帮助机构成员更好地理解其他部门的工作，也有助于他们了解如何帮助其他部门及如何从其他部门得到帮助。

（4）重视非正式沟通渠道。非正式沟通是正式沟通的补充，它不仅能够真实地表露和反映人们的思想、动机，还可越过正式沟通渠道，直接把信息传递给意向中的沟通对象，以避免大量的噪声和信息传递过程中的扭曲，而且往往能提供通过正式沟通难以获得或不便获得的信息。同时，非正式沟通渠道还有沟通形式不拘一格、直接明了、速度快、巩固人际关系等正式沟通渠道无法比拟的长处。因此，机构领导者应对员工群体的非正式沟通渠道进行正确引导，使其朝积极健康的方向发展，发挥非正式沟通渠道的积极作用。

（三）社会服务机构沟通的影响因素

总的来看，影响社会服务机构沟通的因素大致可区分为沟通技能、沟通渠道和沟通文化三类。

1. 沟通技能

沟通技能即沟通中所使用的各类方法、技巧，如非语言技巧、语言技巧、自我表达技巧、倾听和反应技巧、影响技巧、营造气氛的技巧等。很显然，掌握和运用适当的沟通技巧是机构内外沟通取得成功的重要保证。

2. 沟通渠道

社会服务机构要获得自身存在和发展的制度空间、社会资源，实现机构自身的宗旨，就必然要与政府部门、营利组织、社会公众建立起稳定持续的、制度化和规范化的内外沟通渠道，实现与外部环境的资源互换。目前，随着第三部门的发展壮大，我国社会服务机构初步建立起了一些内外沟通渠道，形成了一定的沟通网络，但成熟的沟通渠道仍显不足。首先，在与政府的沟通中，我国社会服务机构一直处于弱势地位，信息不对称，无法建立起与政府进行平等、友好沟通的正常渠道。其次，我国社会服务机构与企业的合作和联盟才刚刚开始，还处于探索阶段，广度和深度都不够，还缺乏与企业的制度化沟通合作关系。再次，我国社会服务机构与社会公众也没有建立制度化的沟通渠道，主要表现在信息披露不足、公众参与少、志愿性缺失等方面，由此导致了社会服务机构公信力难以提高的局面。最后，我国社会服务机构与国内外同行之间的沟通还非常有限，没有形成社会服务机构间的广泛而深入的沟通渠道。上述沟通渠道的欠缺，很大程度上制约着社会服务机构的生存和发展。

3. 沟通文化

沟通从一般的管理层面讲是一种技巧、技能，站在更高的管理层面上看则是一种文化。良好的组织必然具有良好的沟通，而良好的组织沟通必然由积极的组织文化所塑造。社会服务机构沟通文化的形成，可以培育员工积极沟通的理念和信心，创建良好的沟通氛围，提高沟通效果和沟通满意度。积极的沟通文化具有活泼向上、民主开放的特点，是一种有活力的、有利于沟通的组织文化，能够使组织内成员思维活跃、情绪高涨，热心组织活动，乐于接受新鲜事物，减少组织成员个人的沟通焦虑及组织的压力所带来的信息发送时的过滤及对信息的过分粉饰，使信息的接收者能够比较完整、确切地理解信息发送者的意图。而这种积极的沟通文化的建立，离不开机构领导者的积极培育、机构内部有利于沟通的组织结构的建设和规章制度的设立。

第三节 激　　励

激励就是激发员工的工作动力和积极性，它是领导者的重要职责，也是社会服务机构行政过程中的必备环节。激励对于充分发挥社会服务机构的人力资源优势，实现机构预定的计划和工作目标，具有重要的意义。本节将首先介绍激励的一般原理，其次探讨在社会服务机构中进行激励的主要方式，最后结合实际案例来展示社会服务机构激励的操作化。

一、激励的原理

（一）激励的概念

激励，即激发、鼓励，也就是激发、维持及强化人们的某种心理需求或动机，从而产生相应的外在行为的过程。具体到社会服务机构的激励，是指机构领导者提供并调整能够满足机构工作人员（包括志愿者）各种需求的内外因素，激发他们的工作积极性，使之产生朝向机构期望目标的特定行为的过程。

激励在社会服务机构的具体工作中体现为三个层面：第一，以什么去激发机构工作人员的行为；第二，怎样指引机构工作人员行为的方向；第三，如何保证机构工作人员行为的持续发生及发展。第一点涉及的是激励的内容，第二点涉及的是激励的方向，第三点涉及的是激励的强度和持续性。这些也构成了激励的基本要素。

（二）激励的类型

根据激励的来源因素，可以将激励区分为两种类型：内在激励和外在激励。内在激励来源于人们对工作本身的认同和满意度，即由人的认知信念构成的内因，典型的如志愿者参加各种志愿服务活动；外在激励则来源于与工作绩效相联系的奖励和惩罚因素，即由外部环境构成的外因，典型的如为获取收入而从事自己不喜欢的工作。

在社会服务机构中，使命是机构的立身之本，所以其尤其强调内在激励的价值与意义。这种内在激励又分为内在过程激励和目标内化激励。前者是指工作者之所以实施某种行为，是因为这些行为本身是有意义的，即激励来源于工作本身；后者是指当工作者的态度和行为源于其价值体系时，这种行为就是为内化目标所激励的，在机构工作中具体表现为工作者的价值取向与机构的使命或愿景等相一致，机构的目标已经内化为个人的信仰，从而激励工作者的行为。

（三）激励的理论

围绕行政管理中的激励活动，学者们提出了多种激励理论。

古典管理理论认为金钱和增加收入是对员工最主要的激励因素。人际关系理论则重视人的群体归属感、团结感等社会心理需求和人际关系的重要性，认为管理者应该运用多种激励因素，包括满足经济、安全与自我实现需要，以及满足好奇心和创造的愿望。行为修正理论强调员工的行为可以通过持续的奖励或持续的惩罚来改造，而通常奖励比惩罚更为重要。偏好-期望理论指出了个体之间的差异性，认为员工的偏好与他们的期望将影响他们在工作中的表现，某种行为的出现不仅受到特定结果的影响，还受到这些结果出现的可能性大小的影响。[①] 保健-激励双因素理论则提出，工作环境和工作条件如机构管理方式、工资、人际关系等并不能激励人们很好地完成工作，但是这些因素如果得不到正视，就会引发员工的不满，因此它们构成“保健”因素；相反，工作本身的因素，如认可、责任、成就感等，能够激发人们的工作积极性并提供持续的激励，因此它们构成“激励”因素。

二、社会服务机构激励的主要方式

（一）激励的原则

一般情况下，社会服务机构内的激励设计应遵循两项基本原则。

1. 平衡社会工作者的理想、道德与情感

在社会服务机构中，机构的社会工作者期望发挥自己的专业优势，能在工作中有所作为，满足自己的部分需求。同时，机构也会通过一些道德因素（如权力、承诺、责任）和价值因素（如人的尊严与价值、社会公平等价值观）来激励社会工作者。社会服务机构在情感上的激励主要根植于社会工作者个人对社会弱势群体的认识、理解和同情，以使命激励员工。

2. 恰当运用内在激励手段与外在激励手段

在社会服务机构中，其工作强调服务和利他精神，社会工作者不仅仅把工作作为一份工作，更将其视为一份事业。因此，机构在激励员工的方法上，不仅要重视员工的价值取向与机构的使命或愿景一致，给员工充分利用其自身技能的机会，并通过培训等方式不断提升员工的能力，发挥员工更大的潜能，还要提供合适的薪酬和福利。现代社会服务机构是职业性的专业机构，不是随意松散的志愿组织，所以，提供薪酬和必要的社会保障项目是必需的。

（二）常见的激励方式

参照保健-激励双因素理论，我们可以把社会服务机构中常见的激励方式分为保健性方式和激励性方式两类。

1. 保健性方式

对当前我国社会服务机构中员工激励因素的调查显示，机构管理、薪酬福利和职业培训是影响最大的三种因素[②]。因此，社会服务机构需要加强自身能力建设，

---

① 斯基德莫尔．社会工作行政：动态管理与人际关系（第3版）．北京：中国人民大学出版社，2005：170－174.

② 袁小良，徐雯．社会服务机构中社会工作者激励因素研究．社会建设，2016，3（4）.

完善内部管理机制，提高员工的薪酬福利，完善绩效评估和晋升机制，以此满足员工需求，为其提供保健性的激励。

（1）完善社会服务机构的内部管理机制。

社会服务机构应逐步完善内部管理机制，包括员工的招聘和管理机制、薪酬福利体系和培训晋升机制，在机构成长发展的过程中，通过团队建设维持机构内部相互关心的氛围，改善机构中管理者与员工的人际沟通，建立完善的督导机制和员工互助小组，帮助员工排遣工作中的负面情绪，在管理过程中适当授权，增加员工在机构管理中的参与和决策。

（2）完善基于绩效评估的薪酬福利体系。

社会服务机构应根据当地经济发展水平，结合当地社会服务行业的工资水平和项目预算，科学地制定员工薪酬体系，依据员工学历、专业能力、工作内容等确定聘用薪酬，同时强化绩效工资在薪酬中的比重，设定额外的奖励，并根据员工的工作年限、物价变动、绩效评估等制定薪酬增长的配套机制，确保员工的薪酬有一定的增长空间。

（3）拓展公平合理的晋升和职业培训体系。

社会服务机构应完善晋升机制，给予员工足够的晋升空间，探索并丰富由“社工助理”“初级社工”“督导助理”“见习督导”至“资深督导”所构成的垂直职业路径，以及职位之间的晋升途径，尝试在不同的工种之间推动交流轮岗、轮职，满足员工的丰富需求，也为员工今后的发展做铺垫。根据员工的能力、兴趣等帮助员工开展职业生涯规划，增进员工对职业的认同，留住机构内的人才。

2. 激励性方式

除了上述保健性方式外，在社会服务机构中，还有一些常用的激励性方式。

（1）尊重员工的个体差异。

社会服务机构中的员工因为个人经历、教育背景和人格发展的不同，在工作动机上会表现出一定的差异性，机构领导者必须对此有足够了解，尽可能区别对待，根据个人的特点分配工作，提供相应的激励。

（2）运用目标引导。

机构领导者应从员工的实际能力和意愿出发，协助员工确立具有一定挑战性的工作目标，并适时对员工为达到目标做出的努力给予反馈。这种具有挑战性的工作目标往往会激发员工的内在动力，促使其努力工作，克服困难。

（3）给员工提供参与决策的机会。

机构领导者应当提供机会让员工参与一些重大的决策，这样做不仅仅可以促进机构上下级之间的沟通交流，提高决策的合理性和可行性，更能激发员工内在的工作满足感，提升其士气。

（4）协助员工制定职业生涯发展规划。

每个人都会有“自我实现”的发展性需要，为此，机构领导者应当协助员工制定不同的职业生涯发展规划，使其充分评估自我技能、潜能和事业前景，将个人发展目标和机构目标有机结合起来[①]。

（5）利用机构外部特征进行激励。

社会服务机构的形象、地位和目标会使员工产生一种内在的动力，大多数社会服务机构从事的是社会公益服务或慈善服务事业，追求社会平等、公正、仁爱等理想目标，因此在社会公众心目中享有较高的地位和声望，其从业人员一般也会得到大家的尊重，这些本身就构成了对社会服务机构员工的一种激励，他们会为自己的工作性质而感到自豪和光荣，因此也乐意努力工作。机构领导者要善于运用这种有利的机构外部特征来激发员工的工作动力。[②]

（6）组织文化激励。

创造和谐向上的组织文化，也能对员工产生激励。这种组织文化的构建，首先要求机构领导者必须具有坚定的信念，信奉组织使命的正当性，有饱满的工作热情和奉献精神，诚实、公正，对员工具有感召力，有精准的眼光和充分的自信去领导和激励员工投身于组织活动。其中，领导者的个人魅力和人际交往能力尤为重要。其次，还要建立一个开放的沟通系统，以促进员工间的关系，增强员工的参与意识，促进上下级之间的意见交流，促使工作任务被更有效地传达。自由平等的沟通有利于培育融洽的员工关系，增进人与人之间的相互信任和相互尊重，由此形成积极的组织文化，发挥良好的激励作用。[③]

（三）职业倦怠与激励[④]

职业倦怠（job burnout），又译为职业耗尽或耗竭，是指工作热情和积极性下降，乃至对工作充满倦怠感。社会工作服务领域常常出现职业倦怠现象，这可能源于：薪酬不具吸引力；工作环境不够理想，工作性质单调；工作成果常常是非实质性的，不能立即实现，得不到赏识和正面反馈；服务对象问题复杂，难以解决；社会工作价值观常常与商业化社会的价值观相冲突；员工常常面对各类社会问题，久而久之造成很重的心理负担；社会需求大于社会供给，员工工作负荷较大；机构管理水平不高，同事之间缺乏支持；员工的个人期望与现实有很大距离，导致情绪低落，没有成就感。

---

① 全国社会工作者职业水平考试教材编委会．社会工作综合能力（中级）．北京：中国社会出版社，2022：275.

② 李霞．非营利组织激励方式．合作经济与科技，2006（24）.

③ 同②.

④ 王思斌．社会行政．2版．北京：高等教育出版社，2013：130－131.

机构领导者需要对员工的职业倦怠现象予以高度重视，防止员工对工作的倦怠感影响机构的服务质量。社会服务机构不是一个资源充裕的组织，它所提供的服务大都是非营利性质的。因此，机构领导者应更多地采用为员工提供参与决策的机会、提高员工的工作自由度和职责、增加富有挑战性的工作、扩大员工的工作范围等方式给予员工激励。除了一般管理学所介绍的激励方法外，社会服务机构还可为员工创造理想的“工作生活质量”，这可以从以下两个方面入手。一是将工作范围扩大。所谓工作范围，是指机构领导者期望每个员工履行的工作数量。通过适当增加员工的工作任务，可以给员工带来富有变化的、多样性的工作机会，避免工作任务性质单一造成对工作的厌倦感。二是增加工作深度。所谓工作深度，是指员工在机构内获得授权的程度。增加工作深度的方法，就是提高员工的工作自主性，促使员工承担更高层次的工作责任，具体做法如：在机构里实施职位轮调；实现工作扩大化，即增加那些能力胜任又愿意承担更多职责的员工的工作数量；实施工作丰富化，即重新设计工作职位，扩大员工的工作自主权；等等。

三、社会服务机构激励的操作化①

社会服务机构激励的操作化，内容包括关注个体差异、目标应用、行政力量支持、明确职责和权力界限、提供员工参与决策的机会、增加员工工作兴趣及其潜能开发、指导员工进行职业生涯设计、完善奖惩制度、实施绩效工资等方面技巧的运用。

（一）运用目标的内在激励、参与决策、绩效奖金和职业规划

小雅是A社工服务中心的一名专业社工，社会工作专业硕士毕业，几年的学习经历使她高度认同社会工作服务弱势群体的专业价值。小雅主要负责家庭探访，先后接触到以地震伤残人员和有家庭人员遇难者为主体的居民20人。小雅了解到受访者的情况不同，困难各异，于是主动设计了“家庭档案”工作方法，以家庭为单位对需求进行分类处理，组建了两期“家庭生计互助小组”，创新了机构的工作模式。机构领导沈老师高度评价了小雅基于机构使命的工作精神，同时又将家庭生计互助小组的工作方法系统化，在机构内进行推广。小雅发自内心的工作态度是内在激励的表现。服务中心的使命和个人的使命统一，使小雅能够创造性地进行工作，提高了工作的效果和效能。沈老师作为机构的管理者，善于强化这种内在激励因素，强化使命价值，并肯定小雅基于使命的工作态度，既有效激励了小雅，也促进了其他员工的工作和使命的传承。

① 本部分的四个案例均是来自A社工服务中心的真实案例，所涉相关人名均已进行匿名化处理。

小雅的工作成绩还得益于A社工服务中心民主自由的工作环境，中心鼓励员工积极参与设计和决策等各种工作环节。小雅作为一名青年员工，其设计的家庭档案、家庭生计互助小组等工作方法能够通过沈老师等负责人员的认可推广，最终成为机构的系统化工作方式，这充分体现了机构中鼓励员工参与的激励方式。

小雅在A社工服务中心迅速成长，获得了很多荣誉和奖励，她的工资待遇也随着她晋升为家庭生计项目的项目主管而有所提升。沈老师认为在社会工作行政的激励中，同样不能忽视金钱等有形激励的作用，所以在小雅获得了很多荣誉证书后，沈老师特别为小雅申请了中心的优秀员工奖金。但机构整体的价值导向是强调精神性的鼓励，而且物质奖励一定与工作绩效相挂钩，与精神性奖励相联系。A社工服务中心专门设立优秀员工奖金，并将奖金的评选评级标准化、差别化，设定评奖标准，体现奖项重要性，为金钱奖励设定了价值内涵，这充分开发了机构中物质奖励的激励作用。

小雅在中心的工作业绩突出，但随着她作为项目主管的工作日益增多，小雅也遇到了职业生涯发展的困境。沈老师认识到职业生涯规划这一存在于员工中的普遍需求。在分析了机构的人力资源现状后，首先根据岗位和职位，将员工分为见习、初级、中级、高级几个级别，然后根据工龄和经验，将每个级别划分为两个层次，建立严明的督导制度和严格的晋升和流出渠道。如小雅一样的中级员工，既有上级机构领导，同时又有上层督导指导，而其职业发展可以根据其表现有层别调整和级别跨越两种渠道。中心定期对员工进行职业发展测评，为员工提供职业和发展的建议。通过测评，小雅属于创造性工作、项目管理、决策规划能力比较强的员工，所以其职业发展的方向主要是通过跨级晋升来实现工作角色、地位的优化，最大化实现个人的价值。

通过小雅这一成功案例可以清晰地看到，在社会服务机构中，激励制度的重要性、激励方法的有效应用和激励发挥的良好效果。沈老师的行政管理过程，可以全面体现社会工作行政过程中的激励制度，涵盖了本节在理论部分介绍到的运用目标、提供员工参与决策的机会、增进员工对工作的兴趣并开发其潜能、协助员工职业生涯的发展、完善奖惩制度、重视金钱的奖励等在激励中行之有效的方法，同时涵盖了内在激励和外在激励两个方面。

（二）认识员工的个体差异和增加员工的工作兴趣

A社工服务中心有很多优秀的工作人员和志愿者，他们每个人都有自己的个体特征，有不同的需求。虽然机构中的激励制度有标准化的普适原则，但是机构遵循的最重要的激励原则就是要因人而异，在普适原则的基础上，兼顾灵活性原则，而灵活性原则是建立在了解员工、尊重员工的基础上的。

小林是沈老师督导组中的另一名工作人员。他是社会工作专业毕业的本科生，追溯其求学经历可以发现，他是通过调剂进入社会工作专业的，对专业价值的认同感低，即使经过了四年学习他仍处在认知的迷茫状态。在校园专业实习的基础上，他迫切需要在服务机构中进入实务角色，通过实践发现自己对专业的认同并进行职业生涯规划。了解到小林的情况后，沈老师对其采取了与小雅截然不同的激励方式。

沈老师首先将中心人力资源的归档整理工作交给了小林，希望小林通过这一工作，集中而系统地了解工作人员不同的年龄、专业、背景、机构工作状况等信息，原有的机构形象也因为加入了人力资源的因素而显得鲜活，这一方面提高了小林进一步适应机构、参与工作的积极性，另一方面也促使小林反省自身，在比较中对自身进行定位。

可见，工作分工要针对员工的切实需求，小林对专业的认同感明显低于小雅，但小林又强烈渴望通过实践获得专业认同。了解到小林的状态和需求后，沈老师的激励方法帮助小林度过了刚进入中心的迷茫期，解决了其内在的动力问题，终于使小林获得了和机构一致的价值取向，这些也构成了进一步激励的前提。

满足了价值认同的前提，对于作为一名专业认同较高的社会工作者的小林，是不是就可以照搬对小雅的激励方式呢？沈老师进一步的工作是了解小林的个人情况：小林不同于小雅，他踏实稳重、细致认真，不善于自主创新，喜欢程式化的工作流程，工作按部就班。针对这样的特点，沈老师并没有要求小林进行工作流程设计，而是让他直接熟悉小雅设计的家庭生计互助小组工作模式，选择参与一个互助计划。小林在了解情况后，负责指导组员老刘的"梦想起飞"超市计划，原因在于其家人正好从事连锁超市经营，小林在业余时间也参与超市管理，因此在此项计划中，他可以说是轻车熟路，可以为超市计划提供很好的指导甚至管理。于是，小林专注于熟悉领域的具体项目管理，为组员老刘的超市计划发展制定了规划、管理制度、业务规范等，还引荐了外联支持和客户资源。在做这些较熟悉的工作的同时，小林获得了自信和动力，于是结合震区的情况和重建任务的分配，尝试去开拓自己的工作领域，锻炼自己的自主和领导能力。沈老师的工作安排使小林虽然起步层次较低，但在工作中逐渐发现了自身的潜能，这促进了小林向实务工作的过渡，激发了小林的工作动力。

沈老师欣喜地看到了小雅、小林的进步，于是把握时机，开展员工汇报总结工作，通过机构的奖励制度，参照不同的标准，为小雅、小林申请不同的奖项，以资鼓励。小林的生活背景和实际状况使他更看重精神的奖励，他为自己能够被评为机构的年度新人而感到骄傲。他也乐于从其他榜样身上汲取进步的力量，比如，小雅作为一个典范成为机构中的榜样，小林在向她学习的过程中，主动开展震区需求调查、项目收支核算，以不同的计算口径为家庭生计互助小组提供建议，帮助小雅完善了项目制度。同时，他又通过先介入学习后深入工作的方式积极参与了其他项目，比如组员刘春的“居帘布艺”项目，他设计了“居帘布艺”与“梦想起飞”超市联合设立专区的远景规划。

小林的进步得益于沈老师的工作安排，沈老师有区别地进行激励，使小林在工作过程中很好地完成了两次过渡：价值的定位、自我潜能的发挥。这种激励是个性化的，建立在了解员工不同个性的基础上。另外，沈老师积极运用奖励制度，借鉴需求理论与保健-激励双因素理论，形成榜样效应，促进了员工的发展。

小林在机构中的成长再次验证了激励制度的重要作用。作为两个员工激励个案，对小雅和小林的激励过程，既有共性又有个性，我们比较学习之后可以发现社会工作行政激励中的核心因素和方法，同时意识到社会服务机构中的激励除了传统激励方式外，还有其特殊性。

（三）明确职责和权力界限及合理的薪酬

小宇在社会工作本科毕业后，转专业去读了管理学财会方向的研究生，在研究生毕业后，来到A社工服务中心，本打算做一段时间的志愿者，但因为在机构中的工作获得了充分的肯定和获得了广阔的发展空间，最后在机构全职工作，这同样要归功于沈老师激励方法运用得当。追溯小宇的求学经历：小宇通过本科阶段的学习，深刻认同社会工作的价值理念，尤其认为社会工作是一体多面的学科，好的社会工作者应该是“多面手”，所以在系统学习了社会工作的理论和完成了相应的实习任务后，他决定习得一技之长——会计，因为这是一个应用广泛的专业，社会工作服务机构同样需要财会工作人员，而且由于其特殊的财务状况，对财会人员的素质要求更高。了解到小宇有坚定的专业认同和清晰的职业设计，沈老师认为小宇正是机构急需的专业人才。沈老师以充分的信任让还是志愿者的小宇加入其负责的整体项目的年度财务收支小组。小宇针对组员的具体项目内容，结合小额信贷的经验，在几个项目组中进行小额信贷循环模式实验，取得了良好的效果。沈老师对小宇的工作及时给予肯定和奖励，又引荐他加入机构的薪酬管理组和基金会筹建组。沈老师的安排在价值认同和专业发展方面都符合小宇的需求。小宇表示，对工作人员充分的信任、参与决策的机会、职业发展的空间是他选择留在机构中从事全职工作的重要原因。

小宇成为中心正式的员工后，沈老师根据小宇的工作表现与实际贡献，为小宇申请到了很好的薪酬和福利待遇，解决了他的后顾之忧。另外，他也让小宇介入小雅、小林等人的具体项目的工作，主要负责提供财务规划方面的建议。沈老师这样做的主要目的仍然是在团队中创造榜样激励的效应。沈老师在原有的奖励标准与办法中，又申请设立了机构特殊贡献奖，用以激励和表彰在机构工作中的专业贡献，肯定员工的知识技术价值。基于小宇对中心基本业务内容熟悉，结合小宇坚定的专业价值认同和扎实的金融财会基础，小宇被破格提升为中心财务主管助理，拥有了更多资源和发展空间，也拥有了更多的权力。小宇的成长体现了激励中的关注知识和专业成长的价值，以及以开放的态度鼓励其他专业（比如财会、统计、法律、人力资源管理、计算机等应用性较强的专业）人员扎根于社会工作并获得整体上的发展。这种社会工作行政激励过程中的特殊性是由社会工作的一体多面性决定的。

（四）岗位调整、带薪假期、团队支持及强化价值认同应对衰竭或倦怠

小峰也是沈老师督导组中的成员。追溯小峰的求学经历：他是社会工作专业毕业的硕士生，认同专业价值，喜欢实务工作，有两年的NGO工作经验。小峰来到A社工服务中心，申报了管理和行政岗，计划负责机构整体的规划。但中心的项目组工作模式很快使小峰陷入了疲于奔命的状态，原因在于：业务面广泛，不利于深入；部门间的牵制很大，不利于决策；站位太高，不利于沟通。另外，小峰在这一时期遭遇了一些人际关系困难和家庭问题，很难安心工作，深感自身能力的不足和精力的衰竭，这也是社会服务机构工作人员普遍面临的问题。沈老师在了解到小峰的情况后，首先和小峰谈及了岗位调整的问题。沈老师建议小峰从自己的切实需要出发，降低职位要求。其次，沈老师召开了员工分享会议，通过团队效应为小峰提供社会支持，化解其人际关系压力。最后，沈老师充分肯定了小峰的工作表现，虽降低了岗位标准，但基于其贡献申请了物质奖励。沈老师了解到小峰的家庭困难后，又通过机构奖励福利制度中的假期申请渠道为其申请了短期带薪假期，以帮助其处理个人问题。在帮助小峰的过程中，沈老师也一直坚持以价值和使命为本的社会工作行政原则，强调中心工作的意义和作用，鼓励小峰和机构共同成长。一段时间后，小峰在中心的工作开始峰回路转。

小峰的成长反映出社会工作者的衰竭或倦怠是机构中的常见问题。倦怠问题的处理体现了激励在社会工作行政中应用的特殊性：强调需求导向、强调团队支持、强化价值认同。倦怠问题的处理结果也直接反映了激励运用的效果，小峰是成功激励的个案之一。

领导过程中的激励特别强调以价值和使命为本，强调内在激励与外在激励相结合。案例一、案例二是成功激励案例的代表，体现了激励的要素和方法，同时构成比较个案，反映差别激励的良好效果。案例三、案例四体现了社会工作行政过程中激励应用的特殊性，更加强调以价值和使命为本。

总之，在社会服务机构的激励工作中，要注意了解员工、区别对待、标准统一、建立支持、开放积极的普遍原则。对待个体的激励方法主要包括追踪专业发展、个人成长，评估工作状况，建立反馈档案，在激励实务上交叉运用个体差异、目标应用、行政力量支持、明确职责和权力界限、给员工提供参与决策的机会、增进员工的工作兴趣及其潜能开发、指导员工进行职业生涯设计、完善奖惩制度和绩效工资及奖金制度等方面的技巧，保持开放宽容的态度。对机构整体的制度设计要

坚持普适与灵活相结合的原则。

复习思考题

1. 什么是社会服务机构中的领导、沟通与激励？

2. 社会服务机构的领导、沟通、激励与一般的领导、沟通、激励有什么区别？

3. 社会服务机构领导、沟通与激励的主要方式有哪些？

4. 如何选择有效的领导方式？

5. 社会服务机构的沟通内容主要有哪些？

6. 什么是职业倦怠？如何有效应对社会服务机构中的职业倦怠？

7. 登录一些社会服务机构的官网，查找其有关领导、沟通与激励的信息，分析其开展领导、沟通与激励的主要方式。

本章参考书目

1. 诺思豪斯．领导学：理论与实践．南京：江苏教育出版社，2002.

2. 斯基德莫尔．社会工作行政：动态管理与人际关系（第 3 版）. 北京：中国人民大学出版社，2005.

3. 德鲁克．非营利组织的管理．北京：机械工业出版社，2009.

4. 全国社会工作者职业水平考试教材编委会．社会工作综合能力（中级）. 北京：中国社会出版社，2022.

5. 王思斌．社会行政．2 版．北京：高等教育出版社，2013.

6. 张曙．社会工作行政．北京：社会科学文献出版社，2002.

7. 赵学慧．社会服务组织管理．北京：中国社会出版社，2013.

8. 梁伟康，黄玉明．社会服务机构管理新知．香港：集贤社，1994.

9. 谢斌．行政管理学．西安：陕西人民出版社，2000.

10. 凌再阳．我国非营利组织管理沟通问题研究．长沙：湖南大学，2008.

推荐阅读书目

梁伟康，黄玉明．社会服务机构管理新知．香港：集贤社，1994.

第六章

项目管理

基本概念

项目　社会工作服务项目　项目的生命周期　项目管理及其特征　项目范围管理　项目时间管理　项目成本管理　项目质量管理　政府购买服务项目管理　项目论证　项目申报

本章要点

1. 社会工作服务项目通常由专业社会工作服务组织实施，是为满足社会成员的需要，特别是针对社会救济和社会服务领域开展的有周期的服务活动。

2. 不管什么类型的项目都有项目的生命周期，社会工作服务项目的生命周期一般划分为项目的定义阶段、设计阶段、实施阶段和交付阶段。

3. 社会工作服务项目管理一般是由社会工作服务机构作为执行组织，由政府部门、基金会、国内外大型非营利组织等作为项目发起人，以满足社会脆弱群体的需求为目的，在一定社会条件下将各种支持资源整合成项目并进行计划、组织、协调和控制，以实现项目目标的工作和过程。

4. 项目管理的过程分为项目启动、计划过程、实施过程、控制过程和结束过程。

5. 项目管理的职能领域包括项目范围管理、项目时间管理、项目成本管理、项目质量管理。每种管理的量表都是非常有用的项目工具。

6. 政府购买服务是世界各国普遍采用的支持社会服务机构的财政形式，要注意做好项目管理工作，防止福利资源的滥用和福利资源使用偏差。

7. 社会服务机构要熟悉项目论证和申报的工作和流程，掌握好项目招标和评标的工作技术、填写好项目申报书都是机构的基本功。

课前准备

了解关于项目的一般信息，思考企业的工程项目与社会工作服务机构的服务项目之间的差异；查找社会福利与社会政策研究项目和服务项目的申报指南、申报书；查找工作分解结构（WBS）的使用方法；进入非营利组织的官网，查看其机构审计报告或社会工作服务项目的评估报告。

第一节　社会工作服务项目

随着社会工作专业化和职业化的发展，社会工作服务项目的开展与实施是其专业化和职业化的主要体现方式之一。项目管理也在一定程度上提升了社会工作服务的专业性，并推动了其职业化的发展。

一、社会工作服务项目的含义

所有的项目都是将观念与行动统一到实际工作中的过程。项目是一个组织为实现自己既定的目标，在一定的时间、人员和资源约束下所开展的一种具有一定独特性的一次性工作。[①] 社会服务机构经常承担福利性质的项目。这些福利项目可以分为收入保障和社会服务两大类别，其中收入保障包括社会救济和社会保险；社会服务涵盖了社区发展、教育、就业支持、住房保障、矫正等多个领域，覆盖的人群包括儿童、妇女、老人、残疾人、少数民族、行为偏差者、流浪人口、流动人口等。每个公民都是社会福利的接受者[②]。所以，社会工作服务项目是为满足社会成员的需要，特别是针对社会救济和社会服务领域开展的有周期的服务活动，是以项目的形式进行的福利服务管理。

二、社会工作服务项目的特征和类型

项目不论大小和类型，都带有共性。社会工作服务项目既带有一般项目的普遍要素，又带有自身的特点。

---

① 戚安邦．项目论证与评估．2版．北京：机械工业出版社，2009：3.

② 彭华民．论需要为本的中国社会福利转型的目标定位．南开学报（哲学社会科学版），2010（4）.

（一）项目的共性特征

第一，明确的目标性。项目的目标性导向非常明显，其通常明确规定了预期实现的结果或目标，并对何时何地开展何种项目都有明确的规定。

第二，差异性。履行项目的过程是进入一个充满风险与不确定性的世界的过程，没有任何两个项目是完全相同的，每一个项目都是特别的，即使是重复的项目也有区别，如在内容上、时间上、地点上、设施上和受益群体上存在区别。

第三，周期性。每个项目都有明确的时间上的规定，尽管时间周期长短不一，但从开始到结束都有明确的时限规定。一旦目的达成，项目即宣告结束。如果不能达成目标，那么项目实施者也可以采取中止项目的方式结束项目。

第四，不确定性。项目是一系列相互关联的因素共同工作的过程，项目进程中存在着无法准确预测或确定的因素、事件或情况，这些因素可能会影响项目的进展、成本、质量、资源需求或其他方面的结果。因此，项目实施过程中，需要识别、评估和管理这些不确定性，并采取适当的措施来减少潜在的风险并确保项目的成功。

第五，整体性。一个项目由多个不重复但是互相关联的模块组成，在不同的项目阶段有不同的工作任务，但每个工作任务都是整体中的一个部分，每个部分和阶段都与项目总体目标和愿景保持一致。

（二）社会工作服务项目自身的特点

第一，项目是直接服务于人类的活动，是为了有针对性地改善人尤其是社会脆弱人群的生存现状及质量。项目通常反映的是社会公平、社会福利分配、社会贫富关系调整、社会信任和促进社会政策改变等问题，涉及广泛的民生领域，社会影响面较大。

第二，项目的范围界限具有开放性和模糊性，不易同项目外的环境隔离。项目边界的模糊性主要表现在服务对象的个性差异使得项目确定的核心技术比较模糊，例如，在一个对老年人精神关怀的服务项目中，如何确定“精神需求”范围、如何区分服务对象的年龄标准与精神关怀之间的关联、针对不同的精神需求提供何种服务等问题，都使得项目较难确定非常明确的服务界限。另外，项目的执行通常发生在特定的社区和文化背景中，不同的社区和文化可能对问题的定义和解决方法有不同的看法，因此项目的范围界限可能会受到这些因素的影响。

第三，各相关利益群体均可以对项目产生较大的影响。社会工作服务项目通常与不同社会系统紧密相连，政府的政策、所在社区的意见、目标群体需要或亟待解决的问题、捐款人的意向、新闻媒体和受益群体的态度、项目工作人员个人的专业水平与价值倾向等，都会对项目实施的后果产生影响。

第四，项目成效难以测量且具有滞后性。社会工作服务项目通常旨在改善社会问题或帮助个人、家庭或社区提高生活质量，项目成效常常涉及主观性的评估，往往难以用具体的数字或指标来衡量。另外，社会工作服务项目往往需要时间才能在受益者身上产生可测量的变化，这种滞后性使得难以立即评估项目的效果，而是需要进行长期的跟踪和评估。例如，一项家庭辅导项目可能需要数月或数年的时间，才能看到家庭关系改善的成效。

第五，项目成效具有较高的可持续性挑战。社会工作服务项目不同于工程类项目，它以人为核心，追求人的行为改变，而人的变化不是一朝一夕之事，一个甚至几个项目周期可能都难以实现。项目的周期性特点和在持续性投入上的难题，对项目成效的维护与基于项目产生的变化的可持续性提出了极大挑战。并且，社会工作服务项目在其运行期间可能会受到社会、经济和政治环境的影响，这些因素的变化可能对项目成效的可持续性产生影响。

第六，强调评估效率和效果的一致性。社会工作服务效果包括效率评估和效果评估。效率评估主要考虑达成方案目标的投入成本、项目方案最终的投入产出比。效果评估则主要评估一个项目是否符合机构的使命目标，是否满足社会对机构的期待，是否为服务对象提供了符合质量标准的服务，以及这些服务是否对服务对象产生了效果，恢复和提升了服务对象的社会功能，改善了服务对象的生活质量。社会工作服务项目强调效率和效果的一致性，如果效率和效果出现不一致，特别是效率高但不符合社会效果的要求，那么项目结果也是无效的。

（三）社会工作服务项目的类型

社会工作服务项目通常分为服务型项目、评估型项目和研究型项目。服务型项目是指直接提供专业化的社会工作服务具体内容的项目，这类项目特别强调特定的受益群体或具体的受益范围，如精神健康服务、老年护理服务、校园暴力预防服务等，对人群的数量和投入产出比都比较重视。评估型项目是指专门对社会工作服务项目做评估验收的管理工作，一般委托给专业评估机构，由专业评估机构根据项目的计划和交付结果进行对比、查证，制定评估指标体系，进行打分并得出评估结论。研究型项目一般是针对社会公益服务项目的不确定性问题、理论指导和没有经验可循的问题进行的基础性探索性研究。这类研究是项目立项决策的价值导向和决策依据。

三、社会工作服务项目的生命周期

同其他项目一样，社会工作服务项目也有生命周期。一般项目从开始到结束通常会被划分为若干个阶段，这些不同的阶段构成了一个完整的过程，被称为项目生命周期[1]。项目生命周期一般划分为项目的定义阶段、设计阶段、实施阶段、交付阶段。每个项目的实质内容和所属专业领域不同，会使不同项目生命周期的内容有很大的不同，但大多数项目会经历上述四个阶段。项目各阶段的划分依据以该阶段的某种交付成果的完成为标志，前一个阶段的交付成果合格后，才能开展下一个阶段的工作。

项目的定义阶段是项目生命周期的第一个阶段。这个阶段主要进行的工作是定义项目和进行立项决策。工作的内容主要包括需求和难题识别、项目论证、起草项目建议书、可行性研究、初步设计和项目批准、组建项目团队。

项目的设计阶段是项目生命周期的第二个阶段。在第一个阶段的可行性方案的基础上，第二个阶段主要是提出满足需求、推进目标实现的解决方案，包括做详细计划和技术设计，具体要完成目标确定、范围界定、工作分解、计划安排、成本估算、人员分工、质量保证、风险识别和合同订立等工作。

项目的实施阶段是项目生命周期的第三个阶段，是对第二阶段具体解决方案的施行。根据第二个阶段方案的具体安排，这一阶段主要开展实施与控制工作，具体包括实施具体工作计划、招标采购、跟踪进展、控制偏差、变更和履行合同。

项目的交付阶段是项目生命周期的第四个阶段，也是项目的完结阶段，是交付项目最终成果和项目验收的过程。这一阶段主要的工作有完成测试、仔细检查确认项目范围、验收交付、费用决算、审计、资料整理归档、资料使用和用户评价。

总之，每个项目的全部生命过程都必不可少地经历启动、成长、成熟、终止四个阶段，这是项目生命周期的规律。尽管项目生命周期的每一阶段是不同的，但项目生命周期中的每一阶段都包含五个共同的内容，即项目起始时间、项目阶段划分及产出物和里程碑、项目任务、项目成果和项目生命周期的文字或图表描述。

第二节　项目管理

随着社会发展，项目管理不仅在企业管理领域得到广泛应用，也逐渐扩展到公共部门和社会工作服务机构。其原因就在于项目管理科学和理性的特点，有助于尽可能地减少不确定因素、提高工作效率和可预测性。

---

① 美国项目管理协会（Project Management Institute，PMI）对项目生命周期的定义是：项目是分阶段完成的一项独特性任务，一个组织在确立一个项目时会将项目划分成一系列的阶段，以便更好地管理和控制项目，更好地将组织的日常运作与项目管理结合在一起。项目的各个阶段放在一起，就构成了一个项目的生命周期。

一、项目管理的含义

项目管理是一种在实际作业过程中发展起来的计划、组织、协调和控制的管理模式，“其目的是尽可能地、全面地预测出在项目实施过程中可能会出现的问题和风险，并对项目中的作业活动进行计划、组织和控制”①，从而实现项目预定目标的专业方法和技术。项目管理的对象是项目本身所包含的由一系列任务构成的整体系统，项目管理的任务是对项目及其资源（人员、资金、技术、设备、时间等）的计划、组织、协调和控制，项目管理职责一般由项目经理或项目团队承担。社会工作服务项目管理一般是由社会工作服务机构作为执行组织，由政府部门、基金会、国内外大型非营利组织等作为项目发起人，以满足社会脆弱群体的需求为目的，在一定社会条件下将各种支持资源整合成项目并进行计划、组织、协调和控制，以实现项目目标的工作和过程。

二、项目管理的特征

项目管理的突出特征表现在复杂性、组织特殊性和手段技术性三个方面。

第一，项目管理具有复杂性。复杂性体现为工作任务多部分、工作执行多组织联合、工作人员构成临时性、工作知识多学科和面临问题的不确定性，所以，需要随时解决诸多交叉的问题。社会工作服务项目具有更强的复杂性和不确定性，因为交付成果的许多形式来源于服务对象的主观感受和评价。

第二，项目管理具有组织特殊性。一个项目就是一个组织，即项目组织，以项目为中心组织资源；项目组织是临时性的，项目结束后，项目组织也就解散了；项目组织管理是柔性管理，可以根据项目不同阶段的实际需要，调整组织配置；项目组织多采取有利于协调管理的矩阵式组织结构；项目管理一般采取项目团队管理体制，项目负责人（项目经理）是项目管理的关键。

第三，项目管理越来越借助网络信息技术手段。纵观项目管理的发展，20 世纪 30 年代到 50 年代初，项目管理开始初步形成，其代表性的方法是甘特图和后来的里程碑系统（关键事件法）管理。到 20 世纪 50 年代至 70 年代，项目管理中开始开发和推广应用网络计划技术，标志为关键路径法和计划评审技术。20 世纪 70 年代至 80 年代，管理的应用范围迅速扩大，特别是 90 年代后，计划和控制技术如系统论、信息论、计算机技术等与项目管理的密切结合，使管理技术方法和管理模式更加科学有效，管理所运用的技术手段越来越强。如项目管理软件（Microsoft

① 洛克．项目管理（第 7 版）．桂林：广西师范大学出版社，2002：3.

Project、Asana、Trello 等）被普遍应用于项目规划、进度追踪、资源分配、时间管理和团队协作中；大数据技术被应用于收集、挖掘与处理散落在项目过程中的大量数据，为项目管理提供数据支持与决策依据。

三、项目管理的过程

项目管理的过程分为项目启动、计划过程、实施过程、控制过程和结束过程[①]。项目是一个由各个部分组成的整体，各个部分需要实现逻辑有序地配合，才能达到目的，所以，项目管理的过程必然一环扣一环，不能省略和跨越其中的任何环节。

（一）项目启动

启动环节主要考察服务需求，以确定是否有必要开展项目。一旦满足项目目标的需求成立，则进行下一个阶段的工作，否则终止。社会工作服务项目的启动过程一般是从社会工作服务项目的目标出发，针对问题进行基线调查，或进行实地调查，或根据已有的数据统计情况进行需求评估，通过对现有资源、实施条件、利益相关者的目标与需求，以及资源结构状况等方面进行分析，对项目的必要性和依据进行充分论证。

（二）计划过程

有学者绘制了计划的编制工作顺序图（见图 6－1）：

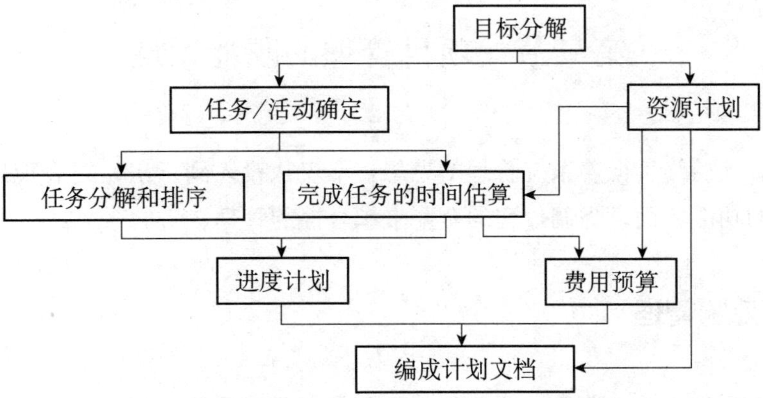

图 6－1　计划的编制工作顺序图

资料来源：殷焕武，王振林，等．项目管理导论．北京：机械工业出版社，2005：11.

社会工作服务项目计划过程一般包括拟定、编制和修订项目工作目标、工作计划方案、资源供应计划、采购和管理计划、财务预算计划、组织计划、质量计划、

① 这是美国项目管理协会对项目管理过程的划分。

应急措施预备案等，输出形式一般有计划书、计划的暂行办法和各种实施方案。

（三）实施过程

实施过程的重点是组织、协调和有效沟通，包括组织协调项目组的工作人员，组织协调各分部门的工作任务，激励团队完成既定的工作计划。社会工作服务项目的实施过程输出的是宣传、倡导、活动、具体服务、服务设施等使项目服务对象受益的要素。在这个过程中，执行者直接同项目的受益者打交道。

（四）控制过程

实施和控制实际上是相辅相成的。项目控制过程是指通过定期工作检查，发现实施当中的问题，克服障碍，纠正偏差，反馈并及时调整解决工作计划中的漏洞或创新性地解决实践中遇到的管理难题的过程。社会工作服务项目的控制过程一般包括内部定期的督导检查、专项检查、阶段性工作评估三个主要内容。

（五）结束过程

结束过程是项目或项目阶段的完成，在这个阶段要编写、收集和整理好文档资料并分发信息，整理合同，移交成果，以表示任务完成。项目发起人还要根据文档提供的内容进行评估验收。社会工作服务项目的评估一般是引进第三方机构进行评估，或项目主办方指定评估方式和机构进行验收。有政府财政支出的项目必须按照政府财政预算的相关规定进行验收。

第三节　项目管理的职能领域

项目管理始终贯彻着系统管理的思想，不仅从投入到产出始终表现出协调、控制、反馈的功能，而且强调过程的全要素耦合性的管理。

一、项目范围管理

在设立项目之前，要确定项目范围，即确定开展项目的边界、明确项目的目标和项目需要交付的成果。项目范围管理就是“为了达到项目目标，对项目的工作内容和范围保持控制所做的一系列工作和过程。项目范围管理的理念一是要边界明确，二是要分而治之”①。一个项目通常是由一个单一的产品组成的，但这个单一的

---

① 项目范围管理的定义和表 6－1 至表 6－5 是根据《项目管理导论》一书的相关内容修改、提炼和引用而来的。殷焕武，王振林，等．项目管理导论．北京：机械工业出版社，2005：11，38－49.

产品本身却由多个部分组成，而每个部分可能又是可以分离的，而作为一个项目产品，彼此之间又相互依赖。例如，一个社会工作服务机构承接的一个青年服务项目，就是由服务、培训和验收组成的，活动开展本身是具体服务，而掌握活动技能则是培训，活动评估则是验收，三者共同形成了青年服务项目的整体。项目范围管理包括项目启动、范围规划、范围定义、范围核实和范围变更控制等主要内容。

社会工作服务项目的启动来源于个体、群体或社区急需解决的困境或问题，或者公共福利需求，尤其是社会福利领域具有需求大于供给的规律，所以，项目启动需要理性地对服务的数量、范围进行论证。项目启动分为前期定位、使用技术、项目确立三个环节，如表 6－1 所示。

表 6－1　　项目启动的说明

项目启动	前期定位 （输入）	服务描述 战略性计划 选择标准 以往经验
	使用技术	专家评定 决策树 需求调查
	项目确立 （输出）	项目说明书 任命项目负责人 合同条款

范围规划是将项目范围进一步细化和归档的过程。社会工作服务的目标和产出通常具有模糊性，特别需要在项目范围规划中给予进一步细化，否则可能因项目缺乏操作的可行性而失败。项目范围规划需要将项目启动工作在以下几个方面进行细化，如表 6－2 所示。

表 6－2　　范围规划的说明

范围规划	规划投入 （输入）	服务描述 项目说明文本 合同条款等约束条件 立项假设
	使用技术	服务的价值和功能分析 成本—效益要素分析估算 几个备选方案 专家评定
	规划结果 （输出）	服务项目范围说明（项目论证、产品概括、项目可交付成果、项目目标） 详细依据（所有确定的成立假设和约束条件） 范围管理计划（项目可能发生的变更情况即项目稳定性评估）

范围定义是对项目可交付成果进行的细化工作，即把项目可交付成果分解成更小、更适合管理的单位。准确的范围定义能够保证项目工作进程稳定、按计划按期交付，并有助于成本的有效控制，如表 6－3 所示。

表 6－3　　　　范围定义的说明

范围定义	定义工作投入（输入）	范围说明 合同规定条款 以往经验参考 立项假设
	使用技术	标准或半标准工作分解结构模板 分解（最小分解范围可到项目活动）
	定义结果（输出）	给出服务项目元素分解结构图 范围更新或修正

注：工作分解结构（work breakdown structrue，WBS）是项目范围管理的工具和技术，主要用于建立或确认对项目范围达成的共识，对可交付的成果的项目元素进行细分，每细分一个层次就表示对项目元素更细致的描述，通常以图表形式表示。

范围核实是确认和验证项目的所有要求、目标和交付物是否按照预定的范围正确地被实现，而不是单纯地接受结果。比如，是否达到项目委托人和代理人认定的预期结果，是否正确地作用于服务对象，是否达到了预期的经济和社会效益结果。范围核实的说明如表 6－4 所示。

表 6－4　　　　范围核实的说明

范围核实	核实内容（输入）	工作结果的正确性核实 服务工作的文档核实 工作分解结构核实 范围说明核实 项目计划核实
	使用技术	审查 评估
	核实结果（输出）	各方当事人接受的主要可交付成果

范围变更控制是指识别导致服务项目范围发生变化的原因，确认范围变更是否已经发生，采取必要的纠正和控制措施，以确保在项目实施过程中能够及时管理和适应变化，从而保障项目目标达成，如表 6－5 所示。如在一项为残疾人进入照料机构提供资助的项目中，由于没有养老机构能够接收残疾人，这一计划的资助金滞留、不能直接实施服务，这时，就要进行资金范围变更。范围变更控制常常是在过程控制之中进行的。

表 6－5　　　　范围变更控制的说明

范围变更控制	变更依据（输入）	工作分解结构 项目已有绩效报告 变更申请 范围管理计划

续表

范围变更控制	使用技术	控制程序（文档工作、进度跟踪、授权变更的批准层次） 偏差反馈
	控制结果（输出）	范围变更 纠正措施 教训总结 调整后的基准计划

二、项目时间管理

项目时间管理也叫工期管理或进度管理，是对项目中各项工作的时间进行规划、安排和监控，从而确保项目能够按照计划要求准时完成。时间管理的目标是有效地分配资源、控制进度，以满足项目的截止日期和目标。社会工作服务项目的时间管理通常会用到以下几种管理工具①进行工作进度控制。

一是简单的条线图管理。条线图是从甘特图发展而来的，是一种可视化的、应用普遍的工作进度图（见图 6-2）。它特别适用于对小型项目的时间控制。

任务	周末日期																			
	1/11	1/18	1/25	2/01	2/08	2/15	2/22	2/29	3/01	3/08	3/15	3/22	3/29	4/05	4/12	4/19	4/26	5/03	5/10	5/17
方案设计																				
各项准备工作																				
实施方案																				
检验和反馈																				

图 6-2　时间管理条线图

注：(1) 图中“周末日期”表示的是在几月的第几周的具体周标识日期完成工作。如 1/11 表示 1 月 11 日是方案设计开始的日期，方案设计工作将在 2 月 22 日（2/22）结束。所以，在 1/11 至 2/22 之间标注了任务连接线。(2) 图中任务连接线标记到哪一个周末是可以变化的，要根据不同任务的需要时间进行标记，在实际工作中是这样应用的，比如方案设计，根据不同情况的需要，既可以标记到 3 月 15 日（3/15）这一天结束，也可以标记到 2 月 22 日（2/22）这一天结束，只要前后时间有起承传递就可以了。

二是平衡线图。用平衡线图进行项目时间管理，适用于较大规模的项目（见图 6-3）。

三是优先标记法。图 6-4 是用优先标记法表示的助学项目。

三、项目成本管理

所有的项目都会有成本花费，社会工作服务项目也不例外，更何况社会工作服

① 时间管理工具图 6-2、图 6-3、图 6-4 参考《项目管理》一书的工具图做合理调整而成。洛克．项目管理（第 7 版）．桂林：广西师范大学出版社，2002：201，211，225.

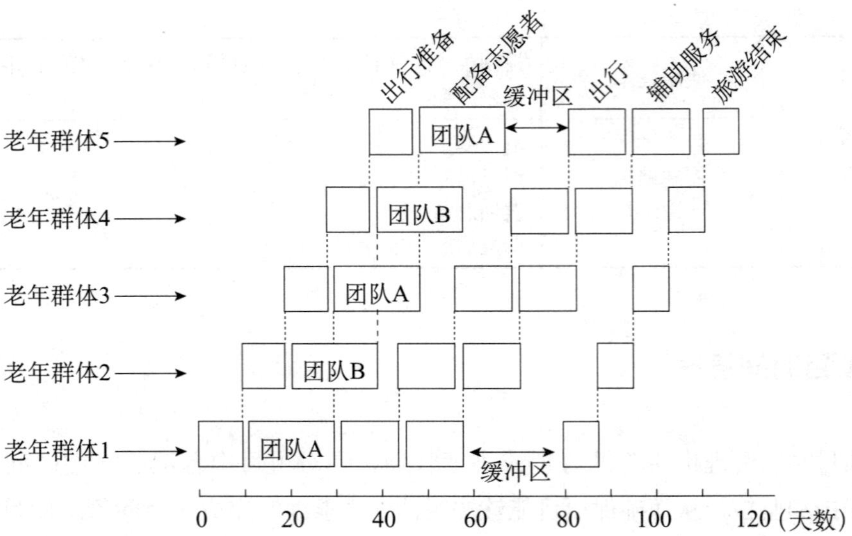

图 6-3 时间管理平衡线图

注：(1) 团队 A 和团队 B 同时承担了老年群体 1、2、3、4、5 的旅游项目，要做好每个团队从出行准备到旅游结束的工作，可用此种时间管理图表，以清楚、明确、有序地进行管理，完成任务。(2) 该旅游项目的活动时间在 120 天之内，每个团队的全部时间为 90 天左右。(3) 由于团队多，该时间管理运用了平衡管理法，团队 A 和团队 B 针对老年群体 1、2、3、4、5 实行了从出行准备到旅游结束各个环节的错峰管理，即从不同的出行准备时间到不同的旅游结束时间，在 120 天的时间内陆续有序地完成任务，这就是一种平衡管理方法。(4) 这种针对多个团队、多个群体、多项服务活动内容的时间管理方法，是非常有效的，有利于机构内部各种资源的匹配和合理安排。如果单独看团队 A 对老年群体的管理，就会比较简单明了；而现在是 2 个团队、5 个群体放在一起，比较复杂，只有用平衡线图的时间管理方法，才能提高效率。(5) 缓冲区是在 120 天的时间里留给各个团队和管理者的可以调节的机动时间，以预防不确定问题的出现。

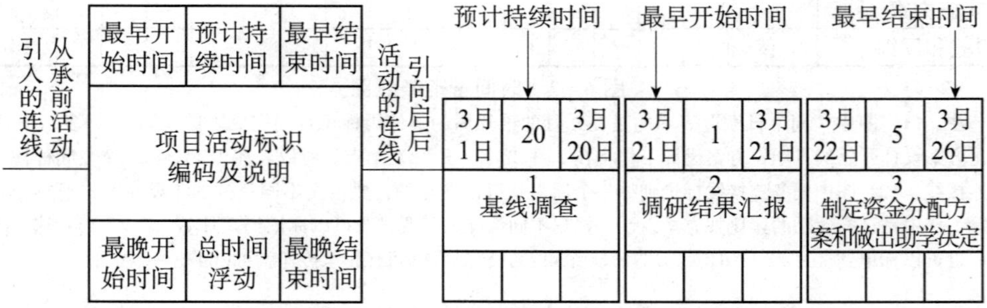

图 6-4 优先标记体系中的项目活动及应用

注：右边三个并列的方框是对左边的举例解释。从左向右，助学项目的几项活动从最早开始时间到最早结束时间都填写到了时间管理表格中。例如，第一项活动是基线调查，预计该项工作的持续时间是 20 天，最早结束时间是 3 月 20 日。第二项活动是调研结果汇报，最早开始时间承接前面的活动的最早结束时间，即第一项活动的最早结束时间的后一天，3 月 21 日是第二项活动的最早开始时间，因此，第二项活动的最早开始时间标记为 3 月 21 日。第二项活动预计持续时间是 1 天，最早结束时间是 3 月 21 日。第三项活动是制定资金分配方案和做出助学决定，最早开始时间是第二项活动的最早结束时间的后一天，即 3 月 22 日，预计持续时间为 5 天，最早结束时间是 3 月 26 日。

务项目由职业化的专业社会工作者执行并完成，工作人员的工资、福利、培训等成本投入是社会工作服务项目得以实施的基础条件。宣传项目并吸引潜在的受益人、招募志愿者以及研究新的介入方法和工具等，也都需要一定的投入。但是，由于社会工作项目通常具有较强的公益性，且服务机构都是非营利性的，因此很多人简单地认为机构所有的活动都是没有成本的，或者不关注社会工作服务项目的成本、只关注产出，这是不正确的。

项目成本是服务项目产生社会干预效果所必需的直接投入和间接投入，对于项目各方是否接受项目或接受项目改变非常关键。所以，对项目进行成本管理至关重要。成本管理是对社会工作服务项目的投入产出，对项目所需的资源与成本复杂性进行协调控制，保证项目投入的总成本与计划投入的预算额相一致的工作及过程。项目成本管理包括成本的资源规划、成本估算、成本预算和成本控制四个环节。

资源规划是对完成项目各活动需要何种资源和资源的数量进行确定，是成本估算的依据。做资源规划时，不仅应当知道机构资源库中什么资源（包括人员、设备、服务技术和材料）可供项目利用，还要考虑执行单位对资源使用情况的策略，如是否可以通过人员聘用或采购加以解决。资源规划为下一步的成本估算提供重要的参照。

成本估算是在资源计划的基础上估算完成项目所需要的各资源成本的近似值，其要考虑每种资源的单价和活动时间。工作分解结构图和一些项目管理软件经常被作为成本估算的工具。估算结果可用现金单位表示，也可以用“人/天”为单位，并需要对估算数值进行详细说明。成本估算的近似值为后续的成本预算提供直接的依据。

成本预算是把估算的总成本分摊到各项相对独立的工作活动细目中，并建立基准成本以衡量项目执行情况，因此更具有权威性，是成本控制的重要手段。成本预算可以使用与成本估算一样的工具和技术。基准成本即以时间为自变量的预算被用于度量和监督项目执行成本的累计支出。

成本控制是在项目实施过程中，根据项目成本管理计划，对项目的实际发生成本支出进行管理，包括监督成本的执行情况、识别实际成本与计划的偏离、寻找产生正负偏差的原因等，将合理的改变纳入基准成本中。成本控制必须与范围控制、质量控制等相结合。

四、项目质量管理

项目质量管理就是确定质量方针、目标和职责，并在质量体系中通过诸如质量规划、质量保障、质量控制和质量改进过程实施的全部管理职能的所有活动[①]。

---

① 该定义参考了 ISO 9000 质量管理体系标准。在本部分中，图 6-5、图 6-6、图 6-7 根据《项目管理导论》一书中的相关内容修改、提炼和引用而来。殷焕武，王振林，等．项目管理导论．北京：机械工业出版社，2005：79-85.

（一）质量规划

质量规划是定义、规划如何满足质量标准和质量目标的工作过程。社会工作服务项目本着使服务对象、捐赠者、公众满意的方针进行质量规划设计。社会工作服务项目质量规划的影响因素主要有人、资金、时间、服务方法和政策环境。质量规划最常用的流程图是因果图，它能直观地反映各种原因及其构成要素同各种可能出现的问题之间的关系，帮助项目团队事先估计可能会发生的质量问题（见图 6－5）。

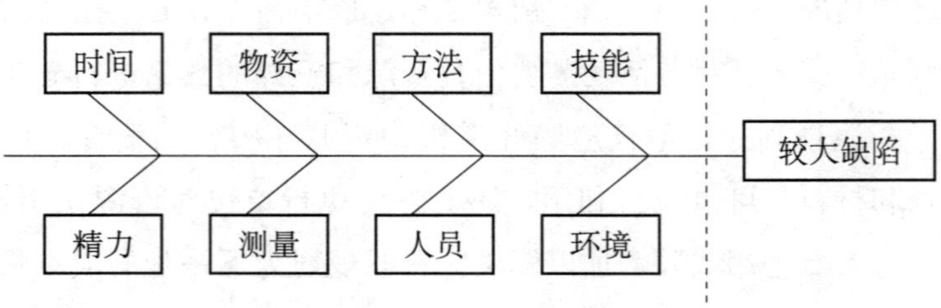

图 6－5　质量规划因素关系因果图

质量规划阶段会产出质量管理计划、具体操作说明以及用于质量检查的表格。

（二）质量保障

项目的质量保障要制定定性指标、定量指标、服务方案等质量标准，制定质量保障总体控制过程（见图 6－6）。

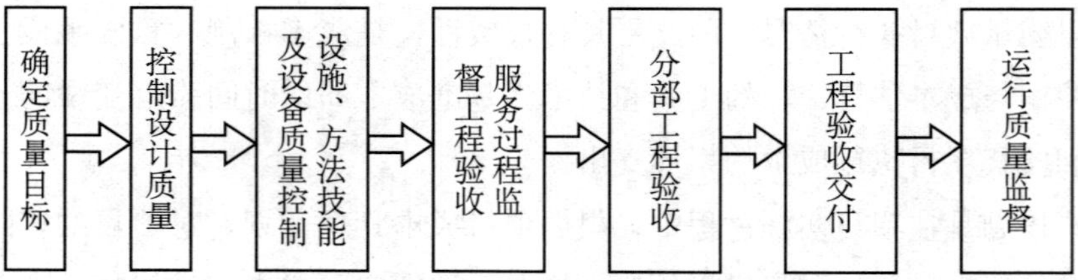

图 6－6　质量保障总体控制过程图

（三）质量控制

确保项目质量的关键在于有效的质量控制。质量控制是将项目产出结果与质量基准进行比较，分析存在的偏差、产生原因并及时采取对策的过程。社会工作服务项目主要是针对人群的服务，在质量控制过程中，不仅仅注重结果控制，更注重全过程的社会公信力即社会信誉控制，社会信誉控制涉及项目从开始到结束的方方面面，如项目服务的社会公正性、需求满足优先性、服务技术水平、财务信息透明度、捐赠方和服务对象的满意度等。质量控制经常采取循环控制模式进行控制（见图 6－7）。

需要注意的是，在项目实施的不同阶段，质量控制的重点是不同的。项目决策

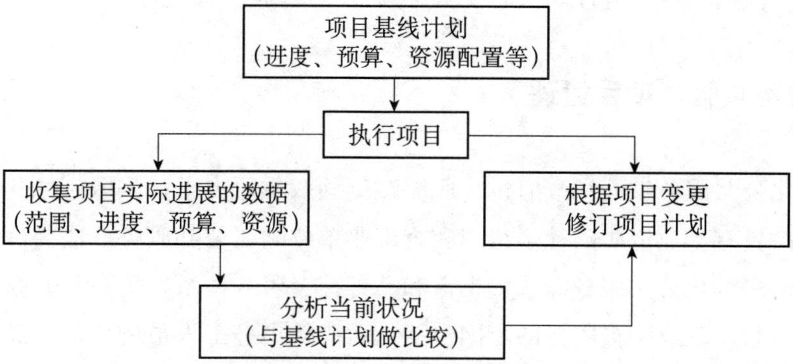

图 6-7　质量控制操作流程图

阶段质量控制的重点是在项目可行性研究和项目决策基础上，提出项目质量的总体要求，提出符合项目所有者要求的、与项目其他目标和环境协调的质量要求和标准；项目设计阶段质量控制的重点在于质量设计的适合性，即项目质量适应项目使用的价值和功能要求、适应其生命周期的安全可靠要求、适应服务对象的满意度要求。针对项目质量控制情况，可以使用项目管理质量检查表（见表 6-6），将检查内容一一列出，定期核实。

表 6-6　项目管理质量检查表

阶段	检查内容
项目计划阶段	谁负责制订项目计划？其职责是什么？ 项目计划应包括哪些内容？ 制订项目计划需要哪些信息？信息从何处获取？ 项目计划的输出文档是什么？谁应得到这些文档？ 项目管理过程将用到哪些工具和技术？ 项目管理将用到哪些资源？ 人员、设备、资金、材料、信息软件、办公活动室是否具备？ 哪些部门会受到项目的影响？这些部门的职责是什么？
项目实施、跟踪、控制阶段	如何进行交流和沟通？ 如何激励员工？ 如何评估项目的进展？ 如何获取项目进展的数据？需要哪些数据？ 什么时候开项目会议？如何确定议题？ 项目的文档如何分类？由谁来保存？ 如何评估项目的变更？由谁来批准？ 如何汇报项目执行情况？谁来向谁汇报？ 如何处理各种冲突？

（四）质量改进

项目质量改进是指在质量控制和保障过程中及时纠正发现的问题、补充发现的有利因素，根据项目质量计划及时变更、修订以提高项目质量的工作行为。

五、政府购买服务项目管理

在优化公共服务供给和政府机构职能改革的双重压力下，采取市场化、契约化方式，面向具有专业资质的社会组织和企事业单位购买公共服务，成为满足社会成员个性化、多样化公共服务需求，丰富和完善社会服务体系，提高公共财政投入效益的重要策略。政府购买服务的范围包括：面向外出务工人员的生活扶助、就业援助、生计发展、权益维护等服务；面向农村留守人员的社会保护等服务；面向老年人、残障群体的生活照料、精神慰藉、社会参与等服务；面向特殊群体（如药物滥用人员、有不良行为青少年、精神病患者、服刑人员、刑满释放人员等）的行为偏差纠正、生活困难缓解、心理情绪疏导、家庭和社区关系改善等服务；面向受灾群众的生活救助、心理疏导、社区重建、资源链接、生计项目开发等服务。购买方式一般分为竞争性购买以及非竞争性购买，包括公开招标、邀请招标、竞争性谈判、单一来源、询价等方式。

在政府购买服务过程中，政府部门（如民政部、社会工作部或街道办事处等）作为购买方，要根据脆弱群体、特殊人群社会服务需求以及本地经济社会发展水平和财力状况制定具体的采购计划、购买方式。在确定服务方后，要按照合同管理要求与其订立购买服务合同，明确购买服务的范围、数量、质量要求以及服务期限、资金支付方式、违约责任等。同时，还要对服务过程、服务质量和资金使用情况等进行督促检查，并建立由购买方、服务对象及第三方组成的综合评审机制及时对已完成的服务项目进行结项验收。对于购买方来说，要积极查找以获得项目申报信息并及时进行申报，同时要做好合同管理，要收集好服务方的合同、工作结果、变更申请和发票，经常进行来往函件沟通，及时进行合同变更，合同收尾管理要根据合同所有文档，通过服务绩效审计、合同归档和正式验收结束合同管理。

第四节　项目论证与项目申报

在立项之前，所有的项目都要经过论证，只有通过论证，才能做出项目能否确立的决定。项目论证为项目决策提供支持和依据。

一、项目论证

项目论证是指在项目的方案设计及变更过程中所做的论述、推理、证明和成本效益交代等工作，其中也包含对项目方案的评价、评审和审查。项目论证是项目决策的前提和保证，是获得项目资金支持的凭证和依据，是项目科学管理、提高效率的手段。

项目论证分为两个层次，一是立项者、项目决策者或项目直属的项目支持者对项目立项进行决策论证，二是项目执行者对项目的具体执行进行申报论证。无论哪个层次的论证，都需要在项目决策和实施活动中开展一系列论证和评估工作。对论证者而言，项目论证带有较强的主观性，并且论证的前提带有假设性，决策方案具有比较择优的特点。正因如此，还需要对实际执行过程中发生的变更做出说明和进一步论证。

项目论证的基本内容一般包括：对项目设计的方案进行必要性论证、技术可行性论证、经济合理性论证、运行条件可行性论证、环境影响因素论证、不确定性论证等[①]。项目论证要遵守正确的价值导向原则、实事求是原则、成本效益与比较择优原则、系统化和规范化原则。

二、项目申报

（一）发布项目申报通知

项目申报是项目执行者对自己想要承担的项目进行的项目论证。一般通过填写申报书的方式进行申报，通过层层评审得到申报通过与否的结果。有些通过申报的项目论证还要根据评审意见做出补充修改。我们以北京市某区民政局购买社会组织服务为实例[②]，具体展现项目申报的程序、内容与要求等相关部分。

项目信息发布是进行项目申报的首要步骤，可以通过网络查看公开发布的项目通知，项目通知有向社会公开发布的，也有在不同范围内部公开发布的。申报人要积极查找以获得项目申报信息，及时进行项目申报。参见本案例中的项目通知。

第一部分：说明项目发布主体、发布内容和文件编号等。

2023 年××区政府购买社会组织服务项目征集通知

第二部分：说明向谁发布、社会背景和目的。

为进一步完善公共服务供给，有效满足人民群众日益增长的公共服务需求，2023 年，××区民政局利用财政资金，购买一批社会组织服务项目，现

① 戚安邦．项目论证与评估．2 版．北京：机械工业出版社，2009：4－8.

② 该社会服务项目的申报通知来自北京市房山区民政局网站的公开资料，参见：北京市房山区民政局关于 2023 年房山区政府购买社会组织服务项目征集通知．（2023－02－02）［2023－09－23］. http：//www.bjfsh.gov.cn/zwgk/qmzj/ywdt _ 694/bmdt _ 695/tzgg _ 709/202302/t20230202 _ 40057761.shtml. 本书对其进行了部分删减，但基本保留了其主体。

面向社会公开征集。

第三部分：说明有关具体事宜，如资助范围和数量说明。

（一）社区居民协同自治项目。社会组织在社区党委领导下，以社区居民及社区社会组织为服务对象，围绕居民参与社区治理的“源动力”，通过党建引领“三位一体”的方法（扩大参与广度、提升参与深度、规范参与序度）提升社区居民参与社区治理的能力，培育社区“居民协同治理”小组。加强社区议事平台建设，推动协商民主、社区自治，以此探索社会组织协助居民参与社区治理的新路径。

（二）失独老人社会融合项目。社会组织充分运用专业社会工作理念，通过开展专业社工服务，组织服务对象服务自身、服务社会。探索社会组织介入失独老人服务途径，提升失独老人的社会融合度和社会支持程度，重塑其社会支持系统，提升其生活品质。总结推广项目的经验教训，为各街道、乡镇（地区办事处）、社区借助社会力量提升失独老人服务水平提供借鉴。

…………

第四部分：说明申报要求。

（一）在设计策划项目内容上，要把握好社会治理的重点和方向，围绕社会治理服务、社会公共服务、社会组织培育发展设计项目，起到创新机制、服务群众、填补空白的作用。

（二）项目应符合财政资金支付范围，属于单位职责、已由部门预算保障的项目，仍由原经费渠道解决；通过任何途径已由区级财政支持的项目，原则上不再作为扶持对象。

（三）为确保支持项目的公平性和普惠性，同一社会组织在同一单位和地区的项目数不超过 2 个。单一社会组织可以申报 1 至 2 个服务项目，鼓励支持申报品牌性项目和创新性项目。

（四）本年度项目实施周期预计为 2023 年 4 月至 2023 年 10 月，具体以签订政购合同为准。

（五）《社会建设资金购买社会组织服务指导目录》条目规定一级项目名称（二级项目类别）、服务内容、范围及方向（预期目标），申请组织自行设计具体题目，没有明确服务对象或服务指向的申请一般不予受理。

第五部分：说明申报条件。

申报项目的社会组织应当具备下列资质条件：

（一）在北京市范围内依法注册，具有独立法人资格，且上年度年检合格的社会组织或具有承接资格和能力的企事业单位。

（二）具有健全的法人治理结构，完善的内部管理、信息公开和民主监督制度。

（三）执行适用于本单位性质的相应会计制度；有完善的财务核算和资产管理制度；有独立的银行账号；有健全的内部控制制度和严格的支出审批制度；上年度净资产应大于注册资金。

（四）具有良好的社会和商业信誉，具有依法缴纳税收和社会保险费的良好记录。申报项目时须提交近6个月至少为3名工作人员连续缴纳社会保险费的证明，其中应至少1名持有全国社会工作者职业水平证书。

（五）具有开展工作所必需的条件，有固定的办公场所和合法稳定的收入来源。

（六）承接主体应配备具有社会工作服务能力的项目团队，原则上每个项目配备具有社会工作专业学历或者全国社会工作者职业水平证书等具备职业能力的专职社会工作者，应占项目团队的50%以上，同时应符合承接项目所需的相关专业要求。

（七）近两年无重大违法违规行为，在政府购买服务中无违反合同行为，未受到登记管理机关或者其他政府部门的行政处罚，未因涉嫌违法违规正在接受有关部门调查。

（八）近一年承接政府购买社会服务项目结项评审和财务审计不合格或不通过的，应暂停本年度承接社会工作服务项目的资格。

…………

第六部分：说明工作程序及安排。
第七部分：说明项目申报网络平台和邮寄地址。

2023年2月2日后，符合条件的承接主体通过××区社会组织服务中心平台（http：//fssosc. org/）查询《社会建设资金购买社会组织服务指导目录》。

登陆××区社会组织服务中心平台，注册社会组织相关信息，填报北京市××区政府购买社会组织服务项目申报表（附件1），填写完成申请表（附件1）后进行网上申报，纸质版于3月2日前提交社会组织工作科。

第八部分：附件，包括项目申报书、落款、发布时间和具体联系信息。

附件：北京市××区政府购买社会组织服务项目申报表

北京市××区民政局

2023年2月2日

项目征集相关问题咨询电话：

社会组织工作科：张××　69××02××

社会组织服务中心：时××　132××××8131

除了以上要素外，一些服务购买主体在项目的发布文件中还会列出具体评审标准，帮助申报组织识别和改进申报书内容，提高项目对服务需求回应的准确度和可操作性（见表6-7）。

表6-7 比选标准

评审因素	评分标准	权重
比选报价	以有效报价的最低价为基准价，投标报价得分＝10×（基准价/投标报价）。	10
项目经验	1. 机构具备评估工作经验达3年及以上的，得5分； 2. 机构具备评估工作经验达2年及以上的，得3分； 3. 机构具备评估工作经验达1年及以上的，得1分； 4. 机构不具备评估工作经验或评估工作经验不足1年的，不得分。 （提供承接或开展评估工作的相关协议等佐证材料。）	10
社会组织管理评级	通过区级及以上民政部门实施的社会组织等级评估，获得5A社会组织等级的得5分，获得4A等级的得4分，获得3A等级的得2分，获得2A及以下等级或没有评级的得0分。 （提供民政部门颁发的等级评估证书。）	5
业主服务评价	根据比选方提供的上述项目经验中业主出具的好评情况综合对比，每提供一项得1分，最高得10分。 （提供业主出具的项目实施评价或第三方机构出具的项目评估报告。）	10
人员组织架构	对各合格比选方提供的团队构成（人员构成、人数、资质等）、团队设置（人员配备的合理性、如何分配）等进行横向对比： 1. 拟投入本项目的团队构成设置合理、全面，团员资质深、经验丰富，得10分； 2. 拟投入本项目的团队构成设置比较合理，团员资质较深、有一定经验，得7分； 3. 拟投入本项目的团队构成设置一般，团员资质一般、具有一定经验，得5分； 4. 拟投入本项目的团队构成设置较差，团员资质较差、具有较少经验或者无经验，得0分。 （提供人员名单、劳动合同、社保缴纳证明、聘书、资质证书等相关佐证材料。）	10
项目整体工作计划	具有完整详细的项目工作实施计划，工作计划合理且符合该项目购买方的整体需求。 1. 计划合理，完全符合购买方的整体需求（10分）； 2. 计划较合理，较符合购买方的整体需求（7分）； 3. 计划基本合理，基本符合购买方的整体需求（5分）； 4. 计划不合理，不符合购买方的整体需求（0分）。	10
获奖情况	获得国家有关部门或行业协会颁发的资质等级或奖项证书，每个1分，最高5分。 （提供资质等级或奖项证书等。）	5
项目方案可操作性	项目方案符合品牌社会组织创建的实际情况，可操作性强。 1. 方案具体，具有实际可操作性（10分）； 2. 方案较具体，较具有实际可操作性（7分）； 3. 有方案，有一定实际可操作性（5分）； 4. 有方案，无实际可操作性（0分）。	10

续表

评审因素	评分标准	权重
项目重点、难点分析	1. 对项目实施的重点、难点分析准确、到位（10 分）； 2. 对重点、难点分析较准确、到位（7 分）； 3. 对重点、难点分析基本准确、到位（5 分）； 4. 对重点、难点分析不准确、不到位（0 分）。	10
项目质量保证措施	对项目质量控制有总体目标，并进行分析。对质量控制分解目标有应对措施。 1. 总体目标明确，应对措施完善（10 分）； 2. 总体目标较明确，应对措施较完善（7 分）； 3. 总体目标基本明确，应对措施基本完善（5 分）； 4. 总体目标不明确，应对措施不完善（0 分）。	10
项目经费使用计划	具有详细健全的项目经费使用计划和预算明细，对工作中各项可能的支出考虑全面细致。 1. 经费使用计划和预算明细健全，考虑全面细致（10 分）； 2. 经费使用计划和预算明细较健全，考虑较全面细致（7 分）； 3. 经费使用计划和预算明细基本健全，考虑基本全面细致（5 分）； 4. 经费使用计划和预算明细不健全，考虑不全面不细致（0 分）。	10

资料来源：关于购买 2022 年广州市品牌社会组织培育建设工作项目承办服务的公告．(2022－02－15)[2024－03－03]. http：//mzj. gz. gov. cn/dt/gggs/content/post _ 8079718. html.

（二）项目申报书需要论证和说明的内容

根据项目申报通知，项目承担者则要根据项目申报书的每项要求进行填写。项目申报书主要包括四个部分。

第一部分：基本信息填报。首先要进行封面设计及制定填报说明，其次要制作详细的数据表，以了解申报单位的基本情况（见表 6－8“申报单位相关信息”栏和“申报项目相关信息”栏）。此部分对申报主体的合法性进行检验。

第二部分：项目论证。进行项目论证设计，即要求申报者对申报项目的必要性、可行性、技术路线、支持资源、时间计划、项目交付成果和创新性进行论述、推理和证明。在进行项目内容设计时，需注意将研究者的研究证据、社会工作者的专业技能、服务对象的独特性三者有效整合起来，在科学研究证据的基础上确定内容。这部分是评审时的基础依据，也是项目申报论证的重要部分（见表 6－8“项目简介”栏）。

第三部分：列出经费开支科目表格。要求申报者对项目经费进行预算，并对预算金额及使用情况进行合理说明，还要说明是否有其他的经费来源（见表 6－8“经费预算”栏）。

第四部分：要求申报单位对于项目申报内容的真实性和承担的责任给出说明及承诺。如果项目获得通过，那么项目发包方要送达项目立项通知，双方正式签订立项合同。之后，项目开始实施。

表 6-8　　项目申报书样例

项目名称		
一、申报单位相关信息		
申报单位名称		
申报单位地址		
登记证号		
登记证书有效期		
近两年年检结果		
评估等级		
电子信箱		
无重大违法记录承诺	我单位自登记成立以来至今，在开展活动过程中无任何重大违法违规记录。如有虚假，本单位将依法承担相应责任。 特此承诺。 法定代表人签字： 盖　　章 年　　月　　日	
二、申报项目相关信息		
	姓名	联系方式
项目负责人		
项目联系人		
项目财务人员		
社会工作职业从业人员姓名		
社会工作职业从业人员证书等级		
社会工作职业从业人员证书编号		
项目类别	类	
二级项目类别	项目	
申请经费（单位：万元）		

续表

计划完成时间	2024 年____月—____月

三、申报项目需求调研（项目需求调研费用不在本申报项目中进行支持）
（一）调研时间：
（二）调研地点：
（三）调研对象：
（四）调研方法：
（五）调研发现的问题或需求：

四、申报单位简介（200 字以内）
（一）申报单位主营业务范围及项目团队人员构成
（二）历年承接项目情况

五、项目简介
（一）本项目需要解决的社会问题或需求
（二）本项目的服务对象
（三）本项目的介入理论
（四）项目论证（本项目论证须包括以下内容，限 4 000 字以内）
1. 项目实施的已有基础：（1）政策基础；（2）人员基础；（3）其他基础。
2. 项目目标：（1）总目标；（2）分目标。
3. 项目服务内容及执行计划：受益对象、执行计划（活动名称、活动时间、活动内容）等。
4. 项目实施涵盖的范围、实施的规模、创新之处、满意度测评方法。
5. 项目预期社会效益（项目的影响力、可持续性、可推广性）。

六、经费预算

序号	经费开支科目	金额（万元）
1		
2		
3		
合计（单位：万元）		
经费明细	写出根据（列出每一项花费的明细，包括单价及数量）	

复习思考题

1. 社会工作服务项目有什么特征？分为几种类型？
2. 社会工作服务项目的生命周期是怎样划分的？
3. 项目管理的过程是怎样的？
4. 怎样发布项目申报通知？
5. 项目申报书应包含哪些内容？
6. 请根据项目论证的内容，模拟填报并论证一下项目申报书。
7. 找一个公益项目的案例并进行项目要素拆解和分析。

本章参考书目

1. 殷焕武，王振林，等．项目管理导论．北京：机械工业出版社，2005.

2. 洛克．项目管理（第 7 版）．桂林：广西师范大学出版社，2002.

3. 方巍，张晖，何铨．社会福利项目管理与评估．北京：中国社会出版社，2010.

4. 戚安邦．项目论证与评估．2 版．北京：机械工业出版社，2009.

5. 罗希，李普希，弗里曼．评估：方法与技术（第 7 版）．重庆：重庆大学出版社，2007.

6. 戚安邦，等．项目管理学．北京：科学出版社，2007.

推荐阅读书目

1. 赵海林．社会服务项目运作实务．2 版．北京：中国人民大学出版社，2023.

2. 王瑞鸿．社会工作项目精选．上海：华东理工大学出版社，2010.

3. 广州市汉达社会工作服务中心．用项目管理释放社工的力量．北京：中国社会出版社，2018.

4. KETTNER P M，MORONEY R，MARTIN L L. Designing and managing programs：an effectiveness-based approach（the 2ed edition）. London：Sage Publications，1999.

第七章
督导管理

基本概念

社会工作督导　督导者　被督导者　督导伦理　督导的行政功能　督导的教育功能　督导的支持功能　师徒式督导　训练式督导　管理式督导　咨询式督导　个别督导　一对督导　小组督导　同辈督导　现场督导　网络和电话督导　督导的过程　督导的方法

本章要点

1. 社会工作督导是由训练有素、具备更多知识和技巧的专业人士指导其他掌握较少知识和技巧的人员，以助其开展实务，获得成长。作为一名合格的督导者，不仅要具备相应的知识、技巧和价值理念，而且要熟知社会服务机构的业务与社会政策，还要保持文化敏感性。

2. 根据督导者的来源，督导可分为内部督导、外聘督导和外派督导。被督导者主要是初级社会工作者、新入职的社会工作者、社会服务机构的实习生和志愿者。

3. 督导伦理主要指督导者作为资深的社会工作者在督导时所要遵守的专业伦理。伦理议题包括督导者的胜任力、督导中的专业关系、督导中的保密伦理。

4. 督导具有行政功能、教育功能和支持功能。

5. 根据督导者与被督导者之间的互动关系、督导强调的内容和关心的议题，督导模式可以分为师徒式督导、训练式督导、管理式督导、咨询式督导；根据被督导者的数量，督导模式可以分为个别督导、一对督导、小组督导和同辈督导。

6. 督导是督导者与被督导者双向互动的过程。督导过程可划分为督导工作准备期、督导工作开展期和督导工作结束期三个阶段。

7. 常用的督导方法有讨论、计划、日志回复、模拟示范、问题解决法、直接督导、实地观察和指导以及共同工作等。

课前准备

查阅图书资料，了解社会工作教育过程中的督导；浏览一些社会服务机构的网站，了解社会服务机构中的督导活动；查阅政策文件，了解一些区市对社会工作督导人员的选拔、工作职责的规定。

对于社会服务机构的管理来说，督导是一个关键要素，它可以指导被督导者有效完成机构的既定目标，提高机构的效率；可以帮助被督导者提高完成工作所需要的专业知识和技能，带领被督导者为服务对象提供高质量的服务；可以帮助被督导者建立对专业工作的成就感、价值感，以及对机构的认同感与归属感。

社会工作督导是督导者支持、保证和发展督导对象知识、技能和价值观的过程，目的是提高督导对象的工作质量，完成既定目标以及保障服务成效。早在19世纪末期，“慈善组织会社”（The Charity Organization Society）形成了学徒式的督导方法，即让经验丰富的资深工作者来指导新工作者，通过这种方式让新工作者学习如何进行会谈、诊断、记录以及制订工作计划等。随着专业社会工作和社会福利的发展，社会工作督导的模式和方法日益丰富、成熟、规范。

我国社会工作督导人才队伍建设呈现出由“引入”到“内生”的发展特点①。社会工作发展初期本土督导人才缺乏，广东等地利用地缘优势“引入”香港地区、台湾地区的社会工作督导为本地社会工作者开展督导工作。从2007年开始，广东一些城市最先利用自己的地缘优势向香港的专业机构伸出求助之手，深圳市政府通过深圳市社会工作者协会，向香港基督教服务处、香港社会服务发展研究中心购买了30名半职督导服务，以此提升社会工作服务质量，促进社会工作机构专业化的发展。2008年3月，深圳市政府购买的香港社会工作督导与深圳岗位社会工作者同时上岗，社会工作机构督导的直接模式（又称为“跨境督导模式”）试点在深圳全面推开。之后，在由岗位社会工作向项目社会工作发展过程中，深圳市政府继续向香港多家专业服务中心购买督导服务。同时，香港督导大规模地向深圳一线社会工作者提供专业督导服务。比如，一个香港督导通常每个月提供10天的督导工作时间，每个香港督导一般督导9～14个新入职的深圳社会工作者，每个社会工作团队可以接受香港督导服务的时间是两年。

有了深圳市社会工作事业顺利发展的经验，东莞市作为推进社会工作发展的试点之一，也积极引入社会工作督导制度，聘请香港的资深社会工作者担任社会工作督导，2009年共聘请了9名香港督导，2010年增聘至16名，进一步充实了督导力量。到2019年，东莞市共有25名香港督导对一线社会工作者进行全方位的“传、

① 张洪英．社会工作督导机制建立完善的十年．中国社会工作，2022（31）．

帮、带”，帮助社会工作机构和社会工作者树立专业价值观，开展培训和示范性实训，传授社会工作知识和技巧，指导社会工作者开展专业服务，充分发挥督导在社会工作实务中的重要作用，有效指导社会工作试点各项工作的开展。[①]

早期，社会工作服务机构通过“师徒跟班制”的方式培育出一批“内生”督导，为本土督导的成长与发展奠定了基础。2013 年，中国社会工作联合会社会工作师委员会启动实施“全国社会工作督导人才培养计划”，该计划以专业课程培训、实务训练、进修学习等三种方式在全国重点培养见习督导、初级督导、中级督导和高校实习督导等专业人才。同时，中国社会工作教育协会也组织了全国规模的社会工作督导人才培训。深圳市自 2009 年开始建立社会工作专业督导体系，到 2014 年，率先实现了本土督导人才全覆盖。而上海、北京等地则通过“学院式培训”方式培育本土督导。最初这些年，我国社会工作督导走的是一条从“借用外力”迈向“依托内生力”的发展道路。

先发地区本土督导登上舞台后，社会工作督导发展进入了“跨域支援”阶段，即先发地区通过培训和实地督导形式支持和支援后发地区，如深圳支援新疆、广州支持甘肃和宁夏等。多元化的本土社会工作督导模式也逐渐产生，如广东双百计划的“协同行动”式、基层社工站建设背景下的政校战略合作督导式、疫情防控期间探索的跨域跨专业跨部门线上线下联合督导式等，精准回应了我国社会工作实务发展需求。[②]

第一节 督导的角色定位

在社会工作领域中，督导具有教育、训练、监督，以及发挥教育、训练、监督作用的人等多重含义。不同的社会服务机构对督导的角色要求以及对督导的职责规定存在一定的差异，但不管这些要求和规定有多么不同，督导工作的目的和功能总体上是一致的。

一、督导者（督导）的定义

美国《社会工作百科全书》收录了阿尔弗雷多·卡杜山对社会工作督导者（supervisor in social work）的定义，即：“社会工作督导者是机构的行政人员，机构授权他（或她）指导、协调、提高和评估被督导者的工作。为了完成这一职责，

① 赵静．社会工作督导实务手册．北京：中国社会出版社，2019：23-24.
② 张洪英．社会工作督导机制建立完善的十年．中国社会工作，2022（31）.

督导者要与被督导者形成一种积极的关系，以此为基础，发挥行政、教育和支持功能。督导者的最终目标是，依照机构的政策和程序，尽可能为机构服务对象提供数量和品质都最好的服务。"① 这一定义强调了督导者的身份是社会服务机构的行政管理人员，督导者对被督导者的工作负有责任，督导活动的最终目标是通过提高被督导者的服务水平，为机构的服务对象提供质和量均优的服务。另外，这一定义特别强调，为了督导功能的发挥，督导者与被督导者之间要建立积极的工作关系。

在美国，社会工作督导的一个核心理念是训练有素、具备更多知识和技巧的专业人士指导其他掌握较少知识和技巧的人员，以助其开展实务，获得成长。尽管督导有许多不同的模式，但督导者与被督导者之间积极的工作关系（positive supervisor-supervisee working relationship）、督导者与被督导者的双向互动（parallel process）以及督导者的文化胜任力（cultural competency）是被普遍强调的。

《加拿大社会工作百科全书》在对督导的定义中首先就强调了督导是一种关系（relationship），这种关系在助人过程中被当作一种工具来使用。更进一步地说，督导在临床社会工作中是"督导者与被督导者互动的过程，督导者被指派去帮助和指导被督导者在教育、行政以及支持领域里的实务工作"②。简言之，督导是督导者在实务领域中帮助被督导者的一种互动关系。

在我国的社会服务机构中，社会工作督导也强调经验丰富的资深社会工作者对初级社会工作者以及实习生的指导和帮助，在督导的理念和目标上与西方国家相似，但督导者与被督导者之间积极的工作关系以及督导者的文化胜任力并不像在西方国家那样被强调。例如，全国社会工作者职业水平考试教材对社会工作督导的定义是："专业训练的一种方法，它是由机构内资深的工作者，对机构内的新进入的工作人员、一线初级社会工作者、实习学生及志愿者，通过一种定期和持续的监督、指导、传授专业服务的知识与技术，以增进其专业技巧，进而促进他们成长并确保服务质量的活动。"③ 这一定义指明了督导者与被督导者的身份、督导的目的，但没有提及督导者与被督导者之间建立积极的工作关系的重要性，这在一定程度上是因为当前我国社会服务机构中的督导具有明显的行政等级色彩，督导者与被督导者之间的工作关系在实践中很容易成为一种指挥和从属的领导关系。在此意义上，西方国家对社会工作督导特质的强调对于思考和完善我国社会工作督导具有一定的借鉴意义。

---

① MIZRAHI T，DAVIS L E. The encyclopedia of social work. New York：Oxford University Press，2008：21.

② TURNER F J. Encyclopedia of Canadian social work. Ontario：Wilfrid Laurier University Press，2005：391.

③ 全国社会工作者职业水平考试教材编写组．社会工作综合能力（中级）．北京：中国社会出版社，2014：307.

二、督导者和被督导者

（一）督导者

督导者是在社会服务机构中从事督导工作的人。通常，督导工作由那些受过专业教育、具备丰富的工作经验、具有一定的行政领导能力的资深社会工作者担任。

根据督导者的来源，督导可分为内部督导、外聘督导和外派督导。内部督导是由社会服务机构聘请机构内部人员，如机构资深的社会工作者或行政领导来承担督导工作。外聘督导是由社会服务机构聘请机构外部人员，如高校社会工作专业教师、业内资深社会工作者等来担任督导者。外派督导通常是由地区社会工作协会或者社会服务机构的上级主管部门（如民政部门）遴选和确定辖区内资深社会工作者担任督导，并将之派遣到不同社会服务机构中承担督导工作。

在社会工作实务中，一名合格的督导者不仅要具备相应的知识、技巧和价值理念，而且要熟知社会服务机构的业务与社会政策，还要保持文化敏感性，懂得反思（reflection）与反身（reflexiveness）思考。“反思是社会工作者于实践过程中关注其经验，并通过有机地反映、确认、重整他们采取行动时所产生的经验，来发展和加强其对社工专业的了解和认识。反身是强调所有的社会知识都是主观的，因为它们依赖于历史和社会背景之内每个人自身及其之间的交往，也是建构社会知识的主体。”① 这就要求在督导过程中，督导者要谨记“人在情境中”，注意根据被督导者所处的社会文化环境来理解被督导者的行为和态度，以接纳、支持的态度，对被督导者的工作技能、理念和态度进行指导，促进被督导者的成长。此外，还要重视督导过程中的权力关系与文化敏感性。

就本土社会工作督导实践来看，督导者在专业知识或实务经验方面总体上有待提高。例如，高校社会工作专业教师被聘为社会服务机构督导者是当前较为普遍的现象，其优势是具备较强的专业理论知识，但他们通常缺乏在社会服务机构工作的实务经验，这使他们在回应一线社会工作者的实务问题方面往往力不从心。与之相反，机构行政领导承担督导者角色，其优势是对机构和行业发展状况了解较多，但他们容易从机构管理层面开展督导工作，不仅在专业性方面有所欠缺，而且不利于发挥督导的教育功能和支持功能。这些状况在一定程度上反映了本土社会工作的职业化发展尚处于初级阶段，优秀的督导人才稀缺。

值得一提的是，在本土化社会工作督导人才的培育方面，深圳市做了较好的探索，形成了稳定的督导模式，并构建了一套包括督导职业资格考核、职业准入、审核评估、在岗培训、岗位晋升以及退出等各个环节在内的相对完整的机制。深圳市

---

① 梁镗烈．内地社会工作督导与教学札记．社会工作，2010（3）．

本土督导人才队伍包括督导、督导助理两个级别的社会工作者，其中督导又分为高级督导、中级督导和初级督导三个层次，即其是一个从有能力者到专家的发展过程，在此过程中对行政、教育和支持功能的要求逐步提高。在从督导助理向初级督导晋升的过程中，选取部分优秀督导助理担任见习督导。见习督导需取得助理社会工作师或以上职业资格，具有一年以上一线社会工作经验（针对有社会工作专业教育背景者）或两年以上社会工作经验（针对有社会工作相关专业教育背景者）。初级督导从见习督导中经过考试差额淘汰产生，原则上初级督导需取得社会工作师资格（试点阶段可放宽至助理社会工作师资格）。

（二）被督导者

被督导者是指在社会服务机构中接受督导训练的人员。他们在督导者的指导下开展专业服务，在此过程中训练和提升专业知识、技巧和价值理念。

社会服务机构的被督导者主要有四类：一是服务年限较短、实务工作经验尚浅的初级社会工作者；二是新入职的社会工作者；三是社会服务机构的实习生；四是志愿者。这四类被督导者具有一些共同点，如实务经验欠缺，服务技能不高，不熟悉相关政策，需要专业的指导和帮助。

在接受督导时，被督导者通常对督导者的工作开展以及督导者应具备的条件有一定的期待。例如，被督导者期待督导者的专业素养全面、专业能力扎实、理论知识与实践经验兼备；渴望获得督导者的理解、支持和鼓励，希望督导者可以站在被督导者的角度来考虑和处理问题，切实了解被督导者的需求与困境。在中国本土社会工作的发展中，被督导者对督导者的角色有着更多的期待。例如，渴望督导者可以推广社会工作服务，提高社会工作者的社会认同度及社会地位；期望督导者成为社会工作者与上级管理层，特别是与政府部门之间的沟通桥梁，减少社会工作者不必要的事务性工作；期盼督导者能够以机构的名义，为专业服务的开展整合并提供更多的资源。[①] 这些期待与当前中国社会工作的职业化程度低、社会认同度和知晓度不高的大环境紧密相关。

（三）督导者与被督导者之间的关系

督导者与被督导者之间是一种协作伙伴关系，双方通过组成建设性的合作联盟，共同努力，达成社会服务机构的工作目标。在这种协作关系中，督导者对于发展和维持积极正面的工作关系负有更多的责任[②]。这要求督导者做到以下几点：

---

① 沈黎，王安琪．本土社会工作督导运作状况研究：基于上海社会工作实务界的探索性分析．社会工作，2013（1）.

② 更详细的讨论可参见：博戈，韦达．社会工作实习督导实务：理论与过程（第2版）．北京：社会科学文献出版社，2011：69-84.

(1) 督导者能够及时给被督导者提供帮助。通常，被督导者遇到难题和困境时，需要能及时联系到督导者，并能够容易地与督导者进行互动，而不是在有需要时联系不到督导者，这一点对于督导者与被督导者之间建立良好的工作关系非常重要。通常，有规律的督导会议有助于督导者与被督导者建立稳定的联系。督导者可以通过确定督导会议的时间和次数，为督导活动提供稳定性和规律性，以便被督导者知道多长时间可以见到督导者一次。另外，明确在规定的时间和安排之外，当被督导者遇到紧急情况时如何找到督导者，这一点在督导过程中也十分必要。

(2) 督导者能够有效地给被督导者提供支持。这种有效性体现为督导者提供的支持是被督导者需要的，这就要求督导者能够准确判断和回应被督导者的需求。一般来说，督导者判断和确定被督导者在物质资源方面的需求相对比较容易，而准确把握被督导者在心理、情绪方面的需求则不太容易，这要求督导者在与被督导者接触交流时秉持热情、理解、真诚、尊重的态度，接纳被督导者，并能敏锐地感受到被督导者的个别化需求。

(3) 督导者能够鼓励被督导者积极参与督导活动，提高其自主性和独立性。督导者可以通过鼓励被督导者表达自己的想法和需求、让被督导者参与督导计划的制订等方式来实现这一点。

(4) 督导者能够对被督导者的工作情况进行评估并给予反馈。督导者要重视对被督导者的优缺点、取得的成绩与存在的不足进行中肯的评价，并给予建设性的意见反馈和明确的期望，这不仅有利于提高被督导者的实务能力，帮助其成长，而且有利于提高督导者与被督导者之间协作关系的满意度。

三、督导伦理的内容

督导伦理主要指督导者作为资深的社会工作者在督导时所要遵守的专业伦理。督导伦理主要包括督导者的胜任力、督导中的专业关系、督导中的保密伦理三个方面。

(一)督导者的胜任力

督导者应首要具备从事督导工作的相应能力，从而保证督导的质量。督导者的胜任力，即要具备助人者需要的知识、技能和态度。由于被督导者对督导者是有期待的，这就对督导者提出了更高的要求。督导者一方面要具备社会工作专业领域的基本知识；另一方面要在很多专业技能方面具备能力和一定的经验，帮助被督导者在专业上有所提高。一个案主前来求助，新入职的社会工作者可能会在建立关系、倾听等方面存在困难，督导者也许不只需要与被督导者谈论相关情况，还要现场观察、听录音、看录像或者通过单向镜观察被督导者的情况，可能需要通过角色扮演给被督导者示范怎样和案主接触，以及怎样诊断案主的问题。当诊断案主有心理问题或心理障碍的可能性时，建议被督导者推荐案主找到相关的心理咨询/治疗师或到医院精神科寻求帮助。以上这些是督导者应尽的责任，督导者要指导被督导者在这些方面进行学习。①

（二）督导中的专业关系

在督导过程中，当督导者和被督导者发展了专业关系之外的关系（如性关系或者朋友、师生、同事、领导等其他关系），并且由于这几种关系之间的相互矛盾而使角色出现冲突时，双重或多重关系就发生了。督导者要对这一议题保持敏感，也要熟知专业伦理的相关规定，双重或多重关系可能会对被督导者造成剥削或潜在的伤害。比如某社会工作机构的总干事，又是所有员工的督导者，被督导者会不会害怕自己在领导面前暴露弱点，督导者会不会把督导中发现的问题带到工作中，或者把工作中对同事的看法带到督导中，这些都是双重或多重关系带来的影响，这时候不仅仅需要督导者和被督导者讨论双重或多重关系对督导的影响，更需要督导者自己清醒地意识并洞察督导关系中的动力和影响，尽可能找到其他一些方式来弥补这种双重或多重关系造成的缺陷。②

（三）督导中的保密伦理

督导者在督导工作中要帮助被督导者对保密议题保持敏感性，包括什么地方需要保密、如何保密、可以在什么范围内说、可以跟谁说，以及如何处理应急情况。在需要突破保密原则时，督导者有责任指导新手社会工作者了解怎么突破、可以做什么、不可以做什么、突破的限度等等。

督导者和被督导者的关系开始时，双方要签署督导协议，其中要明确督导目标、督导关系的建立、评估的方法和要遵守的伦理。如果开展集体督导，那么首先要在集体中建立集体保密原则。另外，被督导者在接受督导的过程中会提供自己工作的录音、录像以及逐字稿等，这些都是督导者需要保密的内容。

四、督导的功能

督导有三大功能：行政功能、教育功能和支持功能（见表 7－1）。

其中，行政功能是指督导者在被督导者的招募、工作安排、培训、工作监督、工作绩效评估、授权和协调等管理工作中担负指导责任，确保机构的服务目标得到

---

① 赵静．社会工作督导实务手册．北京：中国社会出版社，2019：170.

② 同①172.

实现。

教育功能是指督导者帮助被督导者提高专业服务能力和服务水平，更好地理解社会工作的价值观，增强他们开展实务工作以及解决问题的能力，使他们在专业上获得发展。

支持功能则是督导者通过自己丰富的经验和人格魅力，对被督导者在工作中出现的负面情绪、心理压力、认知困惑等进行疏导，提供心理、情感以及人际关系支持，引导他们有效地面对和缓解工作中的压力，使其正确地认识自我、面对工作。

表 7－1　　督导功能的分析

	行政功能	教育功能	支持功能
关注点	组织管理的障碍	被督导者知识与技能上的不足	被督导者情感上的障碍
提供	渠道和资源，协助被督导者完成工作	工作所需要的知识和技能	心理方面和个别关系方面的支持，促使被督导者动员个人力量达成良好的工作表现
权力来源	地位、奖励及惩罚能力	专业知识及技巧	友情和关怀等正面的工作关系
强调	效率	职称和胜任力	被督导者了解组织和树立正确的工作态度

资料来源：全国社会工作者职业水平考试教材编写组．社会工作综合能力（中级）．北京：中国社会出版社，2014：309.

尽管督导的三项功能在导向上有所不同，但无论是督导的行政功能，还是教育功能和支持功能，其最终目标都在于促进社会工作者的成长，协助其发挥潜能，提升服务质量，完成机构使命。

具体到中国本土情境，在对督导的行政功能的认知方面，一线社会工作者担心督导的行政功能会让督导者与被督导者之间的关系变成上下级关系，其结果是被督导者在督导者面前压力较大，小心谨慎，隐藏自己的不足，甚至避免与督导者接触；在对督导的教育功能的认知方面，由于当前较大比例的一线社会工作者并没有接受过正规系统的社会工作专业教育，因此其在社会工作的专业理念、知识和技巧方面对督导者有较强的需求；一线社会工作者通常认为督导的支持功能主要体现在督导者对社会工作者的情绪及情感的支持方面，这是因为当前中国社会工作职业发展状况（如社会知晓度较低、报酬较低等）使社会工作者的职业压力较大①。一些社会服务机构经常会出现督导的行政功能与教育功能、支持功能相互分离的现象，这一现象有利也有弊。从利处来看，在行政功能分离的情况下，督导者对被督导者进行教育和支持的效果更好，被督导者更容易畅所欲言。从弊端来看，督导者无法发挥其行政功能，被督导者缺乏相应的约束和管理，可能导致督导工作无法正常开

① 沈黎，王安琪．本土社会工作督导运作状况研究：基于上海社会工作实务界的探索性分析．社会工作，2013（1）.

展。因此，如何有效整合督导的三大功能，使督导者充分承担其责任，顺利开展督导工作，完成相应使命，值得进一步思考。

第二节　督导的内容与模式

在不同的社会服务机构中，督导的内容会有所侧重，督导模式也会千差万别，但有一些常见的督导内容和模式可供参考。

一、督导的内容

（一）行政性督导的内容

行政性督导的意义在于妥善地执行工作，维系机构的操作及问责，监督和保障项目执行的进展和质量。在行政性督导工作中，督导者通过面试等途径，招募和甄选合适的社会工作者；对新入职的社会工作者进行安置和引导，为他们了解和融入机构提供信息与帮助；根据新入职人员的状况以及机构业务的需要，对新入职人员的工作进行安排和分配，并制订相应的工作计划；根据员工的经验和成熟状况以及工作的性质，赋予员工不同程度的权责；协调不同员工、不同部门，以及本机构与其他机构之间的工作；扮演上传下达的角色，将被督导者的想法、建议传递给行政主管，并将机构的决策、规划传达给被督导者，协助信息的顺畅传递；对员工的工作状况进行监督和检查，对他们的工作绩效进行评估；扮演缓冲器角色，处理服务对象与机构之间、服务对象与被督导者之间、被督导者彼此之间、被督导者与机构之间，以及机构部门之间的冲突和矛盾；扮演倡导者角色，向机构反映被督导者的利益、需求和问题，作为被督导者的利益代表者与机构行政主管进行沟通，参与到机构政策的制定工作中；扮演机构变迁的推动者角色，推动行政管理者的决策变迁，并帮助被督导者接受和适应变迁。

（二）教育性督导的内容

教育性督导的目的在于协助社会工作者的自我及专业发展。在教育性督导工作中，督导者要将本机构的行政架构和运作状况，以及本机构与其他机构、社区、政府部门之间的关系等信息告知被督导者，让其熟悉机构的内外部环境；帮助被督导者认识社会问题，比如社会问题的形成原因及其对个体和家庭的影响，政府部门针对这些社会问题的相关政策，机构的服务如何处理和解决这些社会问题，等等；帮助被督导者了解和认识服务对象，提供与服务领域和服务对象相关的知识；教授被督导者有关社会工作实务过程的技术和方法，比如社会工作者如何与案主进行沟通，如何分析案主的问题，如何寻找突破口来解决案主的问题，如何为案主寻找物质资源，等等；教育被督导者加强专业化意识，纠正偏见态度，树立起尊重、同理、自决、保密、接纳的社会工作价值观；帮助被督导者形成一套关于自身的知识，让其对自己的工作以及一些专业性问题进行反思；针对被督导者在工作中遇到的具体问题和障碍，提供专业性咨询建议。

（三）支持性督导的内容

在社会服务机构中，社会工作者尤其是缺乏经验的新入职社会工作者经常面对各种压力，产生一些负面情绪，比如：服务对象情绪不稳定，对社会工作者过度依赖；服务对象过多，社会工作者的时间、精力分配不过来；难以为服务对象找寻到物质资源支持；工作环境不好；机构运行存在诸多问题，前景黯淡；领导者缺乏才能，用人不当；同事关系处得不好；工作绩效评估严苛；工资待遇低，生活艰难；社区对社会工作者的工作存在质疑；公众不了解社会工作；等等。

对于被督导者在压力面前表现出来的焦虑、急躁不安、沮丧、没有自信、职业倦怠感、无能为力感、对工作对象失去同理心、对工作岗位降低认同感等状况，督导者需要给予必要的干预，对被督导者进行心理疏导，并提供精神力量和情感支持。例如，利用自己相似的经历和对专业的了解，给予被督导者情感支持；表达对被督导者的信任，相信被督导者能够将工作做好，鼓励其继续投入社会工作当中，培养其专业认同；引导被督导者认识自身的优点和已经取得的进步与成绩，增强其自信心，鼓舞其士气；给被督导者提供必要的训练，帮助其适应工作压力，并学习处理压力和负面情绪的方法；与被督导者建立良好的互动关系，让其感受到督导者的真诚和关怀，有安全感和归属感。

二、督导的模式

（一）根据互动关系、内容、议题分类

根据督导者与被督导者之间的互动关系（是督导者担负更多的责任，还是被督导者担负更多的责任）、督导强调的内容（是学习，还是实务）和关心的议题（是一般性议题，还是特殊性议题），社会工作的督导模式可以分为以下四种类型。

1. 师徒式督导

在这种督导模式中，督导者与被督导者形成一种类似师徒的“教”与“学”的互动关系，督导者扮演导师的角色，指导被督导者对一般性议题的学习，并对其进行教育训练。但从专业的角度来看，主要的责任在被督导者身上。正所谓“师傅领进门，修行靠个人”。

2. 训练式督导

在这种督导模式中，被督导者是受训者，接受督导者的训练和教育。这种模式同样强调学习过程，关注一般性议题，但在专业方面，督导者承担的责任更多。

3. 管理式督导

督导者与被督导者形成一种明确的上下级关系。督导者是上级主管，具有权威性。在这种模式中，督导者重视实务工作的完成情况，并关注特殊性议题。在这种上下级的互动关系中，督导者承担监督管理被督导者的职责，其责任相对更多。

4. 咨询式督导

在这种督导模式中，督导者与被督导者并不具有明确的指导与被指导的责任关系，督导者只是单纯的咨询者，被督导者根据自身的工作情况和遇到的实务问题，主动寻求督导者的帮助，督导者就被督导者提出的特殊性议题给出建议，并对其实务工作提供指导，以协助其按质按量地完成服务工作。在这种互动关系中，督导关注的是特殊性议题，被督导者自身担负更多的责任。

图 7－1 从督导注重的内容以及督导责任的分担情况两个维度对上述四种督导模式进行了划分，当然，这种划分只是相对的，是一种理想型。实际的督导模式并不是一成不变的，而是会随新员工的经验积累和成长而发生演变。另外，我们需要认识到的一点是，督导的成效不仅与督导者的知识、专业技能、经验和行政能力密切相关，也与被督导者的学习能力、学习态度、动机、投入程度以及配合情况极为相关。简言之，督导的成效是督导者和被督导者互动的结果。

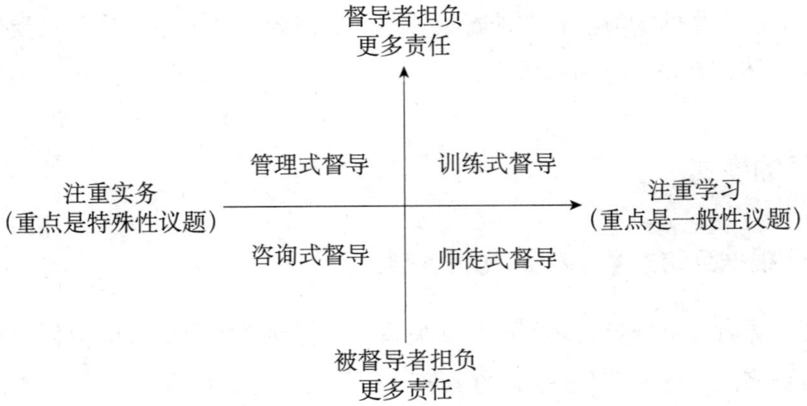

图 7－1　督导模式的类型学划分

（二）根据被督导者的数量分类

在督导实践中，根据被督导者的数量，社会工作的督导模式又可分为以下几种。

1. 个别督导

个别督导是指一名督导者与一名被督导者形成配对的督导关系，以面对面的方式定期、定时地进行讨论会谈，如每月1次或每周1次，每次1～2小时，会谈讨论的内容可以是被督导者在提供服务时遇到的各种程序性的问题、技巧上的问题以及专业伦理和社会政策方面的问题等。个别督导是社会服务机构一直使用的传统督导形式。

个别督导的优点：督导者与被督导者可以不受干扰地解决某个议题，双方有时间进行自由充分的讨论；督导者与被督导者之间的紧密联系有利于督导者及时全面地了解被督导者的工作进度和个人感受状况；督导者可以针对被督导者工作中出现的问题进行个别咨询和指导，甚至可以提供有效的服务示范，保证督导的效果。

个别督导的缺点：被督导者的需求通常有相同或相似之处，针对每一名被督导者采用相同的个人督导方式，容易出现督导工作的重复；督导的效果深受督导者个人经验和技能的限制，被督导者只接受来自一名督导者的指导和信息，当这些指导和信息存在不准确之处或者无法有效解决被督导者的问题时，督导的效果将大打折扣；督导者与被督导者在单一密切的互动中容易结成同盟关系，形成利益上的捆绑，很可能既无益于工作的开展，也不利于服务机构的发展；被督导者只接受单一的督导指导，可能会限制被督导者的视野，不利于被督导者获得更多的知识和技能。

2. 一对督导

这种督导形式可以应用于以下情境：一名督导者同时指导两名经验及背景相似的员工，比如两名没有经验的新员工；两名有同等经验或者相同背景的员工相互学习，督导者在一旁观察和指导；一名没有经验的员工接受一名有经验的员工的指导，而有经验的员工接受督导者的指导。这种督导形式可以发挥同伴教育的功能。

3. 小组督导

小组督导又叫团体督导，是一名督导者对数名被督导者进行指导，以小组的方式定期、定时地举行讨论。在小组督导形式中，小组成员将自己在社会工作实务中遇到的问题和障碍放到小组会议中进行讨论，督导者带领小组成员共同寻找解决问题、消除障碍的方法。需要注意的是，在小组督导中，小组成员不宜过多，通常需要控制在2～8人，否则会影响督导的效果。

小组督导可以应用到以下三种情形中：督导者直接督导一组有相似背景和相同需求的被督导者，由督导者直接负责安排和指导；由一组成熟的、有经验的员工相互督导和学习，督导者在一旁观察和指导；小组完全由一组背景和经验不同的员工组成，督导者负责带领和指导。

小组督导的优点在于：被督导者除了向督导者学习之外，还有机会向其他被督导者学习，分享工作经验和技巧；对于单个小组成员遇到的实务问题，小组成员可以发表不同的看法，提供不同的建议，小组成员之间的讨论也会激发新想法，这些都有助于避免个别督导可能产生的偏差和误导；小组督导还可以为小组成员提供角色扮演和服务示范的机会；被督导者很容易在小组中获得情感支持，从而建立起一种团队认同感和归属感，甚至在督导结束后，这种支持关系仍会继续保留；小组成员的集中督导可以节省人力、物力和财力。

小组督导的缺点在于：当小组成员人数较多时，小组成员与督导者的沟通和交流难以有时间保障，很难就一些细节问题展开深入讨论；督导者可能没有足够的精力对单个被督导者的特殊问题给予详细指导；一些不太积极活跃的被督导者的问题可能会被忽视；对督导者的组织能力和领导经验要求较高，如果督导者不能很好地掌控小组的会议讨论，就很容易出现混乱，小组成员之间也较易产生冲突，导致督导效果不佳；缺乏隐私空间，容易引发被督导者的防卫心理，无法触及督导的核心议题，妨碍督导工作顺利开展。

4. 同辈督导

需要特别提及的是，在社会服务机构的同事之间，同辈督导是一种常用的督导方法，不同于个别督导、小组督导，同辈督导倡导平等参与、相互支持。同辈督导，又称同侪督导，由一群实务经验丰富、较为成熟的社会工作者开展，他们在价值观念、工作方法等方面有共同的需求。在每次督导交流讨论会上，可选择一名成员承担讨论会的主持工作，安排参与者相互交流，研讨个案处遇，分享实务经验，参与者以完全平等的身份自由地参与讨论，讨论的过程没有领导者的干预和控制。同辈督导一般不设特定的督导者和固定的主持人，而是让参与者相互学习，参与者的收获主要来自朋辈间的讨论和回馈。同辈督导具有诸多优势，它可以提高参与者的责任心和自信心，有效激发每一名参与者的积极性，充分展现每一名参与者的个性，并且有助于在参与者之间形成支持性的社会关系网络，达到知识和技巧共享以及价值观念共鸣。但是需要注意的是，同辈督导对参与者自身的素养有较高的要求，如果参与者在知识、技巧和经验方面都比较薄弱，那么同辈督导的效果将会非常有限。另外，参与同辈督导的人数应有一定的限制，比如限制在八人以内，以确保参与者有充分的时间进行讨论。

（三）根据督导的场域和媒介分类

根据督导工作开展的场域和媒介，社会工作的督导模式可以分为现场督导、网络和电话督导[①]。

1. 现场督导

现场督导是指督导者实际参与被督导者提供服务的过程，通过现场参与、亲自

① 赵静．社会工作督导实务手册．北京：中国社会出版社，2019：52.

观察来指导被督导者，必要时督导者可直接介入服务为被督导者进行示范。这种督导模式将督导互动推进到距离工作现场更近的地方，使督导者的指导更加直观和及时，有利于被督导者问题的有效解决和个人的学习反思。

2. 网络和电话督导

网络和电话督导是指将网络和电话作为督导的媒介而进行的远程督导形式。这种督导形式包括的内容非常广泛，可以包括教育性、行政性、情感性、支持性等方面的内容。网络和电话督导是现场督导的补充形式，打破了时空的限制，具有较强的时效性。

第三节　督导的过程和方法

社会工作督导的最终目标是帮助被督导者独立发挥专业服务功能，而这个目标的实现需要督导者在督导过程中运用特定的督导方法一步步实现。

一、督导的过程

督导是督导者与被督导者双向互动的过程。不同的学者对督导过程有不同的理解和划分。本书将督导过程划分为三个阶段：督导工作准备期、督导工作开展期和督导工作结束期。

在督导工作准备期，主要工作包括建立督导关系和签订督导协议。督导工作准备期的重要工作之一是建立起初步的工作关系，为督导工作的开展做好相应的准备。社会服务机构可以召开督导见面会，介绍督导者与被督导者认识。之后，督导者应主动与被督导者沟通交流，彼此熟悉，了解被督导者的基本情况、服务环境、实务场景以及对督导者的角色期待。在此阶段，被督导者通常对三个方面的信息非常关注：一是督导者的工作风格；二是督导者对于社会工作督导的想法；三是督导者对督导关系的期待，特别是有关督导运作程序和规则的设计。[①] 督导工作准备期的另外一项重要工作是签订督导协议，即督导者与被督导者以口头或书面的方式清楚地描述双方的权利和义务，以及确定督导的目标、形式和相关工作安排，让被督导者对督导者有正确的角色期待、对督导关系有准确的理解、对自身的权责有清晰的认知。充分的前期工作准备有利于后续督导工作的顺利开展。

在督导工作开展期，督导者与被督导者围绕个案处遇等相关议题召开督导会议，进行互动，实施督导。在督导会议的开始阶段，督导者可以通过分享个人感受

① 童敏．社会工作督导基础知识．北京：中国社会出版社，2019：145.

作为开场白，尽量营造比较宽松、开放和真诚的讨论氛围。在讨论到实务工作中的问题和问题解决方式时，督导者可以向被督导者传授服务所需要的知识和技能，分享自己的工作经验和感受，疏导被督导者的心理压力等，从而促进被督导者成长，提高被督导者的服务质量和效率。督导会议一般包括四个方面的内容：一是描述，督导者让被督导者描述实际服务的状况，目的是了解“发生了什么”，确定督导的主题。二是澄清，督导者尝试了解被督导者所觉察到的现象，理解被督导者的内心感受，关注焦点是“这意味着什么”。三是分析，督导者帮助被督导者明确那些可能成为问题的方面，比如哪些是有帮助的、哪些是没有帮助的、从中学到了什么等，目的是确定督导的问题。四是执行，由督导者协助被督导者寻找问题的可能解决方法，帮助被督导者明确往哪里走以及怎么走。[①] 督导工作开展期是督导过程中最重要的阶段。在督导会议中，督导者需要利用好倾听、同理、分享感受、鼓励支持、引导、提问、澄清、建议、忠告等支持性、引领性和影响性技巧，与被督导者建立起牢固互信的工作关系，为被督导者提供支持，促进被督导者的自我反思、自我完善和自我成长。

在督导工作结束期，督导者与被督导者一起回顾督导过程，总结被督导者的成长，评估督导工作的成效。由于受督导者使用的督导方法、被督导者的学习积极性以及机构的资源支持等各方面因素的影响，督导工作很可能存在这样或那样的问题，这就有必要对督导工作取得的成绩和存在的问题进行客观的评估。需要强调的是，督导工作评估不仅是对被督导者的工作表现、优势和弱点进行评估，而且是对督导者的工作方法、能力和成效进行评估，另外，督导者与被督导者之间的互动状况也应被纳入评估的范围。在评估过程中，督导者应鼓励被督导者积极参与其中，倾听被督导者对督导工作、督导关系的看法。在督导工作结束期，督导者还需注意和处理督导关系结束给被督导者带来的一些影响，例如被督导者对督导者产生了一定的依赖，督导关系的结束使其感到焦虑和沮丧。对于被督导者的负面情绪，督导者可以通过沟通说明、举办结束仪式等方法进行干预。

二、督导的方法

常用的督导方法有讨论、计划、日志回复、模拟示范、问题解决法、直接督导、实地观察和指导以及共同工作等。

（一）讨论

督导者与被督导者既可以就社会工作实务中的问题和障碍进行自由沟通，发表

① 童敏．社会工作督导基础知识．北京：中国社会出版社，2019：156.

各自的观点，也可以围绕某个个案的处遇展开深入的讨论。讨论的过程既是督导者理解被督导者遇到的问题、洞察被督导者的态度和价值观以及给予被督导者建议的过程，也是被督导者自我反思的过程。当然，有的被督导者善于并敢于表达自己的看法，有的被督导者习惯于隐藏自己的态度。对于在讨论中沉默寡言、应付了事的被督导者，督导者要反思自己的督导身份是否给了被督导者压迫感，这一状况在机构行政领导承担督导工作时非常容易出现。讨论的效果在很大程度上取决于督导者与被督导者的互动情况，这要求督导者在讨论过程中积极利用沟通交流的技巧鼓励和引导被督导者。

（二）计划

督导者在与被督导者充分沟通、达成共识的前提下，制订一个工作计划，规定在特定时间内需要完成的工作和达到的目标，为被督导者提供行动纲领，并据此来评估被督导者的工作。工作计划的制订应让被督导者积极参与，并且要考虑被督导者和机构的实际状况，切勿好高骛远。目标过高的工作计划可能会让被督导者产生畏难情绪，而且一旦目标没有实现，就可能影响被督导者的自信心。

（三）日志回复

督导者通过批阅被督导者的工作日志，查看和回应被督导者在工作中遇到的问题及其需要，据此对其进行指导和帮助。日志回复的优势是督导者可以关注到每个被督导者的工作情况和面临的问题，但其劣势是督导者与被督导者之间的互动不如当面讨论那么直接、及时、迅速。另外，如果一个督导者督导的人数较多的话，那么回复被督导者的工作日志将会是一项较为繁重的工作。从被督导者的角度来看，使用日志回复的督导方法对其文字表达能力有一定的要求，被督导者能否用文字准确、全面地表达自己的工作情况直接关系到督导活动的效果。

（四）模拟示范

督导者使用角色扮演、示范、模拟练习的方法引导被督导者进行情景式观察和模仿学习，通过具体案例，以同行参与者身份，给予专业技巧的示范和参与式引导，帮助被督导者找到问题和障碍所在，并探寻相应的解决方法。这种督导方法能够帮助被督导者深刻认识自己遇到的问题，并让其有机会模仿复杂的问题处遇技巧，是一种较好的促进被督导者成长的方法。

（五）问题解决法

这种方法以具体问题解决为导向。就某一个实际问题，督导者与被督导者个人或者被督导者小组进行广泛、深入的商讨，找出解决这一问题的对策方法。督导者可以用小组研讨、头脑风暴等形式来引导被督导者积极思考解决问题的方法。

（六）直接督导

督导者通过服务示范、下达指令等方式直接帮助被督导者解决问题，提高他们的服务质量。当被督导者的知识、技能极为欠缺而案主的处遇又特别棘手或者遇到的问题非常严峻的时候，直接指导是一种较为合适的督导方式，它有助于快速、有效地解决问题，降低风险。

（七）实地观察和指导

这种督导方法是用单面镜将两个房间隔开，被督导者在一个房间里为服务对象提供服务，督导者在另一个房间里通过单面镜对正在发生的行为进行即时观察，等到服务结束后，督导者与被督导者就服务过程中的问题进行讨论。当然，如果有必要，督导者也可走入服务现场，干预正在进行的服务，为被督导者提供现场指导，或者被督导者通过通信设备向督导者求助。需要强调的是，使用实地观察和指导的督导方法需要征得服务对象的同意，请他们签署知情同意书。

（八）共同工作

这种督导方法是安排督导者与被督导者一起工作，共同分担一项工作任务，督导者与被督导者在工作中都扮演积极的角色，共同评估服务对象的处遇、制订工作计划、实施服务方案。通过这一方法，被督导者有机会直接观察和学习督导者在实务活动中使用的技巧，同时督导者能直接了解被督导者的工作方式、价值理念等。在这种督导方法中，督导者与被督导者之间很可能存在不平等的权力关系，导致二者之间平等的工作关系较难实现，这提醒督导者在共同工作过程中坦然面对自己的工作和被督导者的工作的优势与不足，尽可能鼓励被督导者表达自己的看法、增强自我意识，努力建构一种互相包容、相互学习、责任共担的协同行动共同体。

上述督导方法并不是彼此分离的，而可以根据督导工作的需要结合使用。另外，随着科技的发展，录音、录像、视频会议系统等诸多现代技术设备被运用到社会服务机构的督导工作之中，督导方法不断丰富和改善。

复习思考题

1. 对于社会服务机构而言，督导为什么重要？
2. 谈谈你对督导者与被督导者之间关系的理解。
3. 有效的督导关系需要督导者做到哪几点？

4. 谈谈你对督导伦理中双重或多重关系的理解。

5. 简述社会工作督导的功能。

6. 简述社会工作督导的内容。

7. 简述社会工作督导的模式及其优缺点。

8. 社会工作督导的方法有哪些?

本章参考书目

1. 梁镗烈．内地社会工作督导与教学札记．社会工作，2010 (3).

2. 博戈，韦达．社会工作实习督导实务：理论与过程（第 2 版）．北京：社会科学文献出版社，2011.

3. 付立华，陈为雷．社会工作行政．济南：山东人民出版社，2012.

4. 全国社会工作者职业水平考试教材编写组．社会工作综合能力（中级）．北京：中国社会出版社，2014.

5. 沈黎，王安琪．本土社会工作督导运作状况研究：基于上海社会工作实务界的探索性分析．社会工作，2013 (1).

6. 斯基德莫尔．社会工作行政：动态管理与人际关系（第 3 版）．北京：中国人民大学出版社，2005.

7. 徐明心，邹学银．社会工作督导的渊源：历史检示．中国社会工作，1998 (5).

8. 张曙．社会工作行政．北京：社会科学文献出版社，2002.

9. 张洪英．社会工作督导机制建立完善的十年．中国社会工作，2022 (31).

10. 赵静．社会工作督导实务手册．北京：中国社会出版社，2019.

11. 童敏．社会工作督导基础知识．北京：中国社会出版社，2019.

12. MIZRAHI T，DAVIS L E. Encyclopedia of social work. New York：Oxford University Press，2008.

13. TURNER F J. Encyclopedia of Canadian social work. Ontario：Wilfrid Laurier University Press，2005.

推荐阅读书目

1. 卡杜山，哈克尼斯．社会工作督导（第 4 版）．北京：中国人民大学出版社，2008.

2. 吴水丽．社工先行者印记：深圳市社会工作专业督导案例汇编．北京：中国社会出版社，2010.

3. KADUSHIN A. Supervisor-supervisee：a survey. Social work，1974（19）.

4. MUNSON C E. Social work supervision：classic statements and critical issues. New York：Free Press，1979.

第八章

社会工作人力资源管理

基本概念

人力资源管理　员工管理　人力资源策划　员工招聘　员工培训　员工绩效评估　志愿者管理　实习管理　实习生的招募　实习协议　实习生的督导　实习生的评估

本章要点

1. 社会服务机构的人力资源管理是对机构的员工、志愿者和实习生等人员进行的任用、培训与发展、激励和维持的活动。

2. 社会服务机构的员工管理涉及人力资源策划、员工的招聘和选用、员工的培训和发展、员工的绩效评估以及员工的报酬。

3. 志愿者管理的一般性步骤是：志愿者需求评估与方案规划、志愿者工作发展与设计、志愿者招募、志愿者面谈与签约、志愿者迎新说明与训练、志愿者督导、志愿者奖励表扬、志愿者评估。特别要强调，社会服务机构管理要重视志愿者与机构关系的维系。

4. 实习生是社会服务机构重要的人力资源，加强对实习生的管理极为重要。在招募实习生之前，社会服务机构应有一个实习岗位规划，为实习生的招募工作提供指导。对于被录用的实习生，机构可以与其签订书面的实习协议。此外，对实习生进行培训和督导十分重要。

课前准备

查阅图书资料，了解人力资源管理的基础知识，如人力资源包含的模块、人力资源管理的一般过程等；通过网络等途径浏览社会服务机构人力资源管理方面的资料，如机构人事政策、人员培训活动、招聘启事等。

老王在一家儿童福利院负责机构的人事行政工作。由于财务部会计小张一个月前辞去了工作，机构急需招募一名新会计来填补这个职位。当初，老王在接到小张的辞职报告之后，就立即向机构领导汇报了情况，并跟财务部主管进行了沟通，让财务部暂且安排其他员工代为处理小张负责的业务，并商定了相应的激励方案。之后，在得到上级领导批准的情况下，老王让人事部在机构官方网站上发布招聘信息，开始了新会计的招聘工作。这一个月来，人事部收到了 80 多份求职简历。周一早上，老王通知办公室、业务部、财务部、战略规划部等部门的主管到会议室开会，筛选并确定符合条件的应聘者，并对后续的笔试和面试事宜进行详细安排。老王所做的工作属于社会服务机构的人力资源管理范畴。除了材料中的员工招募和选用之外，对员工进行培训、督导、调任、绩效考核等，也都是机构人力资源管理的重要环节。

在社会服务机构中，人力资源管理是“对机构的专业人员、半专业人员和志愿人员的任用、培训与发展、激励和维持的活动”①。在社会服务机构的业务开展和服务提供过程中，人力资源发挥着极为关键的作用。大部分社会服务机构属于人力资源密集型行业，依靠员工和志愿者来提供服务，他们的技能和工作热情直接影响服务质量，甚至左右机构目标的实现，因此，社会服务机构必须重视人力资源的管理和开发。

第一节 员工管理

对于社会服务机构而言，员工是一种宝贵的资源。在社会服务越来越复杂化、专业化的当下，社会服务机构需要在员工的招聘、选用和培训等方面进行系统管理。

一、人力资源策划

社会服务机构的人力资源策划是指机构根据自身的业务开展情况、发展战略以及社会经济的变化趋势，对一定时期内机构的人力资源需求数量、需求质量以及需求结构进行分析和预测，并据此制定相应的人力资源开发、使用和维持方案，以保障机构生存和发展所需要的人力资源。

只有当机构形成了明确的人力资源策划，对机构的工作岗位进行了分析，并且对所需员工的特质和条件进行了设定，机构才能开展有效的人员甄选。可以说，人力资源策划是机构进行员工招聘、选用的基础。

---

① 全国社会工作者职业水平考试教材编写组．社会工作综合能力（中级）．北京：中国社会出版社，2014：281.

人力资源策划一般需要经过信息收集、人力资源需求与供给分析、单项业务规划等步骤来完成。其中，信息收集所涉及的信息包括机构内部环境信息和机构外部环境信息。前者包含机构的人力资源现状、员工流动情况、机构的业务活动和战略规划等。后者则包含行业内的人才情况、劳动力市场的供需情况、行业竞争状况等。通过对机构内外部环境信息的分析，人力资源管理者可以对机构人力资源的需求与供给做出预测，并制定出具体的人力资源开发与管理方案。①

此处，我们强调一下工作分析或者职位分析（job analysis）在人力资源策划中的作用。顾名思义，工作分析是对某个职位的性质、任务、权责、聘期、工作环境、任职要求和标准等信息的分析，以确定职位担任者的资格标准，比如职位担任者的性别、年龄、受教育程度、专业、工作经验等，使员工与职位达到最大程度的匹配。简言之，工作分析就是告诉机构管理者要人来干什么以及要什么样的人来干。管理者可以通过对相关岗位的工作人员进行访谈、观察和参与特定岗位的工作、对工作日志和档案记录进行分析、发放任务调查表以及工作分析问卷等途径来收集工作分析所需要的信息。

二、员工的招聘和选用

招聘就是将那些符合机构使命和宗旨、满足工作岗位要求的人吸收到机构中。招聘旨在从劳动力市场和众多的应聘者中招募到尽可能合适的人，为机构增添新力量，为工作职位甄选最匹配的员工，保证机构业务的开展。

成功的招聘不仅可以为机构招到高质量的员工，为机构的良性运转提供人力保障，增强机构的竞争力，而且有助于降低机构员工的离职率，有利于工作团队的稳定和有序更新。而招聘是否成功以及效果如何受到各种因素的影响。例如，招聘者在实施招聘之前是否做了充分的人力资源规划，是否对工作岗位的性质和要求有准确的认知，对劳动力市场的供需情况是否了解，是否知晓竞争对手的情况，在招聘过程中是否做到了公平、公开、公正，等等。

招聘工作本身包含了多个程序，如发布招聘信息、应聘者报名、对应聘者的材料进行审核和筛选、对入围的应聘者进行考察（如笔试、面试）、确定最终的录取者。当然，这只是招聘的一般过程，不同的机构在招聘人员的方式和程序上会有所差别。

此处，我们以一家专门从事社区矫正的×社区服务总站的招聘启事为例来说明招聘的一般程式。

×社区服务总站招聘启事

×社区服务总站是一家非营利性的、从事专业社会服务的民办非企业单

---

① 王名．非营利组织管理概论．修订版．北京：中国人民大学出版社，2010：143.

位，业务主管单位为S市司法局。×社区服务总站为社区服刑人员和刑满释放、解除劳教人员提供专业服务。为优化社工队伍结构，保持社会工作的延续性，现面向社会招聘，同时建立社区矫正社工后备人才库，欢迎有志于投身社会工作事业的您加入我们的专业社工队伍。

一、专业方向

社区矫正与安置帮教社会工作

二、报名条件

1. 拥有本市常住户口，且实际居住地以市区为主。

2. 男45周岁以下，女40周岁以下。

3. 具有国民教育大专以上学历（不包括非学历教育，其中，社会学、法学、心理学、教育学等专业或具有社工师、心理咨询师等相关职业资格证书的优先考虑）。

4. 身体健康，无违法犯罪记录。

5. 具有一定文字能力和社会组织及团队协作能力，能熟练操作计算机。

…………

四、招聘程序

1. 资格审核。

总站于招聘起止期限内根据报名情况，分时段安排资格审核即现场确认。

2. 笔试。

对于符合条件的报名人员，总站将组织笔试，并按照成绩进行排名，笔试时间和地点另行通知。

3. 面试。

根据各区县实际用工需求，对笔试通过者适时安排面试，面试时间和地点另行通知。

4. 体检。

对面试合格人员适时通知安排体检（体检费用自理）。

5. 政审。

对面试、体检合格者，择优进行政审，确定聘用人员。

6. 择优录取。

一经录用，即签订劳动合同。合同期不少于三年，试用期六个月。

将参加笔试成绩合格但未被录用人员，统一纳入总站后备人才库进行管理，适时向补充招聘的区县择优推荐。

…………

×社区服务总站的招聘启事注明了所需招聘的岗位、应聘人员的条件以及选拔的过程等信息。这种面向社会的公开招聘是社会服务机构征募和甄选员工（staff recruitment and selection）的重要方式。

当然，除了这种从机构外部招聘员工的方式之外，在机构内部遴选合适的员工也是机构招聘的一个重要途径。在机构内部征募员工有一些优点，比如：员工对机构的宗旨、文化、人际关系等已经较为熟悉，不需要再花大量的时间适应机构；机构对员工的情况也已经较为熟悉，可以降低用人风险；从机构内部选拔员工有助于降低离职率；机构本身需要为员工的岗位变动或者晋升提供渠道，在内部进行招聘，可以为那些想更换岗位或者改变现状、追求自我实现的员工提供机会；内部招聘也是一种激励措施，可以提高员工的被承认感；内部招聘还可以节省成本。[①] 另外，实行内部招聘还可能与职位的性质有关。机构的特定职位可能不适合面向公众公开招聘，只能通过内部招聘或者主管单位指派的方式任命。

当然，内部招聘也会存在一些弊端，比如：容易“近亲繁殖”，无法为机构输入新力量，降低机构的竞争力；更容易受到机构内部权力关系等因素的影响，更难做到公平、公正。

三、员工的培训和发展

对员工的培训是指通过授课、学习、实践等方式来增长员工的知识，提高员工的技能和素质，强化机构的宗旨和文化，改变员工的理念，使他们适应工作和业务的需求，提高工作绩效。此外，除了提高个人能力之外，对员工进行培训的另一目的是协助员工完成个人的职业生涯规划，将员工个人的长期发展目标与组织目标结合起来。

对于社会服务机构来说，对员工进行培训非常必要：一方面，当新员工进入机构时，他们对机构的历史、宗旨、价值理念、组织架构、业务内容、工作职责可能并不熟悉，而且很可能缺少相关的工作经验。为了帮助这些新员工更好地了解机构，熟悉自己的岗位，更快地适应新环境和进入工作状态，机构需要针对这些新员工开展上岗培训。

另一方面，随着机构外部环境的变化以及机构业务范围的扩展，老员工的理念和技能可能出现滞后，不能很好地适应新环境，满足不了新业务的要求。在这种情况下，机构需要针对老员工的现实状况开展相关培训，帮助他们跟上机构发展的步伐。

此外，对员工进行培训也是帮助员工进行职业发展规划、实现自我价值以及进行终身教育的重要方式。

通常，对员工的培训要经过四个阶段，即评估培训需求、设定培训目标和计

---

① 王名．非营利组织管理概论．修订版．北京：中国人民大学出版社，2010：143.

划、实施培训、评估培训效果①。

第一阶段：评估培训需求。我们可以用“任务-绩效评估模型”来确定员工的培训需求，即根据工作岗位对员工的技能、素质的要求以及目标绩效与实际绩效之间的差距状况来确定培训的内容。另外，“前瞻性培训需求评估模型”也是培训需求评估的一种常用方式，它是基于对预期工作技能的评估来对那些技能达不到要求的员工进行培训。

第二阶段：设定培训目标和计划。培训目标会明确员工的知识、技能和理念在通过培训活动之后要达到什么样的状态。培训计划会具体设定培训的时间、时限和方式等，比如是进行组织内培训还是外派培训，是老员工给新员工授课、交流工作经验还是聘请专家对员工进行训练。机构在制定培训目标时要遵循 SMART 原则，即目标必须是明确的（specific）、可以衡量的（measurable）、可以达到的（attainable）、实在的（realistic）和有时间性的（time-related）。②

第三阶段：实施培训。该阶段主要是组织实施培训计划，完成培训内容。

第四阶段：评估培训效果。对培训的效果进行评估旨在了解员工在培训中所习得的知识、技能和理念在多大程度上提高了工作绩效。比如员工的工作绩效是否发生了变化？这些变化中有多少是由培训所导致的？

四、员工的绩效评估

绩效评估是指评估者通过科学系统的方法，对员工在一定时期内的工作完成情况和职责履行状况进行分析与评价，判断员工的工作表现和成效，据此评估员工在一定时期内对机构的贡献状况，并在此基础上形成公开客观的人事决策，如员工的晋升、培训、薪资调整、奖励等。

绩效评估是人力资源管理中的一个重要环节，健全有效的绩效考核制度可以为机构的人力资源管理提供客观的信息和凭据。另外，绩效评估可以对员工的工作起到监督作用，对员工形成一定的压力，激发员工的工作积极性，进而使整个机构保持良好的运行状态。

绩效评估的具体内容一般包括五个方面。“第一，明确工作的责任：工作的责任是否清楚？任务是否明确？第二，检查工作的结果：一定时期内做了什么？是如何完成的？完成的质量如何？第三，衡量工作的成绩：将结果量化为一定的指标，尽可能进行定量评估。第四，提出工作的目标：在评估基础上提出新的工作目标，包括短期目标和长期目标。第五，制定工作的策略：为实现工作目标，要采用什么

---

① 王名．非营利组织管理概论．修订版．北京：中国人民大学出版社，2010：153.

② 范志海，阎更法．社会工作行政．上海：华东理工大学出版社，2004：267－268.

手段和方法?"①

社会服务机构对员工绩效进行考核的方法一般有以下几种：

（1）报告记叙法。由考核者专门撰写一份关于被考核员工的报告，描述被考核员工的优点、缺点、潜能、工作的历史绩效、成就以及存在的问题等，并且针对被考核员工的状况提出一些提高绩效的建议。

（2）评级量表法。由考核者根据一套绩效考核量表，对被考核员工在每个考核项上的表现情况打分。比如，考核表将员工工作绩效分为五个考核项——对工作的兴趣、组织能力、执行力、与同事关系的融洽度、对督导的态度，考核者可以对员工在这五项上的表现情况评分，并据此评估员工的工作绩效。

（3）配对比较法。这个方法是考核者将被考核员工与其他员工分别进行配对比较，在每一次配对比较中，当被考核员工的表现好于配对员工时，记为"＋"，否则记为"－"，最后统计每个被考核员工得到的"＋"的数量。"＋"的数量越多，说明员工的工作绩效越高。

（4）基准人物比较法。这个考核方法是确定一个基准员工作为参照标准，将其他员工与其进行比较，进而确定被比较员工的相对位置。

（5）关键事件记录评价法。这一方法要求考核者关注那些对员工工作绩效有重要影响并且可以观察到的事件。对这些关键事件的记录和评析有助于管理者反思与改进自身的工作方法和态度，并及时了解员工的想法和意见。

（6）实地考核法。这一方法要求考核者直接参与到被考核员工的工作当中，通过观察员工的工作以及与员工和相关人员的谈话来收集员工工作绩效的一手资料，并根据这些资料撰写绩效报告。

此处，我们需要强调一点，无论运用何种绩效考核方法，考核者都要秉持实事求是以及公开、公平、公正原则，并且要将考核结果反馈给被考核者，与被考核者进行沟通和交流。

五、员工的报酬

社会服务机构的员工报酬是指机构给员工的基本工资、奖金、津贴、补贴以及其他福利和非物质性报酬。其中，基本工资是按照员工的岗位以及所提供的劳动量所给付的劳动报酬，是对员工劳动力的购买价格。奖金是对员工高质量劳动或超额劳动的奖励。津贴是对员工在特殊劳动情境中的额外劳动消耗的补偿。补贴是与员工生活相关联的补偿。补贴既可以直接用货币支付，也可以用保险、住房补贴、交通补贴、饭补、教育培训、带薪休假等方式来支付。这些通常被归入员工的福利。

---

① 王名．非营利组织管理概论．修订版．北京：中国人民大学出版社，2010：153.

在广义上，员工福利是指在工资收入之外，机构向员工或其家属提供的货币、实务或服务等。

在制定员工的报酬制度时，机构需要考虑内外部因素。例如，宏观的经济发展水平、劳动力市场的供需和竞争状况、当地的物价水平和生活水平、机构的财务状况和支付能力、地区惯例、行业特点、政府的政策以及员工的预期等。

对于社会服务机构来说，员工的报酬管理极为重要。合理的、有吸引力的报酬可以激励员工投入工作当中并不断前进，提高员工的士气，而且有助于留住员工。

第二节　志愿者管理

除了正式雇佣的员工之外，社会服务机构也经常需要使用志愿者来开展服务，因此，对志愿者进行有效的管理也是社会服务机构人力资源管理的重要内容。

一、志愿者管理的特点和重要性①

志愿者是指那些不以报酬为目的、自愿提供服务、主动帮助他人的人，又可以称为义工。我们通常用是否追求报酬、是否收费、是否自愿来界定服务提供者是否是志愿者。

从社会工作行政的角度来看，志愿者是指那些没有报酬，到公立或志愿服务组织自由奉献的人，他们从事各种类型的社会福利服务。由此可见，志愿者的身份因素包括：根据自由的意愿选择；不计金钱财物的酬赏；以具体的行动参与、投入；所作所为是为了满足社会的需要。

与机构正式聘用的员工相比，志愿者有自身的特点，这使志愿者管理在方法和内容上有其独特性。

（1）志愿者不是受雇于机构的正式员工，具有很高的自主性和自发性，因此，他们更在乎自己的工作价值是否得到机构的尊重、支持和肯定。所以，机构管理者需要关照志愿者的这种心态。

（2）应该把志愿者视为机构工作团队中的一分子，从战略规划和工作理念上把他们看成是有价值的、值得信赖的工作伙伴，让他们真正参与到机构的业务活动当中，并给予必要的培训、督导和激励。

（3）管理者有必要了解志愿者对工作以及机构管理的态度和要求，这些态度和

---

① 本部分写作参见：全国社会工作者职业水平考试教材编写组．社会工作综合能力（中级）．北京：中国社会出版社，2014：282－283.

要求势必与机构正式员工存在一定的差异，管理者需要对志愿者有针对性地采取一些管理措施。

在当前社会服务环境的变化趋势下，社会服务机构必须将志愿者管理纳入机构的人力资源规划当中。

首先，政府、公众以及赞助方对社会服务机构的服务质量和效益有越来越高的要求与期待，这对社会服务机构的工作产生了一定的压力。在志愿者参加社会服务机构的服务活动已成为一种潮流的情况下，志愿者的一举一动都势必关系到机构的形象和服务提供状况。因此，应该对志愿者进行必要的管理，让他们严肃地对待自己的工作，认真履行对机构的承诺，并对他们工作中出现的问题及时加以解决，以保证服务工作的质量。

其次，志愿服务的负面效果日益受到关注。志愿者在提供服务时，可能由于技能缺乏、经验不足，对服务对象造成负面影响或伤害，引发纠纷，使机构陷入困境。所以，机构在招募和甄选志愿者时需要慎重，并且对选用的志愿者进行必要的训练和督导，使志愿活动规范化，尽可能避免负面效果。

最后，志愿者在提供义务服务和奉献时间、知识与技能时，也希望通过这种过程获得自我发展和提高，比如服务经验得到积累、知识和技能得到拓展、工作能力得到提高。这需要服务机构制定切实可行的志愿者管理制度，关照志愿者的自我实现和发展的需要，唯有如此，机构才能更好地将志愿者吸引到志愿服务中，并使之保持高昂的服务热情。

二、志愿者管理的步骤

社会服务机构对志愿者的管理在很多方面与机构对正式员工的管理存在相似之处。就管理步骤来说，志愿者管理包含了人力资源策划、工作分析、招募、培训、督导、激励、评估等诸多环节，形成了一个连续的过程。志愿者管理的一般性步骤如下：

第一，需求评估与方案规划。管理者需要对三方主体进行评估，即志愿者评估、机构本身评估和服务对象需求评估，以此确定机构招募什么样的志愿者以及提供什么样的志愿服务。另外，方案规划可以设定长期、中期、短期的志愿者开发和管理目标。

第二，工作发展与设计。这一步骤旨在撰写“志愿服务工作说明书”，明确志愿者服务章程、伦理守则和服务规范，设定工作任务、技能和工作结果。

第三，招募。根据规划方案所确定的志愿者来源、资格限定和甄选方式来实施志愿者的招募工作。机构可以通过张贴招募海报、在相关媒介发布招募信息以及与各种组织进行联系来募集志愿者。

第四，面谈与签约。与入选的志愿者进行谈话、交流，说明并确定工作中的相关权责等，并与达成意向的志愿者签订志愿服务协议。

第五，迎新说明与训练。为正式参加机构服务活动的志愿者举办欢迎说明会，赞赏志愿者的奉献精神和志愿服务的价值，说明志愿服务工作的具体内容、职责以及服务过程中可能出现的问题及其解决方法，回答志愿者的疑问，并且请老员工或者专家对志愿者进行必要的技能培训，提升志愿者的服务能力。

第六，督导。由专人对志愿者的服务工作进行督导，及时了解志愿者的服务提供情况，指导志愿者的工作技巧和态度，并对志愿者工作中出现的问题及时加以解决。

第七，奖励表扬。对那些表现优秀的志愿者可以给予物质性或者精神上的激励，肯定他们的辛勤付出，让他们保持工作的积极性和热情。

第八，评估。机构需要对志愿者的工作绩效进行评估，对志愿服务的成效进行总结，如服务次数、时数登记、出勤状况等。这既出于机构控制服务质量的需要，又是促进志愿者自我发展的措施。另外，评估报告可以作为制订下一年度志愿者服务计划的参考标准。

三、志愿者管理的内容①

志愿者与正式员工之间存在诸多差异，这要求志愿者管理在方法和内容上具有针对性。

（一）志愿者项目的规划

在招募志愿者之前，机构需要弄清楚机构是否需要招募志愿者以及内外部环境是否允许机构招募志愿者，为志愿者的招募工作做好准备。另外，机构要制定一个详细的规划，对志愿服务的计划、组织和实施有充分准备，包括经费预算以及服务活动的时间、地点、场所、设备、交通工具、联系人、参与者、活动材料的准备、食宿等，让志愿者对机构有充分的信心和信任。

成功的志愿者项目规划需要管理者在做志愿者项目规划时，将项目与机构的使命联结在一起，遵循机构的战略方案，关照志愿者的需求和动力机制；明确志愿者的服务内容和职责，以及志愿者需要具备的技能和知识；注意协调志愿者与正式员工之间的关系，让他们可以配合协作；安排志愿者参加相关的培训和交流活动，提升他们的能力；注重对志愿者的服务提供情况进行评估，对他们取得的成绩要给予

---

① 本部分的写作参见：王名．非营利组织管理概论．修订版．北京：中国人民大学出版社，2010：167－174.

肯定和激励。

（二）志愿者的招募

志愿者的招募旨在为机构服务活动的提供招选到最合适的人员。失败的志愿者招募既可能是机构没有招到服务活动所需要的足够多的志愿者，也可能是招募到的志愿者在知识、技能、经验等方面与服务活动不匹配，不是机构服务活动所需要的志愿者类型。因此，志愿者招募要尽可能向潜在的对象做足够多的宣传。

根据活动性质和内容的差异，机构可以采用不同的志愿者招募方式。对于那些要求简单、技术含量低的服务活动，普通人经过简单训练就可以很好地操作，在这种情况下，机构只需要通过传单、海报、社区、媒介等方式面向大众广泛征招即可。对于那些需要一定的知识和技能的志愿服务，机构需要通过目标招募的方式来甄选。这也就是说，机构要明确志愿服务需要志愿者具备什么样的条件和资格，什么样的人愿意承担这项志愿服务，通过什么样的途径可以招募到这些人。例如，在北京奥运会庞大的志愿者队伍中，有承担语言翻译、医疗卫生、新闻运行支持、竞赛组织支持、沟通联系等各项任务的专业志愿者，这些任务往往对志愿者的能力有一定的要求，比如志愿者外语水平要达到一定的程度等。对此，北京奥组委面向高等院校、科研院所、专业社团机构、企业、在京外国人、海外华侨以及国际友人等招募志愿者，以确保志愿者满足赛会的需要。

与对专职人员的招聘相比，志愿者招募在信息宣传与沟通上要求更具有号召性和说服力，在招募对象的范围上更具社会性，在对象的甄选上更强调应征者的道德品质、同情心、志愿精神以及成熟稳定度。

（三）志愿者的工作管理

志愿者的工作管理主要有四种模式：赋予志愿者完全自主权的自主管理模式、志愿人员定期报告模式、对志愿者提供建议的监督工作模式和不赋予志愿者自主权的指令工作模式。

（1）自主管理模式。这种模式将工作的主动权交给志愿者，让他们自己决定工作的方法和内容，对工作过程中的问题自行处理。这种模式建立在机构对志愿者有足够的了解和信任的基础上。这种模式对志愿者的要求极高。它要求志愿者有足够多的经验、知识、技能，能够成熟稳定地处理工作中的问题。因此，在志愿者的日常管理中，自主管理模式不会被轻易使用，因为一旦志愿者做出不准确的决策或者不恰当的行为，后果就可能非常严重，而且这种模式极易引起混乱。

（2）志愿人员定期报告模式。在这种工作模式中，志愿者仍然是工作的主导者，拥有相对自主的工作空间，但需要在规定的时间向机构管理者报告工作的状况和进展，让管理者知道工作是朝着既定的目标迈进的。

（3）监督工作模式。在这种模式中，志愿者具有一定的自主性，可以向管理者提供工作建议，但是志愿者在开展工作之前需要征询管理者的建议并在得到管理者允许的情况下才能开展工作，以保证管理者能够了解并控制工作的状况。这种工作模式赋予了管理者较大的控制权力，可以及时制止那些在他看来不合理、不可行的志愿者行为。当管理者不了解志愿者的能力或者对志愿者存在较深疑虑时，可以采用监督工作模式，以确保服务工作的成效。

（4）指令工作模式。这种管理模式没有给志愿者任何自主权，志愿者完全按照管理者的指令来行事，既不需要对工作提出自己的看法，也不可以自己独自决定工作内容。这种工作模式对管理者的要求较高，管理者需要全面掌控志愿者的工作，处理工作中的各种状况，因此，管理者不仅责任重大，而且工作量极大。与其他种类的工作模式相比，此种工作模式压制了志愿者的主观能动性。如果管理者处理不当的话，就很容易损害志愿者的工作积极性和热情，甚至引发志愿者的负面情绪。因此，指令工作模式只在一些特定情境下实施，比如服务活动极为重要，不容许志愿者出现任何闪失，这就要求志愿者完全按照管理者的指令来开展工作。

（四）志愿者与机构关系的维系

对于社会服务机构来说，如何留住志愿者是一个极为重要的现实问题。下列状况很可能导致志愿者终止志愿服务：志愿服务项目没有充分准备；管理者对志愿者的服务活动缺少尊重和肯定；机构没有给予志愿者必要的激励和回报；机构没有给志愿者进行必要的培训，忽视志愿者的自我发展需求；机构对志愿者提出过高的或者不合理的要求，工作安排不符合志愿者的现实状况；机构没有平等对待志愿者，使志愿者感受到歧视；机构没有兑现在招募志愿者时所许下的承诺；等等。

因此，管理者在进行志愿者管理时，需要考虑志愿者的发展需求、兴趣需求、认同需求、激励需求、自我实现需求、归属需求等，要用欢迎仪式、奖励、表彰、颁发证书、对志愿者进行培训、让志愿者参与决策等多种方式来满足志愿者的上述需求，肯定他们的贡献和成就，维持他们对志愿服务的热情以及对机构的信心，在志愿者与机构之间建立稳定的关系。

接下来，我们以北京清华长庚医院的志愿者管理为例，具体了解志愿者管理的一些工作内容①。

2014 年 7 月 15 日，北京清华长庚医院志愿服务队通过审批，正式成为首都医疗卫生行业志愿者联合会成员。北京清华长庚医院志愿服务队围绕病患，开展连贯

---

① 案例相关资料来源于北京清华长庚医院志愿者招募网页信息：https：//www. btch. edu. cn/xxdt/xwdt/118. htm。

性服务。如病患来院就诊时，主动提供导诊咨询服务；为行动不便的病患提供轮椅；探访住院病患，为其提供图书借阅服务及节庆关怀服务；等等。服务队力争做到在病患就医的每一环节，都提供及时主动的关怀和帮助。此外，志愿服务范围也延伸至社区，对独居长者的关怀、对社区居民健康的宣导等也是志愿服务的重要内容。

志愿服务是一项崇高的理想和追求，体现了志愿者的无私奉献。北京清华长庚医院建立了一套完整的志愿者管理体系，以规范的制度设计、严谨的培训项目、完善的激励措施，保障志愿者在安全、愉悦的环境中，科学践行志愿服务。志愿者在服务当次，可以免费用餐、停车；结合服务内容、次数和时限，医院社会服务部门每年度都举办志愿者表彰大会，评选优秀志愿者，或组织郊游、联谊、庆生等活动；资深志愿者还可享受就医优待。

北京清华长庚医院志愿者的招募条件是：（1）年龄为 18 至 65 周岁；（2）健康状况适合从事志愿工作；（3）愿意在繁忙的日程中抽出时间，关心医院病患，服务社会；（4）志愿者应征需携带证件，如身份证、学生证、退伍证等，在职人员需额外提供工作证或单位证明。

居民可在线点击医院提供的志愿者报名网址，下载《北京清华长庚医院志愿服务申请表》，填写后发送至北京清华长庚医院志愿者应征邮箱。家住天通苑的居民还可到居委会领取纸质版申请表，填写后由居委会统一交至北京清华长庚医院。

为方便应征者直接全面了解北京清华长庚医院的志愿者应征、组织、培训等安排，医院的社会服务部将举办骨干志愿者招募见面会，居民可前往咨询应征。

北京清华长庚医院志愿者的招募遴选流程如图 8－1 所示：

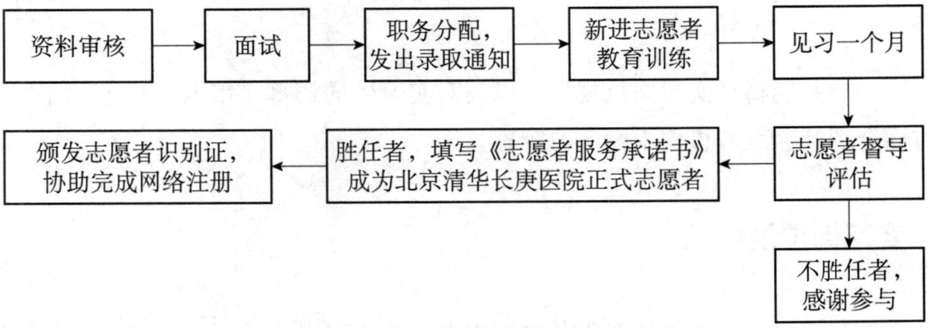

图 8－1　北京清华长庚医院志愿者遴选流程

为使志愿者尽快了解医院的工作环境，掌握提供志愿服务的必备知识，北京清华长庚医院安排了系统的培训课程，包括医院环境系统介绍、医院就诊流程介绍、医院感控知识介绍、志愿者团队运作管理及服务礼仪介绍等。在通识教育训练完成后，医院还将针对不同的岗位，对志愿者进行专业职责培训。

第三节　实习管理

社会服务机构中的实习生通常是未毕业的高校社会工作专业学生，他们在机构中从事一些辅助性的服务工作。如何有效地管理实习生是社会工作教育机构与社会服务机构共同面临的一项重要议题。

实习生是社会服务机构重要的人力资源，加强对实习生的管理极为重要。这是因为：

（1）为了培养学生的实务能力，绝大多数高校的社会工作课程教学要求社会工作专业学生去社会服务机构进行一定时数的实习，在此情况下，社会服务机构接收社会工作专业学生实习非常普遍，甚至部分社会服务机构与高校进行合作，挂牌为高校社会工作专业学生教学实习基地（见图 8－2）。因此，实习生成为社会服务机构中不可被忽视的人员。对这部分人员的管理状况直接影响到机构能否正常运转。

（2）实习生通常缺乏实务经验，不了解机构的政策和程序规定，因此社会服务机构有必要对实习生进行相应的培训和管理，以使实习生能够胜任所承担的工作，确保其提供合格的服务。

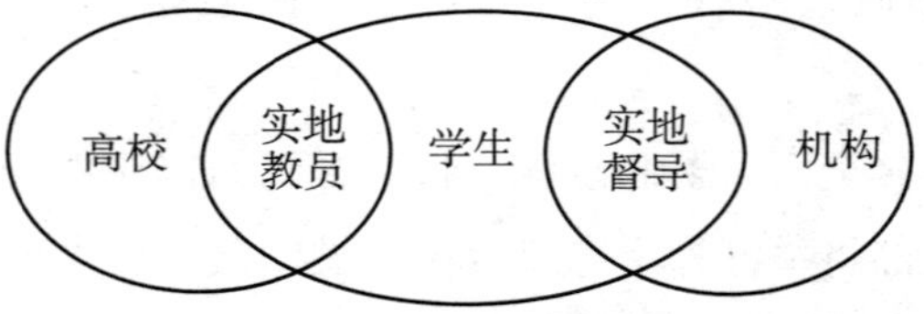

图 8－2　高校、学生与机构的实习关系图

资料来源：博戈，韦达．社会工作实习督导实务：理论与过程（第 2 版）．北京：社会科学文献出版社，2011：21.

下面，我们将从实习岗位规划，以及对实习生的招募、培训、督导、评估等几个方面介绍社会服务机构中的实习管理。

一、实习岗位规划

在招募实习生之前，社会服务机构应有一个实习岗位规划，为实习生的招募工作提供指导。实习岗位规划具体说明社会服务机构需要招募多少名实习生、实习生需要具备什么样的资质、实习岗位的内容以及岗位职责是什么、实习时间、联系人是谁、督导是谁、实习生的食宿如何安排、实习生到岗之后的培训计划是什么、实习岗位的经费预算是多少等等。

在制定实习岗位规划时，需要将实习岗位与机构的使命和战略规划相结合，并充分考虑到机构的现实状况和业务需求。成功的实习岗位规划对于实习生的招募、管理具有切实的指导作用。

二、实习生的招募

实习生的来源既可以是社会工作教育机构推荐的大学生，也可以是社会服务机构通过海报、网络等途径公开招募的社会工作专业大学生。当前，通过网络途径发布实习生招募启事是社会服务机构招募实习生的常见方式。

1. 实习生招募启事

实习生招募启事通常需要介绍招募机构的基本情况、项目概况、工作内容、岗位要求、实习待遇、应聘流程等。参考下面的实习生招募启事：

深圳市慈卫公益事业发展中心2012年6月招聘实习生公告

（有效期至2012年6月30日）

“慈卫”一词出自老子《道德经》第六十七章，取其意：“天将救之，以慈卫之。”深圳市慈卫公益事业发展中心于2007年创办，2009年4月机构在深圳市民政局正式登记注册，是深圳市民管局首批举办授牌仪式并重点扶持的民间公益机构之一，亦是首批进入深圳市公益组织孵化器的单位、首批福彩公益金资助的公益项目之一。

深圳市慈卫公益事业发展中心服务使命：推动流动儿童的公平教育实践与儿童的全面发展，结合社区特色打造最具品牌的社区公益服务模式，并发展全科社工以及运用以上服务平台推动志愿服务和志愿者成长，从而实现社会和谐。

根据2012年服务领域的拓展，特向高校招聘实习生3名。

一、招聘对象

社会工作专业本科在读大二、大三学生（即将升大三、大四），2013届毕业生优先考虑。

二、实习领域及岗位

1. 机构行政助理1名：协助处理机构行政事务。

2. 社区服务中心社工助理2名：协助开展社区服务中心妇女、儿童、青少年、老人、残障人士等领域的一线服务。

三、实习要求

1. 实习时间至少三个月（2012年6月至2012年10月期间实习的优先考虑）。

2. 承担与岗位相应的实习工作，按要求完成机构交代的任务。

3. 负责任、愿意学习、热诚、性格成熟、灵活、具创新能力。

4. 坦诚地给予机构关于您在工作中的想法和意见，并形成文字回馈。

5. 获得学院老师对您实习的支持和帮助，提供学校书面证明。

6. 有专业性民间公益机构志愿服务经历为佳。

四、待遇

1. 需提供住宿者，另发放实习补贴 600 元/月；不需提供住宿者，发放实习补贴 1 000 元/月。

2. 获得平等开放的学习和工作环境，参加机构项目开发和调研，参加相关知识与技能的专业培训。

3. 实习期满，表现优异者毕业后优先转聘、上岗。

五、应聘流程

有意者请将简历及本人相关资料（包括之前取得的能展现自己能力的成绩，如论文、科研项目方案、发表文章等，个人生活照以及相关资格证书扫描件，等等）打包后以电子邮件附件形式发送到机构招聘邮箱，邮件名称标注为“姓名＋应聘岗位”，便于我们及时阅读和回复您的简历。

上面这则实习生招募启事对实习机构的基本情况做了简要介绍，并说明了实习的岗位职责、对实习生的资质要求等内容。而要做到准确清楚地说明，前提是人力资源部门对实习岗位或实习项目有清晰的认识和规划。

当然，制作和发布实习招聘信息只是招募实习生的诸多环节中的一环，招募实习生的工作本身还包含多个其他环节，如应聘者报名、对应聘者的简历进行审核和筛选、对初步入围的应聘者进行考察、确定最终录用的实习生。

2. 签订实习协议

对于被录用的实习生，机构可以与其签订书面的实习协议。实习协议可以规定实习的时间要求、实习的任务、实习的目标、实习生要遵守的机构规定、实习待遇、实习生的一些特殊的权利和责任、实习评估等。当然，实习协议可以是弹性的、动态的，根据实际情况灵活运用、适时调整。

随着大学生进入社会服务机构实习的现象越来越普遍，相关部门（如社工协会）开始要求社会服务机构与实习生签订双方实习协议或者与实习生所在高校、实习生签订三方实习协议，以便解决实习纠纷，保障实习生及社会服务机构的利益。对于一些成熟的社会服务机构，它们的实习协议一般会更规范、更清楚、更全面，实习协议的内容和条款往往也更模式化、固定化，实习生通常没有太多商量修改实习协议的空间。但即便如此，实习生也应认真阅读实习协议，对协议的内容有清楚的了解，如果发现有自己不能接受的条款，应该提出来，甚至予以拒绝。对于那些规模较小、建立不久的社会服务机构，它们很可能没有实习协议，或者实习协议的内容较为粗糙，实习生更需要注意实习协议的相关问题。

需要特别说明的是，实习协议与劳动合同是不同的。实习协议并不代表实习生与实习单位未来会建立劳动关系。双方若是发生纠纷，诉诸法律的话，实习协议不适用《中华人民共和国劳动法》，而是依据其他民事相关法律来裁决。

3. 签订实习协议的注意事项

（1）注意与自己签订实习协议的社会服务机构是否合法。社会服务机构必须是在相关部门注册、合法设立的单位。

（2）实习协议要包含双方必要的基本信息。如实习生的姓名、证件信息、所属高校、高校联系人、联系地址、联系方式等，实习机构的名称、法人代表、联系人、地址等。

（3）实习生的权利和义务要明确约定说明。如社会服务机构是否为实习生安排培训、指派督导、购买保险、提供一定的实习平台和环境，实习生是否有报酬或津贴。如果社会服务机构给实习生提供报酬的话，那么实习协议上要明确说明实习报酬的支付标准和支付方式。实习津贴则涉及伙食、交通差旅、通信等费用的补贴，如果社会服务机构提供相应的津贴，那么也应一并加以说明。一些地区的社工协会出台了实习生管理办法，明确规定了实习生、社会服务机构彼此的权利和义务，实习生对此应有所知晓。

（4）约定实习岗位的工作内容和职责。社会服务机构与实习生应在实习协议里面约定好实习生的工作内容和工作职责，这样做的好处是：一方面让实习生对自己的实习工作有一个准确、稳定的预期，另一方面有助于实习机构对实习生的实习工作进行考核和评估。

（5）明确意外风险的法律责任。实习生通常没有相应的保险，对实习过程中的风险责任问题应该予以重视。在签订实习协议时，实习生要注意实习协议中关于风险责任的约定。在实习过程中，社会服务机构、实习生本人以及实习生服务的对象都可能存在一定的人身安全、财物安全方面的风险，如实习生在提供服务过程中因方法不当造成人身伤害（如采用了激进的服务方法，或者没有针对服务对象的危险状况及时采取措施）、实习生行为不当（如违反保密条款）损害了机构的业务和声誉、实习生损坏了社会服务机构的器材设备等，一旦发生相应的情况，责任由哪方承担以及如何承担，这些风险责任问题需要在实习协议中加以说明。

三、实习生的培训

当被录用的实习生进入社会服务机构之后，机构可以为其举办一个正式的或非正式的介绍会，一方面将实习生介绍给机构里的相关工作人员，尤其是与实习生的工作紧密相关的关键工作人员，另一方面向实习生介绍机构的工作环境（如午餐的安排、会议室的地点）、组织架构（如董事会、管理人员、一般工作人员）、有关员工的政策、有关服务对象的政策、与机构管理以及业务相关的法律条文、机构的业务范围、机构常使用的术语和特殊程序等等。

当然，上述内容也可以在机构对实习生进行培训的时候进行特别的说明。通常，机构需要对新来的实习生进行相应的培训，以使实习生能够在短时间内熟悉机构环境，更快地融入机构，更好地开展工作。机构培训的内容可以涉及知识、技能和态度。其中，知识部分的培训注重介绍机构的科室设置、规章制度、政策程序（如开展常规性工作和非常规性工作时的程序要求）、基本业务、理念文化以及员工的职业规划等，尤其要说明机构对实习生的要求（如言行举止、穿着打扮、做工作记录等）以及实习生具有的权利和责任；技能部分的培训重点在于实习生开展项目、提供服务时需要掌握的技能方法，当开展的项目存在安全问题时，机构需要针对实习生如何应对可能对个人安全造成威胁的行为进行相应的培训；态度部分的培训主要侧重于实习生的岗位职责认知、工作态度、团队协作、机构融入等，鼓励实习生将自己看作机构中的一员。

现实的情况是，相当一部分社会服务机构认为实习生只是机构里临时的、短暂停留的、流动的人员，把实习生当作廉价劳动力，不太重视对实习生的培训以及管理，这在一定程度上影响了实习生对机构的认同感和归属感，甚至限制了实习生在机构的工作效能。

四、实习生的督导

对实习生进行督导是保障实习生实习质量、帮助实习生成长的一个重要途径。实习督导一般会涉及实习生所属的高校教学单位以及接受实习生实习的社会服务机构。通常，高校教学单位强调知识的学习和积累，对学生实习的一个重要期待是将一般性的概念和抽象的理论运用到实务工作中；而社会服务机构偏重服务提供的质量和效能，注重特定的、具体的工作方法，看重实习生的工作胜任能力和工作表现。这就需要高校系统与社会服务机构对实习生的督导管理进行细致的沟通，确定实习目标、实习计划以及实习考核等内容。随着越来越多的高校社会工作教学单位在社会服务机构挂牌建设实习基地，高校与机构之间的协作从人员交流到资源支持日益紧密，这为实习督导工作的开展提供了很好的基础。

实习督导工作往往由高校实习课程教师或实习机构指派的工作人员担任。合适的实习督导者人选不仅需要熟悉机构的实务工作，而且需要对社会工作教育的理念、要求及过程有一定的了解。本书第七章已经介绍了督导者的角色定位、内容、模式、过程和方法，此处仅强调一下对实习生的督导。

督导者对实习生的工作负有的职责包括：按照机构对督导工作的要求，定期召开实习督导会，审阅、批复实习生的实习工作记录，按要求完成督导记录；针对实习生的情况，组织实施各类培训，给予实习生实务上的指导，提高实习生的服务技能；监督和规范实习生的工作程序以及对机构相关政策、社工职业伦理的遵守，帮助实习生清晰认识自己的岗位职责、业务范围；带领和帮助实习生联络相关资源，协调实习生与机构、社区等相关部门之间的关系，为实习生的工作提供支持；给予实习生情绪上的引导和支持，帮助实习生尽快适应工作环境；对实习生的工作进行绩效考核和评估；等等。

实习督导者既可以通过现场直接观察来了解实习生的实务工作情况，也可以通过观看录像带、查看实习生的工作日志、听取实习生的口头汇报等方式获得实习生工作状况的资料，并以此为基础来检查、评估实习生的实习情况，从而决定如何引导和帮助实习生。在有需要的情况下，督导者可以通过现场指导、角色扮演、共同工作等方法帮助实习生学习实务技巧、提高服务质量。

在实习督导的过程中，建立有效的实习督导关系，需要督导者给实习生提供及时有效的帮助，对实习生的工作进行准确的评估并给予反馈，除此之外，还需要督导者能够懂得反身性思考，接纳、尊重和理解实习生。下面是一位香港督导者在内地从事社工督导及教学工作的札记，从中我们可以看到反身性思考在实习督导中的重要性。

我自2006年夏天开始在内地从事社工督导及教学工作，工作地点主要是广州中山大学，而当时作为督导的我，就顺理成章地直接沿用在香港学习和实践社会工作的经验来进行督导工作，主要是促使学生思考如何将所学过的社会工作理论和知识，用于处理实习中的任务。

在实习初期，一位学生的表现颇积极，经常主动分享他对实习计划安排的想法。但他的分享往往只是批评实习机构的不足，而自己又不会主动提出改善的方法；我提出观点，他又认为因我不明白内地的情况，所以提出来的意见是没用的。最终，他不管是与实习机构的同工，还是与我的关系，都变得非常紧张。在最终评分的那一天，一直告诉我不在乎分数的他，在听到我给他的分数时，勃然大怒，破口大骂，说从前的督导给他90多分，为何我不给他差不多的分数。当时年少气盛的我，当然不甘示弱，马上驳斥他的观点，更告诫他如有不满可去投诉。现在回想，我和那位学生于当时也是不懂反思，更没有想到进行反身性思考。其实对于大多数从未接触过社工的大学生来说，被“调剂”到社工专业，还要实践与现实工作不相配的实习，确实是份苦差。如果我当时能一早考虑到此点，开始时便与那位学生说明清楚，结果或许可以好一点。当然，我也明白学生碍于师生权力关系而不敢对我说实话；而到忍无可忍地爆发出来后，却破坏了根本的师生关系，这些不是我所期望的。经过这次经历，我明白了，虽然已有在香港从事社会工作的经验，但在内地进行社工实务又是另一回事，是必须敏锐和灵活地思考所有可能的事情的。①

五、实习生的评估

上面的材料牵涉到的一个问题是实习督导者对实习生的考核和评估。从目前国内高校课程教学的角度来看，实习生的考核和评估多半由负责实习课程的教师来完成，如有需要，机构会进行相应的配合；但从社会服务机构管理的角度来看，机构自身有必要对实习生的工作业绩进行有效的、可靠的考核和评估，一来了解实习生的工作效能、服务质量，二来为激励实习生提供客观依据，三来让实习生看到自己的不足，促进实习生的成长。

尽管实习生考核和评估是实习生管理过程中的一个重要环节，但是不少社会服务机构并不重视这一工作，原因之一是实习评估会给实习督导者和学生带来双重压力。在面对实习督导者的考核和评估时，实习生可能会产生焦虑、不安的情绪，甚至会愤怒，部分实习生还会质疑实习督导者评估的公正性，与实习督导者发生矛盾。上面的材料便是一个例子。

为了保证评估的有效性和可靠性，减少可能的矛盾，实习督导者在评估实习生的工作绩效时，要有具体的、清楚的、客观的标准，并让实习生清楚地知晓和明白评估的依据、方法和程序，尽可能减少督导者主观因素的影响。对此，实习协议为评估实习生的工作提供了一个基础性的框架。另外，在评估的过程中，应尽可能让实习生参与其中，鼓励实习生反馈自己对实习督导和评估的看法，做出自我评价。实习督导者要倾听实习生的意见，对实习生的意见保持敏感性和反思性。除此之外，一个正式的评估总结会十分有必要，它可以为实习督导者开诚布公地总结实习生自身的优势和不足、取得的进步和存在的问题提供机会，而且便于实习督导者和实习生就相关问题以及未来发展进行有效的交流。

至于实习生工作业绩的评估方法，可参照前文介绍的机构对员工进行绩效考核的方法，如报告记叙法、评级量表法、配对比较法、基准人物比较法、关键事件记录评价法以及实地考核法。

值得一提的是，随着实习生管理问题日益凸显，社会工作实习管理软件应运而生，有利于高校和社会服务机构对实习生进行系统化、电子化管理，大大提高实习管理的效率和水平。例如，一些公司研发的社会工作实习管理系统能够对实习生进行远程督导，节省督导时间；能够线上一键批改作业，也能让实习生自行下载各类模板；能够自动建档实习资料，方便查询；能够全方位了解实习生的实习情况，科学评估实习成绩；等等。表 8－1 呈现了社会工作实习管理软件的五大功能，这五

---

① 梁镗烈．内地社会工作督导与教学札记．社会工作，2010（3）．

大功能所包含的内容是社会工作实习管理亟须解决的问题。

表 8-1　　社会工作实习管理软件的五大功能

社会工作实习管理软件	电子化实习资料管理	日志的上传下载
		实习报告的上传下载
		计划书的上传下载
	实习模块管理	实习手册模板下载
		实习相关表格下载
	智能化实习点分配	实习点选择：学生根据意愿自由选择实习点
		实习点评估：系统存储该地区实习点的介绍及分析
		学生能力测评
	远程督导与安全保障	远程视频督导：随时关注学生所处情境及感受
		实习困惑标识：用不同颜色标注实习情况
		评估打分
		实习签到
	实习情况督查点评	实习点评与成绩管理
		实习教学点评

资料来源：上海踏瑞计算机软件有限公司的产品宣传册。

复习思考题

1. 社会服务机构的员工管理包含哪些环节？
2. 社会服务机构为什么需要对志愿者进行管理？
3. 志愿者的工作管理模式有哪些？
4. 社会服务机构如何管理实习生？
5. 签订实习协议需要注意哪些事项？
6. 谈谈你对实习督导的理解。

本章参考书目

1. 范志海，阎更法．社会工作行政．上海：华东理工大学出版社，2004.

2. 梁镫烈．内地社会工作督导与教学札记．社会工作，2010（3）.

3. 博戈，韦达．社会工作实习督导实务：理论与过程（第 2 版）．北京：社会科学文献出版社，2011.

4. 全国社会工作者职业水平考试教材编写组．社会工作综合能力（中级）．北京：中国社会出版社，2014.

5. 张曙．社会工作行政．北京：社会科学文献出版社，2002.

6. 王名．非营利组织管理概论．修订版．北京：中国人民大学出版社，2010.

推荐阅读书目

1. 德鲁克．管理的实践．北京：机械工业出版社，2006.

2. 宋玉芳．奥运会志愿者管理研究．北京：北京体育大学出版社，2008.

3. 童敏．社会工作专业实习：常见疑难问题及其处理．北京：社会科学文献出版社，2010.

4. FRUMKIN M L. Social work education and the professional commitment fallacy：a practical guide to field-school relations. Journal of education for social work，2014，16（2）.

5. ROSENBLUM A F，RAPHAEL F B. The role and function of the faculty field liaison. Journal of education for social work，2014，19（1）.

第九章
筹资与财务管理

基本概念

筹资的基本要素　筹资过程　资金管理　财务管理　权责发生制　财务预算管理　零基预算　递增预算　弹性预算　项目预算　收入　成本　支出　成本核算　业务活动成本　管理费用　筹资费用　交换交易收入　捐赠收入　上级补助收入　非限定性收入　财务报表　会计报表　财务信息透明管理　审计　财务审计　独立审计准则　政府购买服务

本章要点

1. 财务管理指社会服务机构为了行使其职能，对经费进行合理的筹集、组织、调节、监督和审计等管理活动。它包括资金来源管理、资金支出管理、资金管理涉及的内部控制和审计监督。

2. 社会服务机构的收入来源有慈善捐款、政府购买服务、政府补助、服务收费和自营性活动收入等。筹资管理就是指社会服务机构通过筹资渠道，运用筹资方式，依法经济有效地为组织筹集所需要的资金的财务行为。

3. 筹资管理是社会服务机构行政管理的关键，成功的筹资需要具备基本的要素和持续的筹资过程。筹资的基本要素包括筹资理由、筹资引领者、可能捐赠者和筹资计划。筹资过程包括研究潜在的捐赠者、确定筹资的目标对象、培养可能捐赠者、介绍业务、提出捐赠请求、对捐赠者的认可或问责。

4. 我国社会服务机构收入来源的核算和监督按照《政府会计制度——行政事业单位会计科目和报表》和《民间非营利组织会计制度》的规定执行。上述两项规定分别适用于事业单位和民间非营利组织。

5. 资金管理包括财务预算管理和财务报表管理。资金管理的行政过程是指对资金使用做决策与计划，建立资金使用和分管的责任制，检查和监督资金的使用情况，考核资金的利用效果。它能够促进社会服务机构的资金募集、组织资金供应、合理有效地利用资金和提高机构行政的管理水平。

6. 成本和费用管理是财务管理中的重点内容。

7. 财务信息透明管理和财务审计对提高社会服务机构的公信力有着至关重要的意义。

课前准备

阅读与财务管理相关的资料和报表，在网上查看任何一家非营利组织的审计结果；掌握会计专用名词的含义；试着做一次网上捐赠，看看捐赠信息是怎样的；向任何一家非营利组织的财务会计请教关于社会服务机构财务管理方面的问题。

财务管理是社会服务机构行政管理的重要内容，任何机构职能的实现，都要以财力的支持为保证。财务管理指社会服务机构为了行使其职能，对经费进行合理的筹集、组织、调节、监督和审计等管理活动。它包括资金来源管理、资金支出管理、资金管理涉及的内部控制和审计监督。社会服务机构财务管理的特征有三：一是财务管理目标的非营利性，即在其财力允许的范围内向服务对象提供尽可能多的准公共产品，使其社会价值实现最优化；二是资金来源的多样性；三是所有权形式的特殊性，即社会服务机构资金的权益属于组织本身，而不属于任何出资者。实行财务管理是为了建立健全内部财务管理制度、合理安排收支、依法筹资、节约成本、控制费用使用和加强经济核算以提高资金使用效率。

第一节　社会服务机构的筹资管理

资金来源多样性是现代社会组织的一个重要特点。人们通常认为，社会服务机构的主要收入来源应当是慈善捐款，但实际上，社会服务机构不是仅靠民间捐款便可以生存的。在世界各国的现代社会服务机构中，公众捐赠的比例都只占其机构收入的小部分，而政府购买服务、政府补助、服务收费和自营性活动收入的比例都在增加。筹资管理指社会服务机构“根据其持续经营和业务活动的需要，通过筹资渠道，运用筹资方式，依法经济有效地为组织筹集所需要的资金的财务行为”①。

① 谢晓霞．民间非营利组织财务管理理论与实务．北京：经济管理出版社，2013：61.

一、筹资来源

社会服务机构的筹资来源主要有以下方面：政府资助或补助、接受捐赠款物、服务收费、国际组织资助、利息收入和投资收益等。收入来源包括现金收入和非现金收入两种类型。

（一）政府资助或补助

社会服务机构可以通过向政府有关部门申请资源得到资金支持。政府资助或补助社会服务机构通常采取以下方式：一是政府直接财政划拨用于资助社会服务机构；二是政府购买服务合约付款；三是政府津贴，如员工福利；四是给社会服务机构的收入免税待遇，给向社会服务机构捐款的个人和公司税收优惠的待遇；五是公办民营或公建民营，由政府提供场所；等等。

（二）接受捐赠款物

捐赠款物指社会公众，包括个人、各种社会组织、企业、基金会的现金捐赠和非现金捐赠。直接慈善捐赠包括向慈善筹款机构捐款、向慈善执行机构捐赠、指向受助人的捐赠。公众捐赠者的捐赠方式有：捐款、捐物、购买“礼品”、参加慈善晚会、购买彩票、遗产捐赠等。间接捐款指通过劝募基金组织分配的捐款，社会服务机构可以向慈善基金申请。在许多国家，公益基金会是社会服务机构重要的资金来源之一。美国和其他许多国家还有联合劝募组织，其也是社会服务机构的资金来源之一。这种组织在市场上统一筹款，根据一定规则将资金合理地分配给社会服务组织。

国外的非营利组织有多种募款途径，可根据捐赠形式有针对性地展开资金募集工作。常见的捐赠形式有现金捐赠、不动产或不动产所有权捐赠、有形资产捐赠、增值证券捐赠、延展捐赠（延长捐赠时间）、寿险捐赠和信托捐赠以及企业对等认捐，这些都是国外非营利组织常用的筹资策略。

（三）服务收费

服务收费指社会服务机构要求服务对象直接支付的费用。这种筹资方式在社会服务机构中比较常见。服务收费还包括第三方支付的费用，以及经营营利性的附属机构、出售商品的收益等，还有特许经营和特许权使用费。这些都可以成为资金的来源，当然这些活动都有相关的法律规定资金使用的合法性和细节。

（四）国际组织资助

国际组织资助是一些社会服务机构资金的来源之一，许多机构受国际组织资助。国际组织资助的方式通常有项目支持、资金援助、低息或无息贷款、技术援助、能力建设服务、志愿者援助、国际交流等。成为非营利组织资金来源的国际组织主要属于以下四大体系。①

（1）联合国体系。联合国体系大致包括联合国开发计划署（UNDP）、联合国儿童基金会（UNICEF）、国际劳工组织（ILO）、联合国粮食及农业组织（FAO）、联合国人口基金会（UNFPA）、联合国教科文组织（UNESCO）、联合国难民署（UNHCR）、世界卫生组织（WHO）等。

（2）国际金融组织。世界银行、亚洲开发银行等国际金融组织也是社会服务机构的资金来源之一。

（3）官方发展援助（ODA）。官方发展援助是国家之间的援助。社会服务机构要想得到官方发展援助资金支持，必须经过所在国的政府批准。

（4）国际社会组织。20 世纪 90 年代以来，发达国家有三千余个国际社会组织从事对发展中国家的援助工作，它们每年直接掌握的资金在 100 亿美元左右。国际社会组织分为不同的类型：国际性的基金会不直接开展项目，而是资助发展中国家的社团开展服务；执行性的国际社会组织与发展中国家的机构合作，直接开展项目；混合型的国际社会组织介于国际性基金会和执行性国际社会组织之间，不仅资助发展中国家的社团开展项目，也在发展中国家直接开展项目。

（五）利息收入和投资收益

利息收入是机构的存款所得的利息，包括财政拨款的未用部分、事业收入、交换交易收入等暂存银行所得。投资收益是机构通过对外投资、交予专业机构运作保值增值等金融活动所取得的收入。

二、筹资的基本要素和筹资过程

筹资管理是社会服务机构行政管理的关键，成功的筹资需要具备基本的要素和持续的筹资过程。

（一）筹资的基本要素

筹资的基本要素是成功筹资的基础要素，指的是筹资理由、筹资引领者、可能捐赠者和筹资计划②。

一般来讲，筹资理由是社会公众判断社会服务机构是否值得捐赠以及捐赠后能

---

① 王思斌．社会行政．北京：高等教育出版社，2006：141.

② 卢咏．公益筹款．北京：社会科学文献出版社，2014：26－38.

否产生积极影响的根据。捐赠者或服务的购买者不仅仅有权知道善款的用途，更需要对善款的服务种类进行选择性的“投资”。因此，公益筹资项目设计在吸引筹资方面至关重要，公益筹资项目需要清楚明确地让人们知道项目内容、筹资重点、哪些项目需要资金、需要多少资金，以及捐赠后能够获得的益处或解决的某类具体社会问题，以利于引起捐赠者的个人兴趣偏好、心愿满足和社会情感偏好。其中，筹资理由陈述书是公益筹资项目设计的核心部分，是筹资的有力工具。

筹资引领者指能够为机构提供关键性捐赠并有能力影响筹资的机构外部的人或组织。因为筹资引领者自身具有社会资源，具有动员力、号召力等，可以为筹资提供协助力量。机构要经过长期的努力来培育筹资引领者，志愿者、友好人士和理事会成员都可以担当机构的筹资引领者，他们通过自身率先捐赠的行动，特别是高额捐赠行为，表明对机构或项目的认可，以此来吸引更多的社会捐赠者捐赠。所以，筹资引领者更重要的作用是通过示范效应，赢得社会公众对项目和机构的信任感，增加社会公众捐赠的心理舒适程度。筹资引领者的作用不仅仅是增加捐款的数量，更重要的是刺激捐赠动机，引领捐赠行动。

可能捐赠者是项目或机构的支持者群体，任何机构都有可能捐赠者，他们为或是认同机构的使命或是由机构持续动员而来的数量广泛的支持者，但需要机构不断培育和挖掘，把可能捐赠者变为捐赠者。可能捐赠者的标准包括：与机构有关联，有提供机构所需资金的捐赠能力，对机构从事的工作有兴趣。通过捐赠者群体模型（见图 9－1），我们能看到机构的可能捐赠者的各个层次和捐赠动员的进阶。

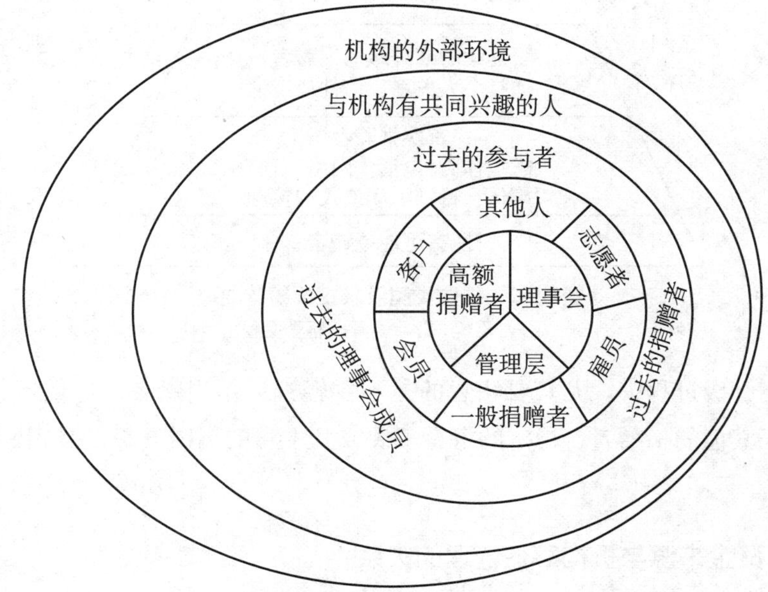

图 9－1　捐赠者群体模型

资料来源：卢咏．公益筹款．北京：社会科学文献出版社，2014：35.

筹资计划是筹资的规划执行步骤。筹资计划包括分析捐赠市场需求、依据需求评估科学地制定筹资目标、将目标具体化为战略目标的实施步骤、制订与捐赠者和公众的传播沟通计划、培养捐赠者、制定提出捐赠请求的策略等。

（二）筹资过程

公益筹资的基本过程更是一个培育和发展的过程。筹资工作不能只注重筹资结果，更应该看到筹资的艰辛过程和对可能捐赠者的过程管理。筹资是把可能捐赠者变为捐赠者的实际行动过程，包括六个部分：研究潜在的捐赠者、确定筹资的目标对象、培养可能捐赠者、介绍业务、提出捐赠请求、对捐赠者的认可或问责。①

筹资过程还包括促使捐赠升级的深耕过程。捐赠升级就是捐赠者通过首次捐赠，对机构有了充分的了解、肯定和认同，在良好的捐赠舒适度体验的基础上重复捐赠和提高捐赠额的过程。可以参照图 9－2 的顺序推进捐赠升级过程。

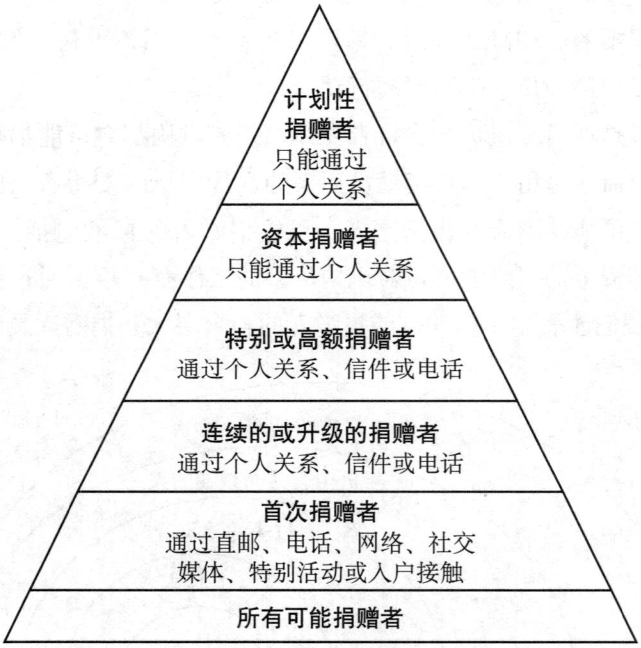

图 9－2　捐赠类型及其主要筹款战略

资料来源：卢咏．公益筹款．北京：社会科学文献出版社，2014：54.

在捐赠升级过程中，尤其要注意的是不要轻视低额捐赠者，他们不仅数量多，而且会带来其他的捐赠者、稳定的资金来源或其本身的捐赠升级，是捐赠升级的根基所在。

（三）资金来源与机构筹资管理的关系

资金来源和机构运作有重要的关联。了解资金来源是管理一个社会服务机构应

① 卢咏．公益筹款．北京：社会科学文献出版社，2014：48.

当具备的常识，不仅有利于社会服务机构根据所处的环境正确选择资金获得渠道，开拓资金信息渠道，还能够帮助机构针对不同的对象选择正确的筹资方法，增强组织的筹资能力。

第一，资金来源对资金使用具有决定作用。“了解资金来源最重要的目的是明白资金都是有附加条件的，使用资金的决定权更多地掌握在资金的授予方手里，而不是资金的接收方。”① 可见，资金使用方式的根本决定权在出资方手里，出资方会对资金的使用产生制约。第二，机构资金来源的数量对机构运作效率有影响。“资金来源比较广泛的机构有较大的自主性和灵活性，所以失去任何一个资金来源都不致使机构完全陷入困境。但资金来源越多，机构的运作就变得越复杂，一方面会增加工作内容的多样性，另一方面也会增加机构所担负的责任。机构如果只有单一的资金来源，很可能变得僵化和高度专门化；如果有非常多的资金来源，则有可能工作面太广，难以保证不偏离所订立的使命。”② 所以，懂得资金来源数量与机构运作管理之间的利弊关系，能够对是否接受资金、接受哪里的资金以及接受多少资金进行选择，确定优先次序。

因此，筹资管理要遵循四项原则：一是筹资数目的合理性原则，过度筹资会降低公信度，丧失可持续筹资能力；二是筹资成本最小化原则，在收入一定的情况下，选择筹资成本最小的可行的筹资方式；三是筹资风险最小化原则；四是筹资途径合法化原则。筹资管理包括筹资费用管理、筹资岗位和人员设定、筹资科目设定和筹资的会计核算。

三、筹资方法

社会服务机构开展筹资的方法有很多，具体如下：

（1）出资者提供。这种方法在社会服务机构中比较常见，出资者负责启动资金的注入。

（2）向金融机构借款。有些金融机构对公共服务性的机构进行借贷，如社会企业性质的银行、提供小额贷款的银行、以基金为形式的扶贫贷款等。

（3）资助项目申请。要想获得政府购买服务、基金会资助和其他组织的支持，一般要向资助方提出申请，撰写申请书，通过项目的方式来获得项目支持资金。

（4）私人恳请与电话、网络劝募。私人恳请是注重私人性、注重人际关系的筹资方法；电话劝募是在紧凑的时间内进行密集的电话拜访，传达筹资信息；网络劝募是在网络上设立捐赠平台。此外，还有海报、宣传单、捐赠箱等工具性筹资

---

① 内廷，凯特纳，麦克默特里．宏观社会工作实务（第3版）．北京：中国人民大学出版社，2006：246.

② 同①247.

方法。

（5）筹资活动。包括重大灾害定向筹资，以及通过召开记者会、研讨会、展览会、义演和发传单等进行筹资。

（6）直接收费。对享受服务的消费者直接收费，如养老机构收费等。直接收费还包括大的机构的各种下属经营性收费的直接上缴和国外的捐赠收入。

（7）列入财政预算计划。在我国，作为社会事业单位的社会服务机构的财政拨款一般是被列入政府财政计划的，每年有固定的拨款，这不需要特别的申请，但要符合年度财务审计要求和工作业务的需要，积极争取被列入财政计划。还可以通过工作创新，根据政府在该领域的工作重心情况调整工作，争取财政计划外的资金补助。

四、我国社会服务机构收入来源的核算和监督

社会工作财务行政管理需要对收入来源进行核算和监督①。收入来源即资金来源，是指社会服务机构为开展业务活动，依法取得的非偿还性资金。按照《政府会计制度——行政事业单位会计科目和报表》和《民间非营利组织会计制度》的规定，我国社会服务机构的收入内容分别如下②。

作为事业单位的社会服务机构的收入，依据来源，可以分为财政拨款收入、事业收入、上级补助收入、附属单位上缴收入、经营收入、非同级财政拨款收入、投资收益、捐赠收入、利息收入、租金收入、其他收入。非营利组织各项收入的所得应当符合国家规定，各项收入应当全部纳入单位预算统一管理，统筹安排使用。

作为民间非营利组织的社会服务机构的收入分为交换交易所形成的收入和非交换交易所形成的收入。交换交易指按照等价交换原则所从事的交易，即当某一主体取得资产、获得服务或者解除债务时，需要向交易对方支付等值或者大致等值的现金，或提供等值或者大致等值的货物、服务等的交易。如按照等价交换原则销售商品、提供劳务等均属于交换交易。非交换交易是指除交换交易之外的交易。在非交换交易中，某一主体取得资产、获得服务或者解除债务时，不必向交易对方支付等值或者大致等值的现金，或提供等值或者大致等值的货物、服务等；或者某一主体在对外提供货物、服务等时，没有收到等值或者大致等值的现金、货物等。如捐赠、政府补助等属于非交换交易。民间非营利组织的会费收入、提供服务收入、商

---

① 在我国，国家办的社会服务机构属事业单位，依照于 2017 年 10 月 24 日发布的《政府会计制度——行政事业单位会计科目和报表》进行财务管理；民间社会服务机构属民办非企业单位，按照于 2004 年 8 月 18 日由财政部发布的《民间非营利组织会计制度》（2005 年 1 月 1 日起执行）进行财务管理。

② 本小节以下内容根据财政部《政府会计制度——行政事业单位会计科目和报表》和《民间非营利组织会计制度》规定中的收入部分提炼整理而成。

品销售收入和投资收益等一般为非限定性收入，除非相关资产提供者对资产的使用设置了限制；民间非营利组织的捐赠收入和政府补助收入，应当被视为使用性收入和非限定性收入进行核算。具体见表 9-1。

表 9-1　　两种不同会计制度规定所列出的收入来源核算和监督

作为事业单位的社会服务机构的收入来源	作为民间非营利组织的社会服务机构的收入来源
4001 财政拨款收入：从同级政府财政部门取得的各类财政拨款。 4101 事业收入：事业单位开展专业业务活动及其辅助活动实现的收入，不包括从同级政府财政部门取得的各类财政拨款。 4201 上级补助收入：事业单位从主管部门和上级单位取得的非财政拨款收入。 4301 附属单位上缴收入：事业单位取得的附属独立核算单位按照有关规定上缴的收入。 4401 经营收入：事业单位在专业业务活动及其辅助活动之外开展非独立核算经营活动取得的收入。 4601 非同级财政拨款收入：从非同级政府财政部门取得的经费拨款，包括从同级政府其他部门取得的横向转拨财政款、从上级或下级政府财政部门取得的经费拨款等。 4602 投资收益：事业单位股权投资和债券投资所实现的收益或发生的损失。 4603 捐赠收入：接受其他单位或者个人捐赠取得的收入。 4604 利息收入：取得的银行存款利息收入。 4605 租金收入：经批准利用国有资产出租取得并按照规定纳入本单位预算管理的租金收入。 4609 其他收入：除上述项目以外的各项收入，包括现金盘盈收入、按照规定纳入单位预算管理的科技成果转化收入、行政单位收回已核销的其他应收款、无法偿付的应付及预收款项、置换换出资产评估增值等。	（一）捐赠收入是指民间非营利组织接受其他单位或者个人捐赠所取得的收入。 （二）会费收入是指民间非营利组织根据章程等的规定向会员收取的会费。 （三）提供服务收入是指民间非营利组织根据章程等的规定向其服务对象提供服务取得的收入，包括学费收入、医疗费收入、培训收入等。 （四）政府补助收入是指民间非营利组织接受政府拨款或者政府机构给予的补助而取得的收入。 （五）商品销售收入是指民间非营利组织销售商品（如出版物、药品等）等所形成的收入。 （六）投资收益是指民间非营利组织因对外投资取得的投资净损益。民间非营利组织如果有除上述捐赠收入、会费收入、提供服务收入、政府补助收入、商品销售收入、投资收益之外的其他主要业务活动收入，也应当单独核算。 （七）其他收入是指除上述主要业务活动收入以外的其他收入，如固定资产处置净收入、无形资产处置净收入等。对于民间非营利组织接受的劳务捐赠，不予确认，但应当在会计报表附注中作相关披露。

五、政府购买服务

我国的政府购买服务实践经历了一个探索过程。20 世纪 90 年代，随着市场经济的发展，上海、深圳、杭州、成都、无锡等地吸收消化了 20 世纪 70 年代以来源于西方新公共管理改革的经验，结合我国实际，率先探索了政府向社会力量购买服务的实践，并取得了一定成效。党的十八大报告明确提出要改进政府提供公共服务方式，党的十八届三中全会的《中共中央关于全面深化改革若干重大问题的决定》明确提出“推广政府购买服务，凡属事务性管理服务，原则上都要引入竞争机制，通过合同、委托等方式向社会购买”①。国务院大力推进简政放权、放管结合、优化服务，对转变政府职能、改善公共服务做出重大部署，明确要求在公共服务领域更多利用社会力量。《国务院办公厅关于政府向社会力量购买服务的指导意见》对全国购买服务改革做了统一部署，明确了这项工作的目标任务和主要内容。政府购买服务推动了社会工作和社会组织的发展。

（一）政府购买服务的内涵

根据我国现行政策规定，政府购买服务是指各级国家机关将属于自身职责范围且适合通过市场化方式提供的服务事项，按照政府采购方式和程序，交由符合条件的服务供应商承担，并根据服务数量和质量等因素向其支付费用的行为。政府购买服务就是通过发挥市场机制的作用，将政府的一部分公共服务事务外包给社会组织、企业等社会力量承担，并明确约定政府和社会力量双方的权利和义务。

政府购买服务的购买主体是各级国家机关，具体包括：（1）行政机关；（2）人大机关；（3）监察机关；（4）审判机关；（5）检察机关。以下机关和单位也可以根据实际需要，按照相关规定购买服务，具体包括：（1）党的机关；（2）政协机关；（3）民主党派机关；（4）承担行政职能的事业单位；（5）使用行政编制的群团组织机关。

政府购买服务的承接主体包括以下几类：（1）企业；（2）社会组织（不含由财政拨款保障的群团组织）；（3）公益二类事业单位；（4）从事生产经营活动的事业单位；（5）农村集体经济组织；（6）基层群众性自治组织；（7）具备条件的个人。

需要注意的是，公益一类事业单位不能作为政府购买服务的购买主体。是否具备政府购买服务的购买主体资格取决于是否承担政府行政职能。公益一类事业单位不具有行政管理职能，其功能定位是负责直接提供特定领域公共公益服务的主体，与行政机关性质不同，不宜作为政府购买服务的购买主体。需要说明的是，公益一类事业单位不能作为政府购买服务的购买主体，是指其不能购买其承担的主要事项，即不能将自身的主要职能委托出去。但为完成自身职责，公益一类事业单位可以购买所需辅助服务事项。

（二）政府购买服务的基本原则和工作机制

1. 政府购买服务的基本原则

一是积极稳妥，有序实施。从实际出发，准确把握社会公共服务需求，充分发挥政府的主导作用，探索多种有效方式，有序引导社会力量参与服务供给，形成改善公共服务的合力。二是科学安排，讲求绩效。坚持先有预算、后购买服务，政府

① 中共中央文献研究室．十八大以来重要文献选编：上．北京：中央文献出版社，2014：521.

购买服务资金应当从既有政府预算中安排，突出公共性和公益性，重点考虑、优先安排与改善民生密切相关、有利于转变政府职能的领域和项目，实施全过程绩效管理，切实提高财政资金使用效率。三是公开择优，以事定费。按照公开、公平、公正原则，坚持费随事转，通过公平竞争择优确定政府购买服务的承接主体，建立优胜劣汰的动态调整机制。四是改革创新，完善机制。坚持与事业单位改革、行业协会商会脱钩改革、社会组织培育发展相衔接，推进政事、政社分开，放宽市场准入，凡是社会力量能办好的，都交给社会力量承担，不断完善政府购买服务体制机制。

2. 政府购买服务的工作机制

推行政府购买服务，要按照政府主导、部门负责、社会参与、共同监督的要求，确保工作规范有序开展。地方各级人民政府可根据本地区实际情况，建立“政府统一领导，财政部门牵头，民政、工商管理以及行业主管部门协同，职能部门履职，监督部门保障”的工作机制，拟定购买服务目录，确定购买服务计划，指导监督购买服务工作。相关职能部门要加强协调沟通，做到各负其责、齐抓共管。

其中，财政部门牵头负责建立健全政府购买服务制度，监督、指导各类购买主体依法开展购买服务工作，做好资金管理、监督检查和绩效评估等工作。发展改革部门根据提高公共服务供给保障能力的需要，负责将政府购买服务纳入国民经济和社会发展中长期规划统筹安排。机构编制部门负责对政府现有公共服务职能进行合理界定，做好政府购买服务与事业单位分类改革的衔接工作。民政、工商管理以及行业主管等部门负责将承接政府购买服务行为纳入年检、评估、执法等监管体系，加强对承接主体的资格审查，培育和壮大社会力量。审计部门负责对政府购买服务工作和资金管理使用情况进行审计。

（三）政府购买服务改革的主要政策依据

目前，推进和规范政府购买服务改革的主要政策依据包括：

（1）《中华人民共和国政府采购法》《中华人民共和国政府采购法实施条例》。

（2）党的十八届三中全会：推广政府购买服务，凡属事务性管理服务，原则上都要引入竞争机制，通过合同、委托等方式向社会购买。

（3）党的十八届五中全会：创新公共服务提供方式，能由政府购买服务提供的，政府不再直接承办。

（4）党的十九届三中全会：推动教育、文化、法律、卫生、体育、健康、养老等公共服务提供主体多元化、提供方式多样化。推进非基本公共服务市场化改革，引入竞争机制，扩大政府购买服务。

（5）《国务院办公厅关于政府向社会力量购买服务的指导意见》。

（6）《政府购买服务管理办法》。

（7）《财政部关于做好政府购买服务工作有关问题的通知》。

（8）《财政部关于政府购买服务有关预算管理问题的通知》。

（9）《财政部关于推进和完善服务项目政府采购有关问题的通知》。

（10）《财政部关于做好行业协会商会承接政府购买服务工作有关问题的通知（试行）》。

（11）《关于做好事业单位政府购买服务改革工作的意见》。

（12）《关于通过政府购买服务支持社会组织培育发展的指导意见》。

（13）《财政部关于坚决制止地方以政府购买服务名义违法违规融资的通知》。

（14）《财政部关于推进政府购买服务第三方绩效评价工作的指导意见》。

（四）政府购买服务、政府补助和政府采购

1. 政府购买服务与政府（对服务机构的）补助的区别

在政府购买服务中，政府根据社会服务机构特定时期内提供服务的数量和质量支付费用，在管理上更加注重绩效和结果导向。为了鼓励公共服务供给，政府可以对提供公共服务的机构进行补助。政府补助通常附有一定的条件要求，可由社会服务机构经法定程序申请取得，但这些条件要求未必与服务产出数量和质量直接挂钩。

2. 政府购买服务与政府采购的关系

（1）目的和范围不同。

政府购买服务是政府在采购法律框架体系下，推动公共服务体系建设、创新公共服务供给模式的改革举措。其主要政策目标是转变政府职能，创新公共服务供给机制，发挥市场在资源配置中的决定作用，提高公共服务供给质量和效率。政府购买服务项目属于集中采购目录以内或采购限额标准以上的，在选择承接主体环节，应按照《中华人民共和国政府采购法》规定的有关采购方式执行。

政府采购是各级国家机关、事业单位和团体组织，使用财政性资金采购依法制定的集中采购目录以内或采购限额标准以上的货物、工程和服务的行为。政府采购制度是财政支出管理的基本制度。政府采购制度旨在规范政府采购行为，提高政府采购资金的使用效益，维护国家利益和社会公共利益，保护政府采购当事人的合法权益，促进廉政建设；从制度体系看，包括对采购需求确定、交易、采购程序、履约验收、信息公开、政策功能等进行管理的一系列制度规范。

（2）政府购买服务在购买主体方面与政府采购存在区别。

政府购买服务强调购买主体要承担行政管理职能，所以其购买主体主要是各级政府机关及其职能部门。政府采购主体比政府购买服务的购买主体范围更大。政府

采购主体包括各级国家机关、事业单位和团体组织。

(3) 政府购买服务在确定承接主体方面与政府采购存在区别。

实施政府购买服务，购买主体应当按照《中华人民共和国政府采购法》及《中华人民共和国政府采购法实施条例》的有关规定，采取政府采购方式确定承接主体；对于凭单制政府购买服务项目，从采购需求的特殊性、改革和创新服务提供方式的角度考虑，可采用简化采购流程确定承接主体。

第二节 资金管理

资金管理的行政过程是指对资金使用做决策与计划，建立资金使用和分管的责任制，检查和监督资金的使用情况，考核资金的利用效果。资金管理对社会工作行政管理水平的提高有积极的促进作用，能够促进社会服务机构的资金募集、组织资金供应、合理有效地利用资金和提高机构行政的管理水平。资金管理主要包括财务预算管理和财务报表管理。

一、财务预算管理

在社会服务机构中，编列预算应当是行政者的一项重要责任，对财务的预算也是财务管理的关键环节，机构行政主管对财务预算的编制起重要的作用。财务预算管理是指社会服务机构的"理财主体或者其委托任命的管理人，为了正确设计其预算和全面实现核算目标，借助于科学的理论和方法，对预算的编制、审批、执行、调整、监督过程实施计划、组织、控制、分析、评价等的一系列活动"[①]。

在财务管理上，我国民间非营利组织的机构会计核算应当以权责发生制[②]为基础，而国有事业单位的非营利组织会计实行预算管理级次的办法，分为主管会计单位、二级会计单位和基层会计单位三级。

(一) 财务预算管理的体系和内容

社会服务机构的基本预算管理体系包括预算编制、预算执行、预算的分析与考核、预算的调整。预算编制又分为日常业务预算、专项业务预算和其他业务预算。

---

① 谢晓霞．民间非营利组织财务管理理论与实务．北京：经济管理出版社，2013：12.

② 权责发生制是指在确认一个会计主体的收入和费用时，以是否取得收取款项的权力或支付款项的责任为依据，而不是以是否实际收取现金为依据。通俗的解释是：凡是当期已经实现的收入和已经发生或应当负担的费用，不论款项是否收付，都应当作为当期的收入和费用；凡是不属于当期的收入和费用，即使款项已经在当期收付，也不应当作为当期的收入和费用。所以，应计入某期间的收入和费用与款项的实际收付不是同步的。王国生，姚维刚．民间非营利组织会计．北京：中国金融出版社，2005：19.

预算管理一般从收入和支出的角度出发，具体的预算管理内容如下。

1. 预算管理的内容

（1）收入预算。收入预算是依据实际的需求，对年度内机构可能获得的用于各项事业开支的非偿还性资金的一份尽量准确的收入计划，收入预算汇集了年度内机构可能提供的用于开展各项事业的全部资金收入。收入预算一般由财政补助收入和非财政补助收入两部分组成，其中非财政补助收入包括上级补助收入、事业收入、经营收入、附属单位缴款和其他收入，如利息等。

（2）支出预算。支出预算是依据实际的需求，对年度内机构可能用于各项事业活动及其他活动的预计支出计划。支出预算一般包括事业支出、经营支出等。事业支出包括人员支出、日常公用支出、补助支出三个部分。经营支出是机构在专项业务活动及其辅助之外开展非独立核算经营活动发生的支出。

（3）现金流量预算。衡量一个机构的财务状况是否健康，现金流量是一个重要指标。现金流量预算是反映现金流入和现金流出时间的预算，以月或年为时间单位进行现金流入流出的编制。现金流量预算中确定现金收入和现金支出都以营业预算为起点。

2. 预算管理的基本方法

确定正确的财务预算类型和方法，是财务预算管理的首要任务。以下几种方法在社会服务机构的财务预算中经常被作为基本预算方法：

（1）零基预算。零基预算指对单位每一事业计划的预算必须先归零，对所有预算项目从零开始重新加以审核、分析、计算、评估的编制预算的方法。零基预算的方法为先确定基层预算单位，然后收集分析数据资料，再要求各部门提交预算方案，以此为基础，以零为起点编制审核预算。零基预算法适用于管理基础工作做得比较好的组织机构。

（2）递增预算。递增预算是在上一段时间实际支出的基础上，考虑执行中发生的变化和新情况，如员工薪金、通货膨胀等因素，结合新计划所需的资金，计算出下一期间的预算计划。这是一个粗略的方法，只能用来预测开支。此方法因为操作简单，故在实际工作中被大量使用。一种方法是，以一年为预算期，按月进行调整；另一种方法是，不仅以上年度的实际支出为基础，而且综合考虑上年度的预算、往年的预算和实际支出，对下年度的预算进行相应的修正。递增预算法适用于有发展性的重大项目、有中长期发展计划的组织机构。

（3）弹性预算。弹性预算是在不能准确预测业务量的情况下，将未来的收支预算值视为一个概率比分布，按照一系列业务量水平编制的有伸缩幅度的预算编制方法。弹性预算法要求首先选择和确定活动的计量单位消耗量、人工小时等，其次预测可能达到的活动业务量，再次将总成本划分为变动成本和固定成本，逐项确定各项费用与业务量之间的关系，最后计算各种业务量水平下的预测数据，用公式表示。如果机构在组织状况不稳定的环境下运作，则弹性预算法比较适用。实际上预算必须有一定的弹性才合理。

（4）项目预算。项目预算是在机构事业活动所需的资金确定的前提下，根据实际投资需要的资金数额来计算需要筹集的资金数额的预算编制方法。项目预算是财务预算的子预算。一个项目对应一个子预算，这样，整个预算就可以借助于子项目的预算向每一个项目预算分配适当规模的财物和人力资源。项目预算主要根据符合宗旨程度、项目可行性、费用开支三个指标来决定服务方案的优先顺序，将预算过程和评估过程紧密结合。项目预算可以采取自上而下的预算方法，即主要依赖于中上层项目管理人员的经验和职业判断，对项目的总体费用、构成项目的子项目费用进行估算，然后将估算结果交给较低层次的管理人员，让他们对子项目的任务和费用进行估算，再由更低层次的管理人员对子项目进行估算，直到基层。项目预算还可以采取自下而上的预算方法，这样的预算方法要求运用项目预算表对所有的工作任务所需要的时间和资源进行仔细考察，再转化为所需要的经费；对所有工作任务估算进行总体汇总，形成总体费用的直接估算，最后加上适当的间接费用以及项目要达到的盈余目标，就形成了项目的总预算。

（二）财务预算的步骤

机构预算要根据量入为出、收入与决算一致的原则来进行。在制定预算时，行政管理者要注重预算过程主要涉及的要素及主要步骤。①

一是制定与机构需要有关的具体目标，目标应当是可观察的、可操作的，以便能够做定期评估。

二是弄清楚有关机构运作的资料，搜集和分析有关机构当前和过去运行的基本信息，必须考虑如何去寻找资源和设施。

三是考虑与机构运作有关的其他财务替代方案。

四是为机构决定要优先考虑的问题，再次考虑机构政策和目标，按优先顺序排列出预算方案。

五是确定有关预算的最终决策。

六是提供适当的解释和公共关系。向决定预算的相关人员进行解释，以使他们充分地理解预算的理由，获得积极的结果。

（三）日常资金管理和制度规定

日常资金管理是资金管理的常态化，指及时确切地对机构流动资金及日常收支

---

① 斯基德莫尔．社会工作行政：动态管理与人际关系（第3版）．北京：中国人民大学出版社，2005：80-81.

情况进行审核、记录、分类和平衡的管理工作。日常资金管理要严格按照《民间非营利组织会计制度》的规定进行操作。日常资金管理包括现金、银行存款、其他货币资金和存货管理。

（1）现金。现金指的是库存现金。对于现金，应当设置“现金日记账”，由出纳人员根据收付款凭证，按照业务发生顺序逐笔登记，日清月结，计算出当日的现金收入、现金支出、合计数和结余数，做到账款相符。现金管理制度规定库存现金不能超过规定的额度、不能“打白条”抵用、不能坐支现金，要收支两条线。

（2）银行存款。银行存款指机构存入银行的现金。对于银行存款，应按照开户银行和其他金融机构、存款种类等，分别设置“银行存款日记账”，由出纳人员根据收付款凭证，按照业务发生顺序逐笔登记，日清月结。“银行存款日记账”要与其开户银行提供的银行存款对账单进行核对，及时调节。还应当定期对银行存款进行检查，确定当期损失。除此之外，通行的存款管理包括采用支票结算方式、采用汇兑结算方式、采用银行汇票结算方式、采用商业汇票结算方式、采用银行本票结算方式、采用委托收款结算方式、采用托收承付结算方式进行。“现金日记账”和“银行存款日记账”应按规定及时进行账务处理。银行存款管理制度规定必须开立两个银行存款账户——开立一个基本账户用来付款，再开立一个一般账户用来收款，不得出租、出借账户，等等。

（3）其他货币资金。其他货币资金指机构的外埠存款、银行汇票存款、信用卡存款、信用证保证金存款、银行本票存款等各种其他货币资金。

（4）存货。存货指达不到固定资产的要求，但是在日常业务活动中却能够持有以备出售或捐赠，或者在提供服务过程中所耗费的材料、物资、商品等。对于存货，要建立合理的存货收付制度、仓储管理员制度、存货的合理存放制度、存货盘点制度和存货减值制度。

日常资金管理制度除了对现金、银行存款、其他货币资金和存货管理有明确的制度规定外，还包括重要的报销制度和借款制度。报销制度制定了报销的流程管理制度，规定了对原始凭证的汇总要求、支出凭单要求、发票要求、印章要求等；借款制度规定了现金及转账支票不能以任何理由借给外单位使用，出差借款要填写借款单，所借支票要妥善保管，不得遗失和折叠，等等。

二、财务报表管理

财务报表也称财务报告。预算和财务报表是紧密相连的管理活动，财务报表是对预算的具体运作。任何社会服务机构都需要保持精确的账簿和记录。我国社会服务机构分属两种类型，当然按两种规定实行财务报表管理。

事业单位会计报表是反映事业单位财务状况和收支情况的书面文件，是财政部门和上级单位了解情况、掌握政策、指导单位预算执行工作的重要资料，也是编制下年度单位财务收支计划的基础。民间非营利组织会计报表是反映财务状况、业务活动情况和现金流量等的书面报告。

（一）财务报表制度的两个组成部分

一般财务报表的两个组成部分主要是财务会计的对外财务报告和管理会计的对内会计报告，非营利组织应当设有财务会计和管理会计。财务会计的对外财务报告，其主要目的是为组织的外部捐赠人、监管者和相关利益团体提供信息。对外财务报告制度反映了财务的社会透明度，让社会公众知道他们的捐款的用途和去向，是增强社会服务机构公信力的手段。而管理会计的对内会计报告，是为了让机构及时准确地掌握资金的实际运转状况，为机构内部的管理决策提供财务信息支持。管理会计提供的信息属于机构内部机密，一般不会对外公开。

（二）事业单位会计报表和民间非营利组织财务会计报告①

按照我国《政府会计制度——行政事业单位会计科目和报表》和《民间非营利组织会计制度》的规定，财务报表的管理核算和监督规定如下。

1. 事业单位财务报表和预算会计报表内容

事业单位的财务报表由会计报表及其附注构成。会计报表包括的内容一般有资产负债表、收入费用表、净资产变动表。单位可根据实际情况自行选择编制现金流量表。

预算会计报表至少包括预算收入支出表、预算结转结余变动表和财政拨款预算收入支出表。

事业单位应当至少按照年度编制财务报表和预算会计报表，小规模的报表还可以分为月报、季报。财务报表和预算会计报表应当根据登记完整、核对无误的账簿记录和其他有关资料编制，做到数字真实、计算准确、内容完整、编报及时。上报上级单位和同级财政部门的财务报表和预算会计报表必须经会计主管人员和单位负责人审阅签章并加盖公章。

2. 民间非营利组织财务会计报告内容

民间非营利组织的财务会计报告由会计报表、会计报表附注和财务情况说明书组成。财务会计报告分为年度财务会计报告和中期财务会计报告。以短于一个完整的会计年度的期间（如半年度、季度和月度）编制的财务会计报告称为中期财务会计报告。年度财务会计报告则是以整个会计年度为基础编制的财务会计报告。民间

---

① 根据财政部《政府会计制度——行政事业单位会计科目和报表》和《民间非营利组织会计制度》规定中的财务报表部分整理。

非营利组织在编制中期财务会计报告时，应当采用与年度财务会计报告相一致的确认和计量原则。中期财务会计报告的内容相对于年度财务会计报告而言可以适当简化，但仍应保证包括与理解中期期末财务状况和中期业务活动情况及其现金流量相关的重要财务信息。

（1）财务会计报告中的会计报表应当至少包括资产负债表、业务活动表、现金流量表三张报表。

（2）财务会计报告中的会计报表附注至少应当包括下列内容：重要会计政策及其变更情况的说明；董事会（或者理事会或者类似权力机构）成员和员工的数量、变动情况以及获得的薪金等报酬情况的说明；会计报表重要项目及其增减变动情况的说明；资产提供者设置了时间或用途限制的相关资产情况的说明；受托代理业务情况的说明，包括受托代理资产的构成、计价基础和依据、用途等；重大资产减值情况的说明；公允价值无法可靠取得的受赠资产和其他资产的名称、数量、来源和用途等情况的说明；对外承诺和或有事项情况的说明；接受劳务捐赠情况的说明；资产负债表日后非调整事项的说明；有助于理解和分析会计报表需要说明的其他事项。

（3）财务情况说明书至少应当对下列情况做出说明：民间非营利组织的宗旨、组织结构以及人员配备等情况；民间非营利组织业务活动基本情况，年度计划和预算完成情况，产生差异的原因分析，下一会计期间业务活动计划和预算等；对民间非营利组织业务活动有重大影响的其他事项。

（4）对外提供时限。民间非营利组织的年度财务会计报告至少应当于年度终了后 4 个月内对外提供。如果民间非营利组织被要求对外提供中期财务会计报告的，应当在规定的时间内对外提供。

第三节　成本和费用管理

成本和费用管理是社会服务机构财务行政管理在支出方面的重要内容。成本和费用核算对于社会服务机构行政管理具有重要的导向作用：对内可以使行政管理者做到心中有数，对外也可以向公众说明机构存在哪些成本费用。重视成本和费用管理就是强调机构的效率问题。

一、社会服务机构的财务支出要遵循五大原则

（1）依法理财和严格核算监督原则。

（2）以收度支原则。

（3）勤俭节约原则。

（4）社会效益和经济效益并重原则。

（5）国家、集体和个人三者利益相兼顾的原则。

二、成本核算与监督的要求①

（1）严格确定成本核算对象。政府补助收入和事业收入是非营利组织各项收入中带有共性的收入，而其他收入会因为非营利组织的性质、规模和类型等的不同而比重不同。如对民间非营利组织的交换交易收入、上级补助收入、附属单位上缴收入和捐赠收入必须加强核算与监督，以保证这些经费被用于与使命一致的事业发展上。

（2）明确划分事业支出与交换交易支出的界限。

（3）科学设置间接费用科目，给不同成本计算对象分配共同分享的间接费用。

（4）不以取得收入为目的的非营利组织成本支出应从事业支出中列支。

三、我国社会服务机构的支出与费用的核算及管理②

如表9-2所示，按照《政府会计制度——行政事业单位会计科目和报表》和《民间非营利组织会计制度》的规定，支出是指事业单位与非营利组织开展业务活动和其他活动所发生的各项资金耗费及损失，主要包括事业支出、经营支出、上缴上级支出、对附属单位补助和结转自筹基建等。费用是指民间非营利组织开展业务活动所发生的、导致本期净资产减少的经济利益或者服务潜力的流出。费用应当按照其功能分为业务活动成本、管理费用、筹资费用和其他费用等。民间非营利组织发生的业务活动成本、管理费用、筹资费用和其他费用，应当在实际发生时按其发生额计入当期费用。期末，民间非营利组织应当将本期发生的各项费用结转至净资产项下的非限定性净资产，作为非限定性净资产的减项。

支出和费用管理内容一般反映在年度财务收支管理情况上，内容包括下面几部分。一是审计截止日该单位的资产、负债、净资产、资产负债率等情况。二是年度财务收支管理情况，包括：年度收入、支出情况，收入包括政府购买服务、政府补助、社会捐赠、自营收入，公益性支出需单独列表；收费及使用票据情况；接受、使用境内外捐赠情况，包括捐赠时间、捐赠单位或个人名称、捐赠金额、捐赠用途、捐赠款使用金额及项目完成情况；接受政府购买服务、政府补助情况，包括购买服务、补助金额、用途、经费使用金额、未使用金额、项目完成情况，以及是否

---

① 李维安．非营利组织管理学．北京：高等教育出版社，2005：186.

② 根据财政部《政府会计制度——行政事业单位会计科目和报表》和《民间非营利组织会计制度》规定中的支出、收费部分整理。

按项目规定使用资金情况；纳税情况，包括纳税税种、纳税金额，以及享受减免税政策情况；非营利性的体现，包括盈余是否分红、是否取得合理回报、是否按比例提取发展基金等情况。

表 9-2　两种不同会计制度规定所列出的支出和费用核算与管理

作为事业单位的社会服务机构的支出和费用	作为民间非营利组织的社会服务机构的支出和费用
5001 业务活动费用：为实现其职能目标，依法履职或开展专业业务活动及其辅助活动所发生的各项费用。包括：为履职或开展业务活动人员计提的薪酬；为履职或开展业务活动发生的外部人员劳务费；为履职或开展业务活动领用库存物品，以及动用发出相关政府储备物资；为履职或开展业务活动所使用的固定资产、无形资产以及为所控制的公共基础设施、保障性住房计提的折旧、摊销；为履职或开展业务活动发生的城市维护建设税、教育费附加、地方教育费附加、车船税、房产税、城镇土地使用税等；为履职或开展业务活动发生的其他各项费用；按照规定从收入中提取专用基金并计入的费用。 5101 单位管理费用：本级行政及后勤管理部门开展管理活动发生的各项费用，包括单位行政及后勤管理部门发生的人员经费、公用经费、资产折旧（摊销）等费用，以及由单位统一负担的离退休人员经费、工会经费、诉讼费、中介费等。 5201 经营费用：事业单位在专业业务活动及其辅助活动之外开展非独立核算经营活动发生的各项费用。 5301 资产处置费用：经批准处置资产时发生的费用，包括转销的被处置资产价值，以及在处置过程中发生的相关费用或者处置收入小于相关费用形成的净支出。资产处置的形式按照规定包括无偿调拨、出售、出让、转让、置换、对外捐赠、报废、毁损以及货币性资产损失核销等。 5401 上缴上级费用：按照财政部门和主管部门的规定上缴上级单位款项发生的费用。 5501 对附属单位补助费用：用财政拨款收入之外的收入对附属单位补助发生的费用。 5801 所得税费用：有企业所得税缴纳义务的事业单位按规定缴纳企业所得税所形成的费用。 5901 其他费用：除上述项目以外的各项费用，包括利息费用、坏账损失、罚没支出、现金资产捐赠支出以及相关税费、运输费等。	（一）业务活动成本，是指民间非营利组织为了实现其业务活动目标、开展其项目活动或者提供服务所发生的费用。如果民间非营利组织从事的项目、提供的服务或者开展的业务比较单一，可以将相关费用全部归集在“业务活动成本”项目下进行核算和列报；如果民间非营利组织从事的项目、提供的服务或者开展的业务种类较多，民间非营利组织应当在“业务活动成本”项目下分别项目、服务或者业务大类进行核算和列报。 （二）管理费用，是指民间非营利组织为组织和管理其业务活动所发生的各项费用，包括民间非营利组织董事会（或者理事会或者类似权力机构）经费和行政管理人员的工资、奖金、福利费、住房公积金、住房补贴、社会保障费、离退休人员工资与补助，以及办公费、水电费、邮电费、物业管理费、差旅费、折旧费、修理费、租赁费、无形资产摊销费、资产盘亏损失、资产减值损失、因预计负债所产生的损失、聘请中介机构费和应偿还的受赠资产等。其中，福利费应当依法根据民间非营利组织的管理权限，按照董事会、理事会或类似权力机构等的规定据实列支。 （三）筹资费用，是指民间非营利组织为筹集业务活动所需资金而发生的费用，包括民间非营利组织为了获得捐赠资产而发生的费用以及应当计入当期费用的借款费用、汇兑损失（减汇兑收益）等。民间非营利组织为了获得捐赠资产而发生的费用包括举办募款活动费，准备、印刷和发放募款宣传资料费以及其他与募款或者争取捐赠资产有关的费用。 （四）其他费用，是指民间非营利组织发生的、无法归属到上述业务活动成本、管理费用或者筹资费用中的费用，包括固定资产处置净损失、无形资产处置净损失等。民间非营利组织的某些费用如果属于多项业务活动或者属于业务活动、管理活动和筹资活动等共同发生的，而且不能直接归属于某一类活动，应当将这些费用按照合理的方法在各项活动中进行分配。

第四节　财务信息透明管理和财务审计

中国红十字会总会等组织的捐赠信息发布平台是我国的捐赠信息公开平台。在这里，捐赠人和公众可以查看捐赠信息及善款使用去向。尽管该平台还有待完善，但它开启了公益组织财务信息公开透明的先例。

一、社会服务机构的财务信息透明管理

（一）财务信息透明管理

捐赠人对善款的使用都非常关心，代理机构能否正确地使用善款就成为社会监督的核心问题。大多数捐赠人会担心自己的捐款被贪污或挪作他用，或他们缴纳的服务费用没有被用于自己的合理消费。他们希望了解和掌握这样的资金的使用去向和使用效率。这就涉及机构财务信息透明度和财务信息透明管理问题。

财务透明度指充分披露机构与外部使用者相关的财务信息，并且这些信息是可靠的、详细的、及时的、容易理解的和可以比较的，让公众能够了解机构活动的真实成本和效益、资金投向和资金使用效率等受托业绩。通过披露财务信息，公众合理考核和分析评价善款及服务费用的使用情况，以此判断资金的使用是否符合公益要求，并选择是否继续支持该机构。所以，机构财务信息透明管理是获得公信力的关键所在。

财务信息透明管理是指机构通过对透明度的把握，将机构财务内容对外公布和公开运行。

（二）实现财务信息透明管理必须具备以下几个条件①

1. 财务信息透明度的衡量标准

设计财务信息透明度指标为衡量财务信息透明度提供标准。设计良好的财务信息透明度指标是财务信息透明管理的第一步。应针对公众关注的核心问题，把握指标设计的原则，进行财务信息透明度指标的设计。在原则方面，首先必须把握公益、公开、公正的基本原则；其次要把握充分、适度扩展原则，即必须披露什么信息、披露到何种程度、何时公开和公开的范围。信息披露具体内容主要指财务信息含量，包括财务信息披露的数量标准和质量标准，如可采用定性和定量的方式对范

---

① 张彪，向晶晶．构建非营利组织财务透明度提升机制的基本思路．财经理论与实践，2008（4）．

围指标、定期检查的可持续信息、一个项目周期或项目结束后的整体信息情况进行披露。

2. 财务信息的披露方式

建立财务信息的发布渠道，让公众有方便可靠的信息来源以获得财务数据和财务分析，保证公众对财务信息的可获得性，即信息传递通道的顺畅透明。财务信息的披露方式有传统的书面报告方式和现代以网络为载体的电子披露方式。互联网的强大传播能力为信息公开提供了强有力的支撑，可以建立网站、财务信息资料库等进行信息披露。

3. 社会财务监督

作为非营利性组织的社会服务机构，资产运作的产权性质是特殊的公益产权。这种特殊性就表现为资产来源于公共社会，必须用于社会公益，也必须接受公众监督来保证这一社会性。因此，要求财务公开、透明并对透明度加以判断是公众的权利。在实际运作过程中，确实存在委托代理关系中的信息不对称问题，所以必然要求以社会舆论、社会评价和社会信任作为监督手段，而这种社会监督强烈要求以财务信息透明为依据。建立财务信息透明管理制度，对于满足社会监督的需要而言是必不可少的。

4. 健全的法规制度

来自政府的具有强制力的法律法规是必需的，建立健全的法规制度是财务信息透明管理的根本保障，也是机构长远可持续发展的需要。

二、财务审计

财务审计制度是财务信息透明管理的外部监督力量，外部的财务审计制度和机构本身的财务会计一起构成了财务信息透明管理体系。如果没有外部财务审计的约束，仅仅指望内部自律，是难以奏效的。如果缺少审计制度，就会造成运作不规范、财务管理混乱、行为与宗旨相悖、降低公众信任度，阻碍组织健康发展。

（一）审计的概念

审计是对财政、财务收支的真实性、合法性、效益性进行审查和监督。审计具有独立性、权威性、公正性的特征。审计的本质是一项具有独立性的经济监督活动。

审计层次分为内部审计、国家审计和社会审计。内部审计是指机构内的财务审计部门和审计人员对本机构的财务收支及有关的经营活动进行内部审查和评价的活动。国家审计是指国家审计机关和审计人员通过审查会计凭证、会计账簿、会计报表和财务预算，查阅有关文件、资料，检查现金、实物、有价证券等，依法对社会服务机构的财政收支、财务收支的真实性、合法性和效益性进行审查和评价的监督活动。社会审计是指依法成立社会审计机构，由注册会计师和有专业资质的审计人员接受机构的委托，对被审计机构的财务收支及有关经营活动进行公证和评价的监督活动。国家审计和社会审计是独立于被审计单位的机构和人员，对被审计单位的财政收支、财务收支及其有关的经济活动的真实性、合法性和效益性进行审查、评价、公证的一种监督活动。同时，政府作为主体还要承担财政监督和税务监督的职能。

社会服务机构外部审计常用的方法是选择具有法定权威的、有资质的中介机构做第三方审计，通常由会计师事务所接受委托并按照法律法规的规定制定相应的标准，对委托机构的财务收支情况和项目收支情况进行审计，并在此基础上确认或否定被审计机构自己的审计结果。审计机构注册会计师给出的审计意见，向外界披露社会服务机构的财务状况的真实性和合法性，以及是否存在营私舞弊或重大错报。这不仅有助于机构内部的财务制度的完善，而且对提高社会服务机构的公信力有直接的说服力。

（二）审计的准则

审计的准则是审计机构和被审计机构双方都要遵守的原则，以保证审计的质量，维护公众的利益，使双方都能够赢得社会的信任。

1. 政策法规性准则

审计活动要以国家的财政政策及与社会服务机构相关的法令法规作为判断和评估审计对象的标准。审计机构要按照《中国注册会计师审计准则》的规定开展审计工作，《中国注册会计师审计准则》要求会计师遵守职业道德规范，计划和实施审计工作，以对财务报表是否存在重大错报提供合理保证。被审计机构不得违背政策规定，干扰、妨碍审计工作的进行。

2. 独立、客观与公正准则

（1）独立审计准则又称独立审计标准，也称注册会计师审计准则或民间审计准则。其目的是为注册会计师执行独立审计业务建立标准和指南。独立审计准则能够保证审计部门依照法律规定独立行使审计监督权，不受其他行政机关、社会团体和个人的干涉。独立审计准则包含了一般准则、外勤准则和报告准则三个部分。独立性是审计机构注册会计师执业的灵魂。

（2）客观与公正准则是注册会计师及其事务所在从事审计活动时最基本的原则。审计活动既肩负着服务、鉴证和监督的责任，也承担着可能产生经济、法律责任的审计风险，因此在执业中必须恪守客观、公正准则，加强对来自外界压力的抵抗力，以审计证据为依据，客观公正地对审计对象进行审查、分析、判断、评价和提出审计报告，维护审计的严肃性和权威性。

3. 质量控制准则

质量控制准则指会计师事务所为确保审计质量符合独立审计准则的要求而制定和运用的控制政策与程序，包括一般原则、全面质量控制政策和审计项目的质量控制政策。如进行审计风险评估，根据判断选择合适的审计程序。

（三）审计的程序

社会服务机构执行外部审计的程序如下：（1）使机构财务记录保持完整并依次整理好以备审查；（2）机构财务会计提前做好内部审计工作，设计、实施和维护财务报表情况的内部控制，选择和运用恰当的会计政策，做出合理的会计估计；（3）挑选合适的注册会计师事务所；（4）签订审计委托协议，以此确认审计业务的委托与受托关系，明确委托目的、审计范围及双方应负责任等事项；（5）在审计过程中配合审计师提供证明材料，审计师一般会完成下列事项——审查财务报告，对财务报告的缺陷提出建议，按会计原则提供对机构财务人员的技术型支持，查阅工时表等原始记录，分析各个账户，分析机构的投资，查阅捐赠记录，提交审计报告和建议；（6）取得审计结果；（7）公布审计结果。

复习思考题

1. 社会服务机构财务管理的特征有哪些？
2. 社会服务机构的资金来源有哪些？开展筹资有哪些方法？
3. 财务预算管理的方法有哪些？
4. 日常资金管理的内容有哪些？
5. 民间非营利组织财务会计报告主要包括哪些内容？
6. 实现财务信息透明管理必须具备哪几个条件？
7. 社会服务机构常用的财务审计方法是怎样的？

本章参考书目

1. 谢晓霞．民间非营利组织财务管理理论与实务．北京：经济管理出版社，2013.

2. 卢咏．公益筹款．北京：社会科学文献出版社，2014.

3. 内廷，凯特纳，麦克默特里．宏观社会工作实务（第3版）．北京：中国人民大学出版社，2006.

4. 李维安．非营利组织管理学．北京：高等教育出版社，2005.

推荐阅读书目

1. 谢晓霞．民间非营利组织财务管理理论与实务．北京：经济管理出版社，2013.

2. 卢咏．公益筹款．北京：社会科学文献出版社，2014.

第十章
社会服务评估

基本概念

社会服务　项目评估　需求评估　过程评估　结果评估　评估主体　评估对象　评估目的　评估方法　评估协议　评估报告　评估研究伦理　伦理困境

本章要点

1. 社会服务评估是用科学的研究方法对社会服务项目的设计、策划、实施和效果等方面进行测量、诊断与评价的活动，其目的在于提升社会服务的效率、效果和质量。根据评估内容，社会服务评估可分为需求评估、过程评估和结果评估。社会工作评估对于改进社会服务项目的质量、提升社会服务机构的公信力、增强社会工作者的职业能力、促进社会工作学科的发展，都具有至关重要的意义。

2. 社会服务评估是社会工作实务的专业活动，要想做好社会服务评估，必须明确评估主体、评估对象、评估目的和评估方法。在社会服务领域，评估主体可以是社会服务或项目的提供者，也可以是相关上级和第三方，有时还可能是服务对象。评估对象主要包括三个方面：社会服务机构、社会服务项目和社会工作者。评估目的包括改进服务项目和总结项目经验。评估方法涉及了评估的方法论、一般方法和具体方法。

3. 社会服务评估的过程按照逻辑顺序大致可分为四个阶段：准备评估、实施评估、撰写评估报告、应用评估结果。在准备阶段，要明确谁来评估、为什么评估、评估什么，以及如何评估等一系列问题；实施阶段的主要任务是进入现场，收集和分析评估资料；在撰写评估报告时，不仅需要明确评估报告的结构，还需要了解评估报告的评价标准；评估结束后，社会服务机构应该制订一个行动计划，以辅助跟进评估发现和建议。

4. 在对社会服务进行评估时，无论采取什么评估方法，无论处在哪个评估阶段，评估者都应该遵守评估研究伦理，恪守社会工作伦理，并妥善处理评估过程中可能面临的伦理困境。

课前准备

查找社会服务项目评估的相关信息，了解服务项目评估的基本要素，思考服务项目评估的操作过程；查找几份服务项目评估报告，大体了解评估报告的一般结构和写作手法；阅读美国社会工作者协会的《伦理守则》、美国评估协会的《评估者指导原则》和我国民政部的《社会工作者职业道德指引》，尝试思考社会服务项目评估可能遇到的伦理议题。

中国青少年发展基金会（简称“中国青基会”）属于全国性公募基金会，其使命是通过资助服务、利益表达和社会倡导，帮助青少年提高能力，改善青少年成长环境。中国青基会于 1989 年 10 月发起实施的希望工程是我国社会参与最广泛、最富影响的民间公益事业。截至 2023 年年底，希望工程累计接受捐款 223.11 亿元，资助困难学生 728.4 万名，援建希望小学 21 064 所[①]。同时，希望工程还相继推出乡村教师培训、困难学生“圆梦行动”等公益项目，有效推动了欠发达地区教育事业的发展。

如果我们是捐助方，我们难道仅仅希望得到这几个数字吗？显然不是！我们一定还希望知道：希望小学的运转情况如何？希望工程资助的各类设备、设施能否正常使用？被资助的学生是否顺利完成学业？乡村教师培训的效果如何？

如何获得上述问题的答案呢？作为捐助方，我们可能不相信中国青基会给出的答案，因为这些项目是由中国青基会实施的，它可能会出于机构及其成员的利益而夸大服务项目的效果。社会公众也想知道，希望工程究竟在多大程度上改善了中国农村人口的受教育状况。作为项目实施方，中国青基会不仅希望自己的工作能够得到捐助方和公众的公平对待，也希望通过信息披露制度来提升自己的公信力，进而争取更多的善款。既然中国青基会是一个带有官办色彩的民间机构，那么政府也希望从这样的项目中获得经验和启发，以便动员国家和社会资源，改善政府的社会服务项目。所有这些希望都依赖于对社会服务项目的评估。[②]

无论是在西方发达国家，还是在中国，社会服务评估都已经成为一个重要的研究领域。不管是资助方，还是社会公众，抑或政府机构，都需要知晓社会服务项目

---

① 资料来源于中国青少年发展基金会官方网站简介：http：//www.cydf.org.cn/#/about/orgBrief?type=1。

② 李强．应用社会学．2 版．北京：中国人民大学出版社，2004.

的运作情况，比如项目资金的使用情况、服务项目的执行情况、服务对象的受益情况。服务对象本身也对服务质量提出了更高的要求。一些社会服务机构也希望通过评估活动来提升服务质量和专业水准，进而提升社会公信力。正是在上述因素的相互作用下，社会服务评估开始在社会工作行政中占据日益重要的地位。

在本章中，我们首先简要介绍社会服务评估的含义、类型与功能，然后重点阐述社会服务评估的基本要素、一般过程和伦理议题，以便读者在社会工作行政实践中树立评估意识，并具备一定的评估知识和评估能力。

第一节　社会服务评估概述

一、社会服务评估的含义

（一）项目评估

在英文中，“assessment”与“evaluation”都具有“评估”的含义。不过，前者指事前评判，一般称为“预估”；后者指事后评估。在中文中，“评估”同时包含了上述两种含义，因此，可以这样说，评估就是对某一现象进行了解和评价的过程。“了解”就是要弄清楚该现象的基本情况，“评价”就是对该情况进行判断。

在现实的评估实践中，评估活动经常以项目形式或以项目为对象而出现，因此，评估又常被称为项目评估（program evaluation）。其中，项目是为了实现特定目标而进行的一系列活动的集合。在评估研究史上，社会项目评估备受瞩目。所谓社会项目就是以促进社会发展为目标的项目，它广泛存在于社区营造、环境保护、健康促进、社会救助等社会服务领域。

（二）社会服务评估

社会服务评估是针对社会服务项目而进行的评估，是用科学的研究方法对社会服务项目的设计、策划、实施和效果等方面进行测量、诊断与评价的活动，其目的在于提升社会服务的效率、效果和质量。在进行社会服务评估时，不仅要明确评估主体、评估对象、评估目的、评估标准和评估方法等基本要素，还要明确评估的一般过程，包括如何准备和实施评估、如何总结和应用评估结果。

虽然社会服务评估包括一些理论性研究，但它本质上属于应用性研究，是社会工作实务的有机组成部分。首先，社会服务评估基本上是应用取向的，即旨在改善社会服务的质量。其次，社会服务评估与社会工作实务经常交织在一起。因为在社会工作实务中，我们很难将评估和服务区分开来：没有科学的评估活动，就无法制定有效的项目方案，也无法知道服务项目是否实现了预期效果。

在社会服务评估中，投入（input）、活动（activity）、产出（output）和结果（outcome）都是经常出现的概念。投入是指用于社会服务项目的各类资源，不仅包括相应的人力（员工及其时间、志愿者及其时间）、物力（设施、设备及用具）和财力（资金），还包括项目的制约因素，如法律法规、规章制度和接受资金的条件。活动是指为实现服务目标而采取的各种行动，包括项目实施过程中人、财、物的使用情况。产出是指项目活动的直接产物，通常根据完成的工作量来衡量，如上课次数、辅导场次、教学材料的分发数量和服务对象人数。结果是指服务对象在参与项目的过程中或之后获得的收益或发生的改变，如知识增加、能力提升、态度/行为改变、健康状况改善、社会地位提高。①

在上面四个概念中，一定不要混淆产出和结果：产出是指项目活动的直接产物，而结果是指项目活动和产出给服务对象带来的变化或收益。换言之，结果不是项目活动本身，而是其效果。美国联合劝募会（United Way of America）就结果与产出的区别做过一个比喻：结果不是鸟妈妈喂了幼鸟多少只虫子，而是幼鸟飞得如何。例如，某社会工作者为服务对象提供了 30 个小时的就业援助服务，30 个小时的服务是产出，服务对象就业技能的提升、就业意识的增强以及找到工作后的地位改变才是结果。再如，在社区净化项目中，产出可以是每月组织清扫活动的次数和每次活动的小时数，而结果可能是安全隐患的减少和街坊自豪感的增加。

二、社会服务评估的类型

在开展社会服务项目时，我们不仅要了解服务对象的需求，还要评价服务项目的过程和结果。因此，需求评估、过程评估和结果评估是最常见的评估类型。

（一）需求评估

需求评估（needs assessment）是社会工作者或社会服务机构对潜在的或实际的服务对象的需求进行的评判，它不仅是社会工作和社会福利的出发点，也是其后方案开发、计划执行和总结评估的基础。

对于社会工作者或社会服务机构来说，了解服务对象的需求是有效开展社会服务的前提。然而，服务对象的需求是相当复杂的，既有现实需求也有理想需求，既有个体需求也有群体需求，既有一般需求也有特殊需求，既有合理需求也有不合理需求，既有紧迫需求也有可延缓的需求。通过需求评估，我们不仅可以了解服务对象所遇困难的性质和程度，还可以了解需求没有得到满足的原因，进而可以确定社会工作者或社会服务机构是否应该提供服务，以及如何提供这些服务。换言之，只

---

① GINSBERG L H. 社会工作评估：原理与方法．上海：华东理工大学出版社，2013：264.

有把握需求的基本内涵，合理地进行需求测量，科学地进行原因分析，才能保质保量地完成需求评估，进而形成合适的评估方案。

（二）过程评估

过程评估（process evaluation）是社会工作实务中不可或缺的重要环节。过程评估又叫形成性评估（formative evaluation），是在服务提供或项目执行过程中开展的一种评估活动，旨在考察服务项目的实施过程和进展情况，从而发现项目运行存在的问题和整改措施。

社会服务是一个过程，它既要依据既定方案展开，又要根据情况的变化适当调整。在服务方案确定后，一方面要保证其有效执行，另一方面也要对由于各种原因而不再适用的部分进行修订。社会服务是前后相接的一系列干预活动，要保证干预活动向着既定方向发展，就必须了解干预过程中各个环节的实际情况，看实际情况与方案设计的吻合程度，并根据服务对象的需求调整具体的行动方案。

过程评估涉及项目执行阶段的主要方面，如项目活动的覆盖面、项目活动的质量、项目活动的产出。要实施规范的过程评估，需要得到服务机构的大力支持和配合。评估者要本着实事求是的态度，根据评估目的和评估问题认真制订评估计划，系统地收集相关资料，并在认真分析资料的基础上撰写评估报告，及时向服务机构反馈评估结果，从而为改善服务质量提供科学的依据。

（三）结果评估

结果评估（outcome evaluation）是服务项目结束后对服务结果的评估，其目的在于全面总结项目或服务的经验，所以又称总结性评估（summary evaluation）。结果评估对于评价社会服务的绩效、改善服务方式、提升服务质量、保证服务目标的实现，均具有重要意义。

一般而言，结果评估可以分为效果评估、影响评估和效率评估。效果评估是对社会服务所达到的效果的评估，旨在考察服务对象在状况、地位、行为、态度、情感等方面的变化。影响评估是要评估项目的净结果，旨在评估项目结果与对照组（或替代项目）之间的差异。效率评估是对社会服务投入与产出之间关系的评估，旨在了解和确定社会服务资源的使用效率。

对任何一项社会服务都要进行结果评估，这不但是社会工作者与服务对象共同确认服务成效的需要，也是社会服务机构向政府、社会、资助者进行交代的需要，还是社会工作者总结反思自己工作的需要。

需要指出，社会服务评估根据不同标准还可以分成许多其他类型。根据时间因素，社会服务评估可分为事前评估、事中评估和事后评估。前面提到的需求评估、过程评估和结果评估分别属于事前评估、事中评估和事后评估。根据评估者的身份，社会服务评估可分为内部评估和外部评估。根据评估方与委托方或被评估项目之间的关系，社会服务评估可分为独立评估、合作评估和赋权评估。根据评估目的，社会服务评估可分为总结性评估和形成性评估。

三、社会服务评估的功能

社会服务评估的功能旨在说明社会服务评估有什么作用或用途。在讨论社会服务评估的功能时，我们一定要明确它指向什么或者对谁而言。换言之，社会服务评估对于不同的客体具有不同的功能。概括地说，社会服务评估对于改进社会服务项目的质量、提升社会服务机构的公信力、增强社会工作者的职业能力、促进社会工作学科的发展，都具有至关重要的意义。①

（一）评估有助于改进社会服务项目的质量

社会服务评估的首要功能在于改进社会服务项目的质量，进而促进社会服务的健康发展。通过评估，我们可以更全面地了解社会服务项目的整个过程。首先，通过需求评估，我们可以了解服务对象的需求状况和社会问题的严重程度，进而设计有效的社会服务项目，并制定恰当的干预方案。如果没有需求评估，就无法制定有效的干预方案，在此种情况下，社会服务项目就无法回应社会需求。其次，通过过程评估，我们可以了解社会服务项目的执行过程，发现项目执行和服务传递的相关问题，并及时调整干预方案。最后，通过结果评估，我们可以了解社会服务项目的效果和效率，明确项目的主要成就和问题，以及相应的问题解决方案。总之，评估有助于了解社会服务项目不同阶段的各种信息，具有项目管理和质量改进的功能。

（二）评估有助于提升社会服务机构的公信力

在强调“社会交代”的年代，任何接受政府资助和民间捐赠的社会服务机构都有必要向政府和公众交代资金的使用情况和项目的执行情况。社会服务机构的评估报告有助于让公众了解社会服务机构的运营状况，尤其是了解相关社会服务项目的效果、效率和影响。通过信息披露，社会服务机构可以消除公众的疑虑，赢得社会信任，不断提升自身的公信力，从而有利于自身的生存发展。当然，许多社会服务机构在信息披露的全面性和时效性方面还有待提高。你如果感兴趣，那么可以浏览一下你最感兴趣的社会服务机构（或基金会）的网站，查找该机构的年度报告和评估报告，进一步了解机构的运营状况和项目的实施情况。

---

① 顾东辉．社会工作评估．北京：高等教育出版社，2009：242－256.

（三）评估有助于增强社会工作者的职业能力

社会工作者可以通过多种途径（如业务培训、经验交流、专业实践）来增强职业能力，参与评估是重要途径之一。在参与评估的过程中，社会工作者不仅可以向评估专家学习评估技能、提升评估能力，还可以深入了解社会服务的成绩和不足，进而总结经验教训、提升服务能力。在评估过程中，社会工作者还可以清楚地了解不同服务对象对项目方案、项目执行和服务效果的具体评价，进一步明确社会需求的复杂性和多样性，进而更好地设计服务方案、有效回应社会需求。总之，评估可以增强社会工作者的多种职业能力，如方案设计能力、服务能力和评估能力。

（四）评估有助于促进社会工作学科的发展

知识积累对于社会工作学科发展的作用不言而喻，因为如果没有系统的知识积累，就没有学科的实务发展和理论推进。评估是知识积累的重要手段。通过评估研究，我们不仅可以总结服务经验、提炼专业理论，还可以收集丰富的教学案例。作为应用社会研究，评估既是一种实践活动，也是一种研究活动。一方面，评估研究非常重视社会服务经验的总结与推广，从而有助于社会工作专业实务的发展；另一方面，评估研究非常强调“证据为本”和“反思精神”，从而有助于概念提炼和理论发展。尽管评估研究涉及社会服务的众多领域和方方面面，但是，许多评估报告类似于专题性的案例研究和教学案例。由此可见，评估报告是教师和学生了解社会服务的重要窗口。

第二节　社会服务评估的基本要素

社会服务评估是社会工作实务的专业活动，要想做好社会服务评估，必须明确评估主体、评估对象、评估目的和评估方法。换言之，主体、对象、目的和方法构成了社会服务评估活动的四个基本要素。[①]

一、评估主体

社会服务评估是人们对社会服务项目相关活动的了解、测量和评价活动，从事社会服务评估的人或者机构就是评估主体。在社会服务领域，评估主体既可以是服务或项目的提供者（社会工作者或社会服务机构），也可以是相关上级和第三方，

① 顾东辉．社会工作评估．北京：高等教育出版社，2009：16－19.

有时还可能是服务对象。

（一）社会工作者或社会服务机构

社会工作者或社会服务机构是社会服务或项目的提供者，不管是在需求评估，还是在随后的过程评估和结果评估中，社会工作者或社会服务机构都可能成为评估主体。例如，在需求评估中，社会工作者或社会服务机构要想提供有效的服务，就必须评估服务对象的需求；在过程评估中，社会工作者特别是社会服务机构要明确和把握服务的进度，发现问题并及时处理；在结果评估中，社会工作者或社会服务机构要对服务结果进行评估和总结，或用于总结经验，或用于社会交代（social accountability）。

从服务提供者与评估者的关系来看，社会工作者或社会服务机构进行的评估属于内部评估。在社会服务机构作为评估主体时，有时是机构服务人员参与评估，有时是机构管理层出于管理目的进行自上而下的评估。

（二）相关上级和第三方

由社会工作者或社会服务机构之外的主体进行的评估属于外部评估。外部评估可分为相关上级评估和第三方评估。相关上级评估主要是指有关政府部门对社会服务机构进行的评估。政府既是公共利益的代表，也常常是社会服务的资助者和支持者。因此，作为社会公共利益和服务对象利益的代表，政府有关部门要对社会服务机构的运行及服务状况进行检查、监督和管理，而这些活动带有明显的评估色彩。需要指出，相关上级评估也包括大型社会服务机构的上层对相对独立运营的服务项目的评估；不过，这类评估与机构内部评估是有交叉的，也可以称为内部的外部评估。

第三方评估是指由与服务机构及其资助者无关的机构对社会服务或项目进行的评估。所谓第三方，主要是指评估执行者与上述二者没有利益关系，是相对独立的一方。第三方评估一般由专门评估机构或专门组成的专家评估组实施，具有相对独立、科学和客观的特点。其中，专门评估机构是在行业中有资质的比较专业的调查、研究和评估机构；专家评估组受某方的委托而开展评估，这类评估有时相对独立，有时带有委托方代表的色彩。

（三）服务对象

在讨论社会服务评估主体时，有必要指出，服务对象在某种程度上也会成为社会评估的主体，即他们也会参与社会服务或项目的评估。究其原因，主要包括两个方面：一方面，现代评估比较注重服务对象在整个服务中的地位，而且，社会工作特别强调以人为本，因此，社会服务评估常常采用参与式评估的形式。另一方面，在某些社会服务中，服务对象确实处于主体地位，评估必须让他们参加。例如，在区域发展型项目中，我们需要了解服务对象的感受、评价和建议。如果缺少了服务对象的参与，我们就无法知道社会服务项目是否实现了预期目标。

二、评估对象

在社会服务评估中，不仅仅需要明确评估主体，更需要明确评估对象。社会服务的评估对象主要包括三个方面：社会服务机构、社会服务项目和社会工作者。

（一）社会服务机构

社会服务机构是社会服务的承担者，它接受政府和社会的资助开展专业服务。因此，要想获得较高的社会公信力，社会服务机构必须接受评估。社会服务机构接受的评估主要包括能力评估和服务评估。

机构的能力评估主要是对社会服务机构的基本条件，尤其是提供服务的条件进行评估。评估重点是该机构是否符合社会服务机构的要求，是否有条件开展社会服务或者某种有特殊要求的社会服务。

机构的服务评估主要是对社会服务机构开展服务的状况和效果进行评估，这是机构评估的最主要内容。在一个强调“社会交代”的年代，社会服务机构必须向公众及其资助者显示其服务的效率和效益，充分证明服务满足了服务对象的需求，获得了应有的社会效果。

（二）社会服务项目

社会服务项目是评估的最主要对象。当前，社会服务通常以项目形式出现，对项目的评估不仅包括服务对象的需求评估、服务项目的过程评估和结果评估，还包括服务团队的能力评估。在服务项目中，具体项目通常以个案工作、小组工作、社区工作、政策倡导等方式开展，内容则涉及老人服务、儿童服务、妇女服务、残疾人服务、社会救助、就业服务、矫治服务、健康教育、扶贫、社区发展等等。

（三）社会工作者

社会工作者也可能是独立的评估对象。社会服务是由社会工作者直接提供或者通过其组织而提供的。对社会工作者的评估包括资质和服务两个方面。

社会工作者的资质评估主要是对社会工作者的基本条件或某一等级的评估。许多国家和地区都对某个层级的社会工作者可以承担何种社会服务有明确规定。这里的资质评估包括评估社会工作者的受教育程度、专业训练背景、以往服务经验，以及拥有的职业资格。

社会工作者的服务评估是对其服务方法、过程及效果的评估。对社会工作者的评估既可能由社会工作专业团体进行，也可能结合机构评估或项目评估进行，这是更加专业的评估。

三、评估目的

社会服务评估旨在检查评估对象承担社会责任和促进专业发展的情况，其具体目的与评估内容有关。就社会服务机构评估而言，资质评估就是要考察机构是否具备承担专业社会服务或某种特殊社会服务的条件，以向政府主管部门报告或向社会公众公布其资质条件。例如，对老人服务机构的评估就是要看它是否具备对老人进行心理、社会服务的一般条件，对高龄老人服务机构的评估就是要看它是否具备照料高龄老人的条件。概括地说，机构评估的目的就是看该机构是否实施了机构承诺的专业服务，以及在何种程度上满足了服务对象的需求。

评估目的大致分为两种：一是改进服务项目，二是总结项目经验。在前一种情况下，评估委托方一般仍想继续项目或者项目还在进行中，他们希望通过评估来改善项目执行情况，提高服务质量，即所谓的“以评促改”。在后一种情况下，项目一般已经结束或临近结束，评估委托方想通过评估对项目进行全面总结，有时还会根据评估结果决定是否延续项目。当然，评估目的并不局限于以上两种。有时，评估目的是知识积累，例如，我们可以通过评估获取更多的关于社会服务或项目如何运作的实践性知识，以便日后更好地开发和管理相应的社会服务项目。有时，评估是出于政治或公共关系的目的，例如，通过评估增加公信力，以此来申请政府或基金会的资助。

社会服务评估是评估者实施的有目的的活动，评估活动的复杂性决定了评估目的的复杂性。因此，评估者要根据评估的具体目的，选择合适的评估方法，并设计相应的评估活动。

四、评估方法

评估方法是社会服务评估的最核心部分，因为如果没有科学的评估方法，就不可能有科学的评估结果。如果没有科学的评估结果，评估就失去了意义，就会使社会服务项目误入歧途。评估方法涉及了评估的方法论、一般方法和具体方法。简单地说，方法论是指评估研究的指导思想、理论基础和基本原则；一般方法是指评估研究的思路和策略，如定量方法和定性方法；具体方法是指评估研究过程中收集和分析资料的方法，如问卷法、访谈法、观察法、统计分析法。鉴于“社会服务评估的一般过程”一节会涉及评估资料的收集和分析方法，这里主要介绍评估的方法论和一般方法。

（一）社会服务评估的方法论

方法论是关于研究方法的理论，是对研究方法的科学性、客观性和有效性的讨论和论证。在社会服务评估研究中，实证主义（positivism）和人文主义（humanism）是两种迥然不同的方法论，也是社会科学中两种最基本的方法。

实证主义认为，社会是自然的一部分，社会现象与自然现象没有本质的区别，提倡用自然科学的方法（如观察、实验、统计分析）去研究社会，继而用实际的经验资料去证明假设。按照实证主义的观点，社会服务评估应该通过丰富、细致的一手资料来确定服务对象的需求，说明社会服务的效果；同时，用经验资料来说明社会服务存在的问题以及如何加以改进。总的来说，实证主义方法论强调"用事实说话"，尤其强调数据在社会服务评估中的作用。

人文主义强调，社会是人类活动领域，人类活动与自然现象有本质差别，因为人类活动是人的有意识、有目的的活动。该流派认为，社会研究的重要任务就是理解和解释人类活动的意义；唯有如此，才能真正理解人类行为和人类社会。根据人文主义的观点，社会工作者只有准确理解服务对象的需求、想法和期望，才能有效地帮助他们克服困难、走出困境。在社会服务评估中，人文主义方法论注重服务对象对服务活动的感受和理解，以及服务活动对服务对象的意义。

实证主义和人文主义这两种方法论尽管迥然不同，但并非截然对立的。在社会服务评估中，我们可以同时运用这两种方法论，既注重数据资料的收集，又关注服务对象的感受。唯有如此，我们才能够比较全面地评价社会服务项目的效果。

（二）社会服务评估的一般方法

定量方法和定性方法是社会服务评估研究的两种不同策略，尽管一些评估研究同时采取了这两种研究方法。相对而言，实证主义方法论比较强调定量研究（quantitative research），而人文主义方法论则比较重视定性研究（qualitative research）。

统计调查是常见的定量方法，它主要通过对大量样本进行调查，收集数据资料，并对资料进行统计分析。在社会服务评估中，定量方法被广泛使用。在提供大规模社会服务或指定社会政策之前，要全面了解居民的一般生存状况和基本需求，这就需要进行问卷调查，并对调查资料进行分析。需求评估和结果评估一般采用定量评估方法，以了解大规模社会服务在多大程度上解决了服务对象的困难。

实地研究是常见的定性方法，它主要通过深入调查现场，利用观察、访谈、座谈等方法收集资料，并进行深入分析。定性研究在社会服务评估中也被广泛使用。这是因为，社会工作强调服务是一个完整的过程，强调这一过程中服务对象的改变和问题的解决。因此，只有深入了解社会服务的整个过程，才能对其进行客观评价。此外，社会工作十分注重服务对象的心理感受和社会服务的多重影响。在这种情况下，选择定性方法显然是行之有效的研究策略。

最后，需要进一步指出，评估方法要与评估对象的特质相结合。比如，在对老人服务项目进行评估时，评估方法就应该考虑老人回答问题的便利性。如果接受服务的老人不喜欢和不接受某种评估方法，他们就无法合适地表达想法、感受、意见和建议，这就会影响评估的有效性。在对儿童项目进行评估时，评估者除了观察和访谈儿童本人外，可能还要向家长或老师了解相关信息。

第三节　社会服务评估的一般过程

尽管不同类型评估的程序不尽相同，评估重点也有较大差别，但从逻辑顺序上看，社会服务评估的过程大致可分为四个阶段：准备评估、实施评估、撰写评估报告、应用评估结果[①]。这里，我们简要介绍每个阶段的主要任务和注意事项。

一、准备评估

在准备阶段，要明确谁来评估、为什么评估、评估什么，以及如何评估等一系列问题。此阶段的重要任务是明确评估目的，拟定评估问题，制订评估计划，并签订评估协议。

（一）明确评估目的

社会服务评估的实施一般出于委托方的评估需要。其中，委托方包括社会服务项目的资助方、购买方、监管方和执行方等多类主体。不同的委托方有不同的需求，评估者需要与评估委托方共同明确评估目的。因为只有明确评估目的后，才能确定评估什么、如何评估。如前所述，评估的主要目的是改进服务质量和总结服务经验，有时还包括增加知识或提升公信力。

（二）拟定评估问题

在接受委托和明确评估目的后，评估者应在初步了解评估项目情况的基础上，

---

① 本节改编自顾东辉的《社会工作评估》（北京：高等教育出版社，2009）一书的第三章“社会工作评估的一般过程”。不过，我们并没有使用该书的评估过程“三阶段说”（准备阶段—实施阶段—总结和应用阶段），而是把评估过程分为了四个阶段，即把“总结和应用阶段”拆分为“撰写评估报告”和“应用评估结果”两个独立的阶段。

与委托方共同确定评估焦点，进而提出清晰的评估问题。根据罗希、李普希和弗里曼的看法，社会服务（或项目）评估的焦点主要包括五个方面：（1）评估服务对象的需求；（2）评估项目的理论与设计；（3）评估项目过程；（4）评估项目结果；（5）评估项目效率①。

在明确评估焦点后，评估者应该根据评估项目的实际情况拟定评估问题。一般来说，评估问题与评估目的和评估焦点紧密相连。常见的评估问题包括：

（1）服务对象的需求是什么？

（2）服务项目能否满足服务对象的需求？

（3）服务项目的目标是什么？是否已经实现？

（4）服务项目的过程如何？是否按计划进行？

（5）服务项目的结果如何？

（6）服务项目的效率如何？

（7）服务项目还需要延续或者改善吗？

总的来说，好的评估问题至少应该具备三大特征：相关性、可行性和清晰性。第一，评估问题必须是合理并且适宜的。这意味着，评估问题应该与评估目的、评估焦点或者项目理论和设计紧密关联，通过回答评估问题可以得出评估所需要的结论。第二，评估问题必须是可以回答的。一个评估问题再切中要害，如果无法通过研究加以回答，实际上也没有太大价值。第三，评估问题必须是清晰的。也就是说，评估问题的陈述清晰明了，不会引起歧义。

（三）制订评估计划

在拟定了评估问题之后，评估者应该思考如何评估的问题。一般而言，评估计划除了陈述评估目的和评估问题之外，还应包括评估研究策略、开展评估的具体计划、时间进度表、经费预算和人力资源分配。

社会服务评估可以采用社会研究的各种策略，如定量研究、定性研究，或者混合设计研究。从技术层面上说，定量研究使用实验、问卷调查、内容分析和官方统计等方法获得数字数据；定性研究通过观察、访谈、座谈、查阅项目资料等方法收集非数字数据；混合设计研究则结合了定量研究和定性研究的策略。采用何种研究策略不仅取决于评估目的、焦点和问题，还受现实条件的约束。

在选择评估研究策略后，应该进行相应的评估设计。评估设计是开展评估的具体计划，包括如下问题：评估应在何时何地开展？要收集哪些资料？向谁收集？如何收集？如何构建评估指标？如何测量变量？如何控制变量进而确定因果关系？如何使用和分析收集而来的资料？如何发表和应用评估结果？

---

① 罗希，李普希，弗里曼．评估：方法与技术（第7版）．重庆：重庆大学出版社，2007：54－56.

评估者在制订评估计划时还应该考虑如何协调和组织人力、物力、财力的问题，以便在规定的时间内完成评估。最重要的是完成三项任务：第一，制定紧凑有序的评估时间进度表，确定各个步骤或环节的完成时间；第二，制定合理的经费预算，确定评估总费用以及各项任务所需要的开支明细表；第三，合理分配人力资源，确保各个步骤或环节都有合适的研究人员加入。

（四）签订评估协议

在委托评估的准备阶段还要签订评估协议。协议的签订可以进一步明确评估的类型、焦点和问题，并明确评估委托方和评估者各自的权利与义务，确定评估的进度表和经费等问题。评估协议书可以有不同格式，下面是一种比较简单和常见的协议书样本。

“××评估”协议书

甲方：×××（评估委托方）

乙方：×××（评估者）

经协商，甲方委托乙方完成“××评估”。为明确双方的权利和义务，根据相关法律和规定，签订本协议，以资共同遵守。具体如下：

一、协议标的

本项目评估的名称为“××评估”。

评估费用总价为人民币××元。

二、甲方权利和义务

(1) 甲方必须在本协议签订××天内支付乙方评估费用人民币××元。

(2) 甲方有权检查和督促乙方按照时间节点，保质保量地完成评估任务。

(3) 甲方为乙方开展评估工作提供必要的工作资料和条件。

(4) 其他：××××。

三、乙方权利和义务

(1) 乙方在×年×月完成本项评估，确保研究成果质量。

(2) 乙方按照双方商定的评估计划撰写《××评估报告》。

(3) 其他：××××。

四、违约责任

双方约定，甲方必须按照本协议的条款，按时履行支付及其他义务，否则视为违约；乙方必须在本协议规定的期限内完成评估及履行其他义务，否则视为违约。违约方应该承担相应的违约责任。

五、附项

(1) 本协议自甲、乙双方签字之日起生效。协议中如有未尽事宜，须由甲、乙双方共同协商，做出补充规定。补充规定与本协议具有同等效力。

(2) 本协议一式两份，甲、乙双方各执一份。

甲方（盖章）	乙方（盖章）
甲方代表（签章）	乙方代表（签章）
×年×月×日	×年×月×日

二、实施评估

评估者在实施阶段的任务是将前一阶段制订的评估计划付诸实施，主要工作包括进入现场、收集资料和分析资料。

（一）进入现场

社会服务评估不是在书斋里就可以完成的，评估者需要进入机构或项目现场收集资料。要成功进入现场，评估者必须与项目各方建立信任关系。那么，如何与项目各方建立信任关系呢？首先，评估者要通过一定的"仪式"进入现场工作，例如，由委托方向项目各方正式介绍评估者。其次，评估者要以真诚的态度争取项目各方关键人物的理解和支持，并在其协助下认识其他人员，逐步建立互信的工作关系。在这个过程中，评估者应该坦诚地告知评估目的、焦点、问题和计划，尤其是要说明评估对于改进服务的重要性。有时，评估者与项目各方建立非正式的关系也有助于建立信任关系。但是，这会涉及社会服务评估的有关伦理问题，需要谨慎考虑。无论如何，在建立信任关系中必须避免所谓的"过度亲密"关系，因为项目各方的关键人物可能会利用这种"亲密"关系控制评估者接触其他项目人员或诱导评估者的资料收集工作。因此，评估者必须妥善定位与项目各方的关系，既要真诚互信，又要避免非专业的过度亲密，从而为实施评估打下良好的基础。

除了与项目各方建立信任关系外，评估者在进入现场后还要进一步了解项目信息（如项目介绍、统计资料、会议记录、工作日志、年度报告、内部文件），重估自己在准备阶段制订的评估计划。这是因为评估者在准备阶段制订的评估计划往往基于当时有限的项目信息。经过重估，如果确实需要对评估计划进行修改和完善，则应该立即进行，并及时与评估委托方和项目各方进行沟通。

（二）收集资料

在成功进入现场后，评估者应根据评估计划收集相关资料，既要确定资料收集对象，又要明确资料收集方法。

在一些社会服务评估中，评估者由于种种原因不能向所有项目方成员或服务对象收集资料，必须从中选取部分人员作为资料收集的对象。所有成员构成了总体，被选中的人员构成了样本，由总体中抽取样本的过程则被称为抽样。抽样一般有两种类型：一是随机抽样，常见方法包括简单随机抽样、等距抽样、分层抽样、整群抽样和多阶段抽样等；二是非随机抽样，常见方法包括方便抽样、滚雪球抽样、配额抽样和判断抽样等①。评估者应根据评估需要选择抽样方法。一般而言，如果要推论总体，那么评估者应采取随机抽样。但是，非随机抽样也有其作用，定性评估研究一般采用非随机抽样。

在确定资料收集对象后，评估者可以通过观察、访谈、问卷调查等手段收集资料。在定量研究中，资料收集方法往往是结构性的或事先设计好的，主要用来收集可用于统计分析的数据。常见方法包括问卷调查、电话调查、网上调查、内容分析，以及二手资料或既有统计资料分析。在定性研究中，资料收集方法往往是无结构或半结构的，主要用来收集文字、图片、影像以及实物等资料，评估者可以根据评估需要和进程加以灵活调整。常见方法包括观察、访谈、座谈等。当然，评估者有时也会采取定量和定性相结合的方法来收集资料。

（三）分析资料

评估者在收集到原始资料后，还需对其进行整理分析。在定量研究中，资料分析方法主要是统计分析方法，即对收集到的数据经整理后直接进行统计分析，或者将收集到的文字资料通过编码技术转变为数字后再进行统计分析。社会服务评估中使用的统计分析通常包括描述性统计和推论统计两大部分：前者旨在对总体或样本的特征进行统计，分为单变量统计（如频次和频率统计、集中趋势统计，以及离散趋势统计）、双变量或多变量统计（如相关统计和回归统计）；后者旨在利用样本统计值来推论总体参数值，常见技术包括点估计、区间估计和假设检验②。例如，在服务对象对项目的满意度调查中，表示满意的服务对象的人数和比例属于单变量统计中的频次和频率统计；如果让服务对象对满意度打分，则其均值和标准差属于单变量统计中的集中趋势和离散趋势统计；如果用调查所得的服务对象满意度推论总体满意度，则属于推论统计中的点估计；如果要分析服务对象在参加项目前后的满意度有无明显差异，就需要运用假设检验。

在定性研究中，资料分析有两种思路：一种是“化繁为简”，即对庞杂的文字资料进行编码简化，提炼出主题，并根据要回答的问题将这些主题联系在一起；另一种是“由浅入深”，即对文字资料进行反复阅读，读出其字里行间的含义，然后进行阐释和呈现。一般而言，在社会服务评估研究中，评估者先收集资料，然后再分析资料。但是，在定性研究中，评估者可以边收集资料边分析，并且可以根据初步分析结果进一步收集资料。所以，资料的收集和分析并不一定是一种简单的线性

---

① 关于抽样的更多知识，参见：风笑天．现代社会调查方法．6版．武汉：华中科技大学出版社，2020.

② 关于社会统计分析的基础知识，参见：李沛良．社会研究的统计应用．北京：社会科学文献出版社，2002.

过程，也可以是一种双向的互动过程。

三、撰写评估报告

评估者在完成对评估资料的收集和分析工作之后，就可以进入撰写评估报告阶段了。在撰写评估报告时，不仅需要明确评估报告的结构，还需要了解评估报告的评价标准。

（一）评估报告的结构

评估报告一般是书面报告，通常包括以下内容：

（1）标题。标题应该简洁明了，指明本文件是《××评估报告》。如果评估报告的篇幅较长，那么通常在“封面”中写明评估报告的题目、作者以及撰写报告的日期，而且单独作为一页；如果篇幅较短，那么可以不用单独的“封面”。

（2）摘要。简要陈述评估目的和问题，介绍评估方法，总结评估发现，提出对策建议。在篇幅较长的评估报告中，“摘要”会扩展为“概要”或“执行概要”。

（3）目录。提供正文的小标题、图表名称、附录名称、参考文献等方面的信息及具体页码。

（4）引言。概括介绍评估的背景和目的，陈述评估问题，指出评估报告的结构。

（5）评估方法。系统介绍评估策略和具体方法，并详细描述评估过程。

（6）评估发现。详细陈述评估的发现。其中，需求评估报告的重点是描述服务对象的需求，过程评估报告的重点是描述和分析项目的实施过程，结果评估报告的重点是总结服务或项目的经验。

（7）结论与建议。总结评估发现，并据此提出对策建议。

（8）评估的局限性和教训。指出本次评估的局限性，总结评估的经验和教训。

（9）参考文献。列出评估过程中所参考的各类文献的名称。参考文献的类别主要有著作、期刊、报纸、网页，以及各类文件和档案资料等。

（10）附录。附录是对正文报告的补充或更详尽的说明，包括数据汇总表和原始资料。在评估报告中，我们可以列出调查问卷、访谈提纲、统计表、统计图等内容。

（二）评估报告的评价标准

一篇好的评估报告基本上会包括上述部分的各项内容。除了是否做到结构合理、内容完整、语言表述清晰流畅外，我们还可以通过如下标准去评价评估报告的质量：

（1）评估目的和问题是否陈述清楚？

（2）评估设计是否合理？

（3）对评估过程是否已经做了详细描述？

（4）评估资料是否充足和可信？

（5）资料分析是否准确到位？

（6）评估发现是否基于评估资料？

（7）评估结论是否基于评估发现？

（8）对策建议是否具有针对性和可操作性？

（9）评估报告是否包含必要的参考文献？

高质量的评估报告通常会满足上述标准。有时，评估者或评估委托方还会对评估报告进行评审，以确保评估和评估报告的质量。评审一般有两种方法：一是同行评议，即将评估报告交给同行专家评阅，以保证评估方法的科学性和评估结论的可靠性；二是成员检查，即将评估报告所涉及的资料交给项目各方确认，从而在一定程度上保证资料的准确性。

四、应用评估结果

社会服务评估研究有别于一般性理论研究的最大特征就在于其应用性。根据评估目的，评估报告的应用性主要体现在两大方面：一是通过评估来改善社会服务项目，提升服务对象的福利；二是通过评估对社会服务项目进行总结判断，并以此决定项目的存废及发展方向。评估者可以与评估委托方或项目各方共同讨论评估结论和对策建议，在达成共识的基础上，依据评估建议改善社会服务项目。在第三方独立评估的情况下，评估者还可以通过发布评估报告（如公开出版、举办新闻发布会）的方式，进行政策倡导和呼吁，形成舆论，最终推动政策变革。

评估结束后，社会服务机构应该制订一个行动计划，以辅助跟进评估发现和建议。行动计划必须包括每条评估建议、跟进行动、相关负责人，以及活动的截止日期（见表 10-1）。出于对合作伙伴、服务对象和资助人负责，社会服务机构应该把行动计划编入下一阶段社会服务或项目的逻辑框架。评估后行动计划的跟进表明，评估的过程是社会服务机构总结经验教训、寻求改进方法的过程。

表 10-1　　评估后的行动计划表

评估建议	行动步骤	截止日期	负责人
1. 在制定行动策略时，一定要考虑中国的社会转型和社会政策的变化。	认真阅读《中华人民共和国国民经济和社会发展第十四个五年规划和 2035 年远景目标纲要》。	2021 年 7 月 1 日	机构领导（名字）

续表

评估建议	行动步骤	截止日期	负责人
2. 项目办应围绕核心卫生目标开展相关活动。	集中做好“孕妇管理”项目，重点开展能够直接改善 0～7 岁儿童营养和健康状况的项目。	2021 年 12 月 1 日	项目主管（名字）
3. …………	…………	…………	…………
4. …………	…………	…………	…………

第四节 社会服务评估的伦理议题

评估者在进行社会服务评估时，不仅需要一定的评估知识和评估能力，还需要遵守相关的伦理准则。社会服务评估是社会工作的重要领域，它既属于社会工作，又属于评估研究。因此，在对社会服务进行评估时，无论采取什么评估方法，无论处在哪个评估阶段，评估者都应该遵守评估研究伦理，恪守社会工作伦理，并妥善处理评估过程中可能面临的伦理困境。

一、遵守评估研究伦理

评估者在进行评估时应该遵循哪些伦理原则和伦理条款？美国评估协会（American Evaluation Association，AEA）和美国社会工作者协会（National Association of Social Workers，NASW）对此都有较为深入的讨论。概括地说，前者比较关注评估研究的一般原则，后者比较强调评估研究的具体条款。

（一）美国评估协会：《评估者指导原则》

美国评估协会的《评估者指导原则》（Guiding Principles for Evaluators）提出了五大评估原则①。

（1）系统调查：评估者应进行系统的资料收集调查。评估者应该坚持最高的、适用的技术标准，以保证评估信息的准确和可靠；评估者应该与委托人一起讨论不同的评估问题和回答思路的优缺点；评估者应该准确而详细地说明他们的方法和思路，以便他人能理解、解释和评判他们的工作；评估者应该明确评估及其结果的局限性；评估者应该以恰当的方式讨论评估的价值、假设、理论、结果和分析报告。

① American Evaluation Association. Guiding principles for evaluators（2018）.［2019－08－31］. https：//www. eval. org/p/cm/ld/fid=51.

（2）能力：评估者应为项目方提供能够胜任的评估。评估者应该具备评估任务所需的教育、能力、技巧和经验；评估者应该具备一定的文化能力，并认识到文化多样性；评估者应该在自己职业训练和能力的范围内开展工作，并拒绝承接无法胜任的评估工作；评估者应该不断提高自身能力，以便提供更优质的评估。

（3）诚实/正直：评估者应在他们的行为中展现诚实和正直，并保证整个评估过程的诚实和正直。评估者应该与其委托人和相关项目方真诚讨论评估费用、评估任务、评估方法的局限、可能的评估结果和评估资料的使用；在接受评估任务前，评估者应该公开可能与评估角色发生利益冲突的任何角色或关系；评估者应该在最初商定的计划书中记录下一切项目变化及其原因；在进行和总结评估时，评估者应该明确自己的、委托人的和其他项目方的利益与价值；评估者不应篡改既定的评估程序、评估数据或评估发现；评估者应该披露评估资金的所有来源以及评估的委托方。

（4）尊重他人：评估者应尊重调查对象、项目参与者、委托人等评估各方的保障、尊严和自我价值。评估者应该全面理解评估的情景要素，如地理位置、时机把握、政治和社会氛围、经济状况，以及正在进行的其他重要活动；评估者应该遵守有关潜在风险、知情同意、隐私保密等职业伦理、标准和规定；当客观的评估结论伤害到委托人或项目方的利益时，评估者应该尽量使他们的利益最大化，并减少不必要的伤害；评估者在评估时应尽量促进社会公正，以便评估参与者能从中受益；评估者有责任去理解并尊重参与者在文化、宗教、族群、性别、年龄等方面的差异，并说明这些差异对筹划、实施、分析和汇报评估的潜在影响。

（5）对大众/公共福利的责任：评估者应该明确并考虑大众与公众利益和价值的多样性。在筹划和汇报评估时，评估者应该考虑到所有项目方的重要观点和利益；评估者不仅应该考虑评估项目的直接运作和结果，还应考虑到更广泛的假设、潜在影响和副作用；评估者应该清晰地呈现评估结果，以便委托人和其他项目方能够容易地理解评估过程和结果；评估者应该维持委托人的需求与其他人的需求之间的平衡；评估者有义务维护公众利益。

（二）美国社会工作者协会："评估与研究"

美国社会工作者协会在讨论社会工作者对专业的伦理责任时，不仅强调评估与研究对社会工作专业的重要性，还专门讨论了社会工作者在进行评估与研究时的注意事项（详见条款 5.02 Evaluation and Research）①。

首先，社会工作者应该重视评估与研究：（1）社会工作者应该监管和评估各项

① National Association of Social Workers. Code of ethics (2017). [2019-08-31]. https://www.socialworkers.org/About/Ethics/Code-of-Ethics.

政策、项目实施和实务介入；（2）社会工作者应该推进和促成评估与研究，进而发展专业知识；（3）社会工作者应该批判性地检验和跟踪最新的专业知识，并在专业服务中使用评估与研究结果。

其次，社会工作者在从事评估与研究时应注意如下事项：（1）认真考虑评估的可能后果，尽量保护参与者免受不必要的身心压力、伤害、危险或剥削，并尊重其自愿参与和知情同意的权利；（2）保证评估与研究参与者及调查资料的匿名性和保密性，并告诉参与者信息保密的局限性、即将采取的保密措施，以及何时销毁资料，除非参与者同意并授权披露自己的相关信息；（3）准确报告评估与研究发现，不应该伪造或篡改结果；（4）警惕并避免与参与者之间的利益冲突，并告诉参与者，一旦发生利益冲突，社会工作者将采取措施解决问题，并以参与者的利益为重；（5）只从专业的角度讨论收集的信息，而且只与相关专业人员讨论评估信息；（6）提醒自己、学生和同事，什么是负责任的研究实践。

（三）小结：评估研究的伦理准则

在开展社会服务评估时，评估者首先应具备评估能力，进行系统调查，为人正直，尊重他人，关心公众利益；其次要遵守“参与者无伤害”“自愿参与”“知情同意”“匿名和保密”等伦理条款。

二、恪守社会工作伦理

社会工作是一个极其强调价值与伦理的专业。这里，我们以美国社会工作者协会的《伦理守则》（Codes of Ethics）和我国民政部的《社会工作者职业道德指引》为例，简要说明社会工作专业的价值与伦理，并在此基础上简要总结社会工作评估的伦理准则。

（一）美国社会工作者协会：《伦理守则》

美国社会工作者协会的《伦理守则》不仅指出了社会工作的核心价值与伦理原则，还详细讨论了社会工作者的伦理责任①。

社会工作专业的核心价值与伦理原则包括六个方面：（1）服务：社会工作者的首要目标是帮助有需要的人，继而解决社会问题；（2）社会正义：社会工作者希望改变社会不公正；（3）人的尊严与价值：社会工作者尊重人的内在尊严与价值；（4）人际关系的重要性：社会工作者承认人际关系的核心地位；（5）正直：社会工

---

① National Association of Social Workers. Code of ethics (2017). [2019 - 08 - 31]. https: //www.socialworkers. org/About/Ethics/Code-of-Ethics.

作者要诚实守信；（6）能力：社会工作者应在自己擅长的领域从业，并借此发展和增强专业知识。

社会工作专业的伦理责任同样包括六个方面：（1）社会工作者对服务对象的伦理责任；（2）社会工作者对同事的伦理责任；（3）社会工作者在实际机构中的伦理责任；（4）社会工作者作为专业人士的伦理责任；（5）社会工作者对社会工作专业的伦理责任；（6）社会工作者对广义社会（broader society）的伦理责任。限于篇幅，这里我们仅简要介绍社会工作者对服务对象和对广义社会的伦理责任。

社会工作者对服务对象的伦理责任主要包括：坚守对服务对象的承诺；尊重服务对象的自决权；尊重服务对象的知情同意权；只在自己专业经验的范围内从事服务，并表现出专业水准；理解社会差异和文化多样性；警惕并妥善处理利益冲突；尊重服务对象的隐私，并注意保密；允许服务对象以适当的方式查阅记录；避免与服务对象发生性关系；合理收取服务费用；努力保证服务的连续性。

社会工作者对广义社会的伦理责任主要包括四个方面：首先，社会工作者应该提升民众的社会福利，促成人、社区和环境的发展；其次，社会工作者应该推进公众的知情参与，以影响社会政策与社会制度；再次，面对突发公共事件，社会工作者应尽可能地提供恰当的专业服务；最后，社会工作者应该参与社会和政治行动，并通过政策倡导和实践服务来改善社会状况、消除社会歧视、促进社会公平、实现社会正义。

（二）民政部：《社会工作者职业道德指引》

民政部于 2012 年 12 月正式向社会发布中国社会工作者职业道德建设的纲领性文件《社会工作者职业道德指引》[①]。该指引不仅指出了中国社会工作者的核心价值与伦理原则，还分别阐述了中国社会工作者对服务对象、专业及社会等的伦理责任。

（1）总则：核心价值与伦理原则。“社会工作者应热爱祖国、热爱人民、拥护中国共产党领导，遵守宪法和法律法规，贯彻落实党和国家有关方针政策”（第三条）。“社会工作者应践行社会主义核心价值观，遵循以人为本、助人自助专业理念，热爱本职工作，以高度的责任心，正确处理与服务对象、同事、机构、专业及社会的关系”（第四条）。

（2）对服务对象的伦理责任：尊重服务对象，全心全意服务。“社会工作者应以服务对象的正当需求为出发点，全心全意为服务对象提供专业服务，最大程度地维护服务对象的合法权益”（第五条）。“社会工作者应平等对待和接纳服务对象，

① 民政部关于印发《社会工作者职业道德指引》的通知．（2022－03－14）［2023－04－03］. http：//mz. ah. gov. cn/ztzl/2021njhsgzztxchd/zcyl/gjjzc/120279111. html.

不因民族、种族、性别、户籍、职业、宗教信仰、社会地位、教育程度、身体状况、财产状况、居住期限等因素而区别对待”（第六条）。“社会工作者应尊重服务对象知情权，确保服务对象在接受服务过程中，了解自身和机构的权利、责任和义务，以及获得服务的情况和可能由此产生的结果”（第七条）。“社会工作者应在不违反法律、不妨碍他人正当权益的前提下，保护服务对象的隐私，对在服务过程中获取的信息资料予以保密”（第八条）。“社会工作者应培养服务对象自我决定的能力，尊重和保障服务对象对与自身利益相关的决定进行表达和选择的权利”（第九条）。“社会工作者不得利用与服务对象的专业关系，谋取私人利益或其他不当利益，损害服务对象的合法权益”（第十条）。

（3）对专业的伦理责任：提升专业能力，维护专业形象。“社会工作者在提供专业服务时，应诚实、守信、尽责，积极维护专业形象。社会工作者应在自身专业能力和服务范围内提供服务”（第十八条）。“社会工作者应不断内化和践行专业理念，持续充实专业知识和技能，提升专业能力，促进专业功能的发挥和专业地位的提升”（第十九条）。“社会工作者应继承中华民族优良传统，借鉴国际社会工作发展优秀成果，总结中国社会工作经验，推动中国特色社会工作发展”（第二十条）。

（4）对社会的伦理责任：勇担社会责任，增进社会福祉。“社会工作者应运用专业视角，发挥专业特长，参与相关政策法规的制定和完善，维护社会公平正义，增进社会福祉”（第二十一条）。“社会工作者应正确鼓励、引导社会大众参与社会公共事务，推动社会建设”（第二十二条）。“社会工作者应推广专业服务，促进社会资源合理分配，使社会服务惠及社会大众”（第二十三条）。

（三）小结：社会工作伦理准则的主要方面

不管是美国社会工作者协会的《伦理守则》，还是我国民政部的《社会工作者职业道德指引》，都十分重视社会工作者的职业操守，并强调社会工作者对服务对象、同事、机构、专业和社会的多重责任。评估者在进行评估时应该遵守民政部的《社会工作者职业道德指引》，并借鉴美国社会工作者协会《伦理守则》的相关条款。

三、妥善处理伦理困境

（一）伦理困境的主要表现

在社会服务项目评估过程中，由于存在多元或矛盾的价值观念与伦理标准，评估者即便恪守社会工作和评估研究的伦理准则，有时也会面临一些伦理困境（ethical dilemmas）。有时，评估者无法协调自己作为专业人士和普通人的双重身份；有时，评估者无法同时忠于项目各方；有时，评估者在执行评估过程中或解释评估结果时无法满足项目各方的利益或/和要求。换言之，在进行社会服务评估时，评估者会面临双重身份困境、多元忠诚困境、评估执行困境和结果解释困境。[①]

1. 双重身份困境

评估者具有双重身份，他们既是社会工作的从业人员或教育研究人员，又是具有喜怒哀乐的社会成员。如前所述，评估者应该遵守社会工作伦理和评估研究伦理，应该在专业价值观的指引下开展评估工作。同时，他们也是普通的社会成员，其成长过程受到家庭、朋友、学校、社区、媒体等社会环境的影响，并形成了具有个人特色的人生观、价值观和世界观。在现实的评估工作中，专业价值观和个人价值观有时会发生冲突。

2. 多元忠诚困境

即便评估者在评估过程中能够秉承专业伦理，他们仍有可能面临伦理困境。这是因为，在评估过程中，他们要同时面对多个主体，如评估委托方或资助方、项目提供者（社会工作者和社会服务机构）、项目的服务对象。评估者既要尊重委托方或资助方的意见，又要维护社会工作者和社会服务机构的权益，还要关注项目服务对象的利益。在评估过程中，评估委托方或资助方可能比较关注服务机构的所作所为，社会工作者和社会服务机构可能比较强调服务效果，而项目的服务对象则比较关心自己的受益程度。当不同主体的利益发生冲突时，评估者应该维护谁的利益？由此可见，多元忠诚不可避免地让评估者陷入伦理困境。

3. 评估执行困境

在执行评估的过程中，评估者不仅仅要面对中西文化冲突，更要经常面对相互冲突的伦理条款。先看第一个方面。西方文化比较注重个体的权利和尊严，而中国文化则强调集体利益或福利。如果某个社区建设项目在让多数人受益的同时损害了少数人的利益，那么，评估者如何评价该项目？再看第二个方面。评估者要同时遵守社会工作伦理和评估研究伦理的许多条款，但是，有些条款在某些情况下是相互冲突的。例如，评估者应该遵循“知情同意”的原则，向评估对象说明个人身份和评估目的。但是，如果评估者把相关信息完全告诉评估对象，就可能无法获得真实、客观、全面和深入的资料，评估的科学性因此会受到影响。再如，评估者应该遵守“参与者无伤害”“匿名和保密”原则。如果评估者认为深度的案例描写和分析可以更好地说明服务项目的效果，但是当事人看到后可能会有受伤害的感觉，那么，评估者应该如何选择？

4. 结果解释困境

评估者通常要在评估报告中说明服务项目的效果，但是效果很难界定，而且不

---

① 顾东辉．社会工作评估．北京：高等教育出版社，2009：35－39.

同主体对效果的认识存在差异。如前所说，评估委托方或资助方比较关注项目任务是否完成，社会工作者和社会服务机构比较关注服务对象的变化及社会场景的改善，项目的服务对象更关注自己的受益程度。评估者需要从上述所有方面去说明项目的实际效果和潜在影响。在这样做时，评估者应该考虑谁的关注焦点？如果需要整合多种视角，评估者应该如何整合？评估者如何去平衡各方的关注焦点和核心利益？

在上述四种困境中，前两种困境是由评估者的角色引起的，故可称为“角色困境”；后两种困境发生在评估的操作层面，故可称为“操作困境”。

（二）伦理决策的优先模式

不管是“角色困境”，还是“操作困境”，评估者都应该积极应对，并做出伦理决策（ethical decision-making）。对于如何进行伦理决策，迄今还没有系统的操作指南，这里仅列出伦理决策的优先模式。在进行伦理决策时，评估者应依次考虑生命优先模式、道德优先模式、伦理经验模式和特殊情景模式。①

1. 生命优先模式

尽管上述伦理困境并没有涉及生命安全，但人的生死问题随时都有可能发生。因此，面对伦理困境，评估者应该把保护生命放在第一位，然后再考虑其他诸如平等、自主、自由、隐私和保密等原则。如果没有生命，人的所有其他价值就无从谈起。按此逻辑，生命是第一原则，是基础原则。

2. 道德优先模式

面对伦理困境，评估者应该根据社会工作的伦理守则、评估研究的指导原则、自己的道德良知和道德责任感进行决策。道德优先包括“出于道德考虑”“符合道德标准”“为了道德目的”三方面的要求。② 首先，评估者要优先考虑社会工作的职业道德，然后再考虑委托方或其他方面的因素；其次，评估者应该遵守社会工作的专业道德标准，而非个人偏好；最后，评估者应该优先关注服务对象的利益和福利，然后再考虑其他各方的期望和目标。

3. 伦理经验模式

个人的力量是有限的，因而不可能凭一己之力解决所有伦理冲突。面对伦理困境，评估者应该借用集体的力量，采用实务研究、案例分析、学术研讨或理论论证的方式，从本土的文化情境出发，总结出一些具有代表性和典型性的伦理决策经验模式。

---

① 高鉴国．社会工作价值与伦理．济南：山东人民出版社，2012：235－236.

② 罗肖泉，尹保华．社会工作实践中的伦理议题．学术论坛，2003（3）.

4. 特殊情景模式

上述三种方式都强调伦理决策的一般性和普遍性，即通过某种逻辑或者经验，可以找出指引评估实务的通用原则。然而，评估是在具体的情景中进行的，一般性原则有时并不奏效。换言之，面对伦理困境，评估者应该综合考虑社会工作价值体系、项目各方的利益、某一决策可能产生的效率和效果，并在此基础上做出最后的判断和选择。由此可见，特殊情景模式的实质是“具体情况，具体分析”。

总之，在进行评估时，如果评估者能够恪守社会工作伦理和评估研究伦理，那么，绝大多数伦理困境都是可以避免的。即便评估过程中出现伦理困境，如果参照伦理决策的优先顺序，评估者也能够有效解决评估者的“角色困境”和“操作困境”。

复习思考题

1. 什么是社会服务评估？请举例说明。
2. 找一篇你感兴趣的评估报告，阅读后说明评估的基本要素。
3. 找一篇你感兴趣的评估报告，阅读后描述作者的评估过程。
4. 评估报告主要包括哪些内容？请分组讨论如何撰写评估报告。
5. 在社会服务评估中，常见的伦理议题有哪些？请举例说明。

本章参考书目

1. American Evaluation Association. Guiding principles for evaluators (2018). [2019 - 08 - 31]. https://www.eval.org/p/cm/ld/fid=51.

2. National Association of Social Workers. Code of ethics (2017). [2019 - 08 - 31]. https://www.socialworkers.org/About/Ethics/Code-of-Ethics.

3. 风笑天．现代社会调查方法．6版．武汉：华中科技大学出版社，2020.

4. 高鉴国．社会工作价值与伦理．济南：山东人民出版社，2012.

5. 顾东辉．社会工作评估．北京：高等教育出版社，2009.

6. 李沛良．社会研究的统计应用．北京：社会科学文献出版社，2002.

7. 李强．应用社会学．3版．北京：中国人民大学出版社，2020.

8. 罗肖泉，尹保华．社会工作实践中的伦理议题．学术论坛，2003 (3).

9. GINSBERG L H. 社会工作评估：原理与方法．上海：华东理工大学出版社，2013.

10. 罗希，李普希，弗里曼．评估：方法与技术（第7版）．重庆：重庆大学出版社，2007.

11. 民政部关于印发《社会工作者职业道德指引》的通知．(2022 - 03 - 14)

[2023－04－03]. http：//mz. ah. gov. cn/ztzl/2021njhsgzztxchd/zcyl/gjjzc/120279111. html.

12. 王思斌．社会行政．2 版．北京：高等教育出版社，2013.

推荐阅读书目

1. 罗伊斯，赛义，帕吉特．项目评估：循证方法导论．北京：中国人民大学出版社，2018.

2. 吴帆．社会服务评估实用教程．北京：高等教育出版社，2018.

第十一章

社会工作行政面临的挑战、变革与数字化发展

基本概念

治理　社会治理　服务型治理　数字能力　数字社会工作

本章要点

1. 治理是各种公共的或私人的个人和机构管理其共同事务的诸多方式的总和。它是使相互冲突的或不同的利益得以调和并且采取联合行动的持续的过程。社会治理就是政府、社会组织和民众，根据一定的规范，通过协商与合作，解决社会领域的矛盾和问题，维护社会秩序、促进社会建设的活动。

2. 社会工作参与社会治理被称为服务型治理。服务型治理即通过对利益相对受损者的服务，实现利益关系的相对平衡，进而达到该领域关系的有序和持续的治理形式。

3. 各类社会工作组织和社会服务机构深度参与到我国社会治理过程中，社会工作行政面临着行政制度建设、行政能力建设和行政教育培训等方面的挑战与变革的需求。

4. 当前，社会工作服务机构的组织形态、服务模式、伦理规范等均受到信息和通信技术的显著影响。社会工作的数字化转向是指信息和通信技术推动社会工作参与者、社会工作服务机构、社会工作服务实践、社会工作价值观和社会工作伦理等综合变革的过程。

5. 数字技术对社会工作服务机构的决策、计划、战略规划、控制与监督、领导、沟通、项目管理、督导等诸多行政工作产生了深刻影响，重构了机构的组织模式和运行机制。

6. 数字能力已经成为讨论人们在数字时代应该拥有什么样的技能或能力的关键概念。核心的数字能力包括信息、沟通、内容生产、安全和问题解决五个方面。

课前准备

阅读关于治理、社会治理的研究文献，尝试搜集社会服务机构参与我国社会治理的经验资料，思考社会工作者（机构）在社会治理中的角色和作用。

阅读有关数字技术发展、数字社会的研究文献、新闻报道等，了解国内外数字技术发展情况以及数字技术对社会的影响。

第一节　社会工作行政面临的挑战与变革

随着福利国家改革深化、新公共管理运动兴起，各国社会福利体制不断调整，社会服务组织体系、资金筹集、服务传递和运行机制也处于持续演变过程中。其中，源于政治和管理科学的治理理论（governance theory）和改革风潮逐渐对各国社会工作行政实践产生重大影响，各类社会工作组织和社会服务机构不断加入国家和社会治理体系，社会工作行政出现了面向治理的转向。

一、治理与社会治理

（一）治理①

英文中的治理（governance）一词源于拉丁文和古希腊语，原意是控制、引导和操纵。长期以来它与统治（government）一词交叉使用，并且主要用于与国家的公共事务相关的管理活动和政治活动。但是，20 世纪 90 年代以来，西方政治学家和经济学家赋予 governance 以新的含义，不仅其涵盖的范围远远超出了传统的经典意义，而且其含义与 government 相去甚远。它不再只局限于政治学领域，而被广泛运用于社会经济领域。

治理理论的主要创始人之一罗西瑙将治理定义为一系列活动领域里的管理机制，它们虽未得到正式授权，却能有效发挥作用。与统治不同，治理指的是一种由共同的目标支持的活动，这些管理活动的主体未必是政府，也无须依靠国家的强制力量来实现。②

罗茨则认为：治理意味着“统治的含义有了变化，意味着一种新的统治过程，

① 俞可平．治理和善治引论．马克思主义与现实，1999（5）．

② 罗西瑙．没有政府的治理．南昌：江西人民出版社，2001．

意味着有序统治的条件已经不同于以前，或是以新的方法来统治社会”。他还详细列举了六种关于治理的不同定义：(1) 作为最小国家的管理活动的治理，指的是国家削减公共开支，以最小的成本取得最大的效益。(2) 作为公司管理的治理，指的是指导、控制和监督企业运行的组织体制。(3) 作为新公共管理的治理，指的是将市场的激励机制和私人部门的管理手段引入政府的公共服务。(4) 作为善治的治理，指的是强调效率、法治、责任的公共服务体系。(5) 作为社会控制体系的治理，指的是政府与民间、公共部门与私人部门之间的合作与互动。(6) 作为自组织网络的治理，指的是建立在信任与互利基础上的社会协调网络。①

库伊曼和范·弗利埃特指出：“治理的概念是，它所要创造的结构或秩序不能由外部强加；它之发挥作用，是要依靠多种进行统治的以及互相发生影响的行为者的互动。”②

治理理论的另一位权威格里·斯托克对流行的各种治理概念做了一番梳理后指出，到目前为止，各国学者们对作为一种理论的治理已经提出了五种主要的观点。这五种观点分别是：(1) 治理意味着一系列来自政府但又不限于政府的社会公共机构和行为者。它对传统的国家和政府权威提出挑战，认为政府并不是国家唯一的权力中心。各种公共的和私人的机构，只要其行使的权力得到了公众的认可，就都可能成为在各个不同层面上的权力中心。(2) 治理意味着在为社会和经济问题寻求解决方案的过程中存在着界限和责任方面的模糊性。它表明，在现代社会，国家正在把原先由它独自承担的责任转移给社会，即各种私人部门和公民自愿性团体，后者正在承担越来越多的原先由国家承担的责任。这样，国家与社会之间、公共部门与私人部门之间的界限和责任便日益变得模糊不清。(3) 治理明确肯定了在涉及集体行为的各个社会公共机构之间存在着权力依赖。进一步说，致力于集体行动的组织必须依靠其他组织；为达到目的，各个组织必须交换资源、就共同的目标谈判；交换的结果不仅取决于各参与者的资源，而且取决于游戏规则以及进行交换的环境。(4) 治理意味着参与者最终将形成一个自主的网络。这一自主的网络在某个特定的领域中拥有发号施令的权威，它与政府在特定的领域中进行合作，分担政府的行政管理责任。(5) 治理意味着办好事情的能力并不仅限于政府的权力，不仅限于政府的发号施令或运用权威。在公共事务的管理中，还存在着其他的管理方法和技术，政府有责任使用这些新的方法和技术来更好地对公共事务进行控制和引导。③

在关于治理的各种定义中，全球治理委员会的定义最具代表性和权威性。该委员会于 1995 年发表了一份题为《我们的全球伙伴关系》的研究报告，对治理做出

---

① 罗西瑙. 21 世纪的治理. 全球治理，1995.

② 库伊曼，弗利埃特. 治理与公共管理//库伊曼，等. 管理公共组织. 加利福尼亚：萨吉出版公司，1993：64.

③ 斯托克，华夏风. 作为理论的治理：五个论点. 国际社会科学杂志（中文版），1999 (1).

了如下界定：治理是各种公共的或私人的个人和机构管理其共同事务的诸多方式的总和。它是使相互冲突的或不同的利益得以调和并且采取联合行动的持续的过程。这既包括有权迫使人们服从的正式制度和规则，也包括人们同意或认为符合其利益的非正式的各种制度安排。治理有四个特征：治理不是一整套规则，也不是一种活动，而是一个过程；治理过程的基础不是控制，而是协调；治理既涉及公共部门，也包括私人部门；治理不是一种正式的制度，而是持续的互动。

（二）社会治理

社会治理是治理理论的重要组成部分。由于西方治理理论奉行社会中心主义和公民个人本位，因此，理性经济人的社会自我治理，在理论逻辑上构成了西方治理理论的核心内容。在特定意义上可以认为，西方的治理理论，本质上是以理性经济人为基础的社会自我治理理论。[①]“如果说 19 世纪与 20 世纪之交的改革家们倡导建立最大限度的中央控制和高效率的组织机构的话，那么 21 世纪的改革家们则将今天的创新视为一个以公民为中心的社会治理的复兴实验过程。”[②]

在我国，社会治理是指在执政党领导下，由政府主导，吸纳社会组织等多元治理主体参与，对社会公共事务进行治理的活动，是“以实现和维护群众权利为核心，发挥多元治理主体的作用，针对国家治理中的社会问题，完善社会福利，保障改善民生，化解社会矛盾，促进社会公平，推动社会有序和谐发展的过程”[③]。

社会治理的含义并不像公司治理、国家治理那么明确，这是由中文中“社会”的多义性和政府政策的综合性造成的。按照对社会概念的不同理解，社会治理可以有四种含义：(1) 对整个社会的治理。这与政府对全社会的管理是同一口径的，治理的对象是整个社会，包括经济、政治和文化等方面。(2) 对社会领域的治理。这里的社会是狭义的，社会生活领域不同于政治、经济、文化生活领域，由此社会治理可以被看成社会生活领域的治理。(3) 对不同于政府的社会组织系统的治理。这是在国家与社会关系意义上的社会治理，这里的社会是独立于政府的“社会”。(4) 由社会参与的治理。这是从治理主体意义上着眼的，它不同于政府的单方面管理，而是由社会力量（社会组织、社区）参与的治理。从我国的实践来看，社会治理是跨越了几个层次的：社会治理是对社会领域的治理，还包括对社会组织系统的治理，由社会力量参与的治理也被包含于其中。

从实现推进现代国家治理体系、治理能力现代化和创新社会治理体制的目标来看，社会治理是由社会力量广泛参与的对社会领域的治理。可以说，社会治理是政府和社会力量等相关方，通过协商、参与等形式，对社会事务和人们的社会生活共

---

① 王浦劬．国家治理、政府治理和社会治理的基本含义及其相互关系辨析．社会学评论，2014，2 (3).

② 博克斯．公民治理：引领 21 世纪的美国社区．北京：中国人民大学出版社，2005.

③ 姜晓萍．国家治理现代化进程中的社会治理体制创新．中国行政管理，2014 (2).

同进行管理和规范，使之有序运行的活动和过程。具体到当前我国现实，社会治理就是政府、社会组织和民众，根据一定的规范，通过协商与合作，解决社会领域的矛盾和问题，维护社会秩序、促进社会建设的活动。①

二、社会工作与服务型治理②

（一）社会治理关系及社会工作的参与

治理具有多主体性，是由不同利益主体参与的、围绕利益分配展开的协商和实现目标的过程。利益不同是多元主体参与协商的前提，在这种意义上，多元主体的治理就不是组织或系统内部的、以权力为基础的分工，而是相对独立的利益主体的互动和共事过程。经济学、管理学在研究治理时使用治理结构的概念，比如公司治理结构指的是由所有者、董事会和高级执行人员三方组成的一种组织结构。这里的治理结构指的是围绕着治理而形成的相关各方的关系格局，也即某种治理关系。如果从发生学的角度看，治理结构或治理关系就不是既定的，而是在一系列治理活动中形成的，又是在治理过程中发生变化的，而治理活动也包含某些共识和规则的形成。

具体到社会治理中，社会治理的实践不仅需要确定治理的主体和对象，还要确定待治理领域的利益相关者和他们之间的关系。进入治理范围的相关主体之间的关系可以被称为治理关系，它不但指哪些利益主体进入了治理领域，而且指他们之间存在何种关系——他们在该社会领域的权力和利益关系、社会地位、资源占有情况，以及可用来进行协商互动的规则，乃至以往他们处理类似相互关系的经验，都是确定他们之间的治理关系的要素。如果借用布迪厄的场域理论，社会治理就是一个由治理关系和治理实践相结合而形成的场域。

从当前我国改进社会治理方式和创新社会治理体制的角度来看，进入社会治理场域的主要有居民、社会组织和政府。治理关系主要是政府与居民之间的关系、政府与社会组织之间的关系、社会组织与居民之间的关系，以及居民之间、各种社会组织之间、政府部门之间的关系。因此，社会治理关系就是围绕着一定的公共事务和社会事务，由政府、社会组织和民众等相关利益主体共同形成，通过他们之间的协商、合作等互动形式表现出来的关系。

社会工作参与社会治理，实际上是以社会力量（社会组织）的形式出现的，社会工作在一定的公共事务和社会事务场域中，与其他各方形成治理关系，参与治理

---

①　王思斌．社会工作参与社会治理的特点及其贡献：对服务型治理的再理解．社会治理，2015（1）.

②　参见：王思斌．社会工作机构在社会治理创新中的网络型服务治理．学海，2015（3）．王思斌．社会工作参与社会治理的特点及其贡献：对服务型治理的再理解．社会治理，2015（1）.

行动。在这里，虽然实际参与社会治理活动的是具体的社会工作者，但是社会工作以组织的形式出现，是参与社会治理的众多行动者之一。在社会治理过程中，社会工作要在多种治理关系中发挥自己的作用，以达到治理目标。社会工作在社会治理中的具体地位，主要由公共事务和社会事务场域的性质以及社会工作在治理关系体系中的位势决定。这种位势是由社会工作者（机构）所掌握的参与治理活动的资源、方法，以及这些资源、方法与其他治理参与者相比较的优势程度所决定的。

（二）两种治理模式

治理被看成是多元利益主体围绕公共事务而进行协商及达成共识，进而采取共同行动的过程。这里的利益有多重含义，既包括直接的物质利益，也包括获得利益的机会和参与等。治理就是相关各方通过协商互动，实现相对均衡或公平的利益分配的过程。在可治理领域，许多治理理论强调参与治理各方的利益博弈和协商，治理被看作比较权力和实施权力技术的过程①，这种治理可被称为博弈型治理。但是，从实现利益的相对公平分配、实现和谐的角度看，治理还可以有另外一种形式，即通过对利益相对受损者的服务，实现利益关系的相对平衡，进而达到该领域关系的有序和持续，这种治理可被称为服务型治理②。

博弈型治理与服务型治理是治理的两种类型或模式。它们对治理对象的性质看法不同，采用的治理方法不尽相同，对治理过程的理解也不同。实际上，在对公共事务的治理上，这两种治理可以实现殊途同归。博弈型治理与服务型治理也可以被理解为治理的两种理想类型，它们之间会有很多交叉，这就形成了博弈型治理—服务型治理的连续体。可以说，博弈型治理与服务型治理没有优劣之分，治理对象的性质不同、利益相关各方形成的治理关系不同、参与各方的出发点和目标不同，就可能导向不同的治理模式。

（三）社会工作参与社会治理是服务型治理

社会治理是一个由多方参与形成的治理关系体系或互动网络，社会工作参与社会治理也要同多方主体建立治理关系，进行互动。由于社会工作者提供社会服务并不是为了自己获取利益，社会工作机构也不是服务对象所结成的群体，因此，社会工作者（机构）通过服务参与社会治理的角色具有独特性。

在社会治理关系网络中，社会工作者（机构）要与困难群体和弱势群体中的服务对象建立服务关系。这里的服务既包括直接服务，也包括间接服务，主要有：向服务对象提供物质方面的帮助，提供精神和心理方面的支持，提供社会政策方面的

---

① 俞可平．治理与善治．北京：社会科学文献出版社，2000：34，130－132.

② 王思斌．社会工作在创新社会治理体系中的地位和作用：一种基础—服务型社会治理．社会工作，2014（1）.

服务，增强其面对困难的能力；培养和增强服务对象的自组织能力；促进服务对象的社会参与；等等。

在为困难群体和弱势群体服务的整个过程中，社会工作者（机构）与政府部门建立了治理关系。在这一过程中，社会工作者（机构）在理解政府的改善民生、促进社会和谐的政策意图的基础上，将服务传递到服务对象手中。同时，社会工作者也会在服务过程中了解社情民意，并向政府反馈民众的意见。社会工作者（机构）还会根据自己的价值理念和实践，就改善民生、促进社会整合与社会公正提出建议。在比较复杂的服务中，社会工作者还会联系各部门和其他社会组织，动员社会力量，进行社会管理，这些都与社会治理有关。

社会工作者（机构）会与其他社会组织发生联系，以促进对困难群体和弱势群体的服务。比如，社会工作者（机构）有时要与一些企事业单位、人民团体联系，处理与后者相关的服务与事项；也可能会与其他社会服务机构建立联系，统筹资源，进行服务协作，以更好地实现对困难群体和弱势群体的服务，达到更好的服务效果。

因此，社会工作者（机构）要与各类主体建立联系、动员力量、协调关系、促进服务，而社会工作在上述过程中进行的都是服务，这些直接或间接的服务既能够解决困难群体和弱势群体的基本问题，又能够促进社会和谐，从而发挥社会治理的功能。

总的来说，社会工作参与社会治理的途径有两个：一是向困难群体和弱势群体提供适宜的、人性化的、有效的服务，以解决社会问题，促进社会和谐；二是通过政策倡导促进政策的完善和制度建设，进而促进社会的善治。社会工作通过服务可以促进和完善社会治理，通过服务对象增能可以改进治理，通过政策倡导可以建构社会治理的新机制，通过服务、倡导可以促进创新社会治理体系——这是一个政府、社会组织和服务对象三方互动的社会治理体系。在三方互动的过程中，社会工作者（机构）既帮助政府实施社会政策，使政策对象受益，也向政府反映民众的诉求，包括推进社会政策的改变。面对服务对象，社会工作者（机构）要提供适切的服务，但也包括对服务对象进行政策和知识宣介，乃至帮助他们改变不正确的看法和行为。同时，社会工作者（机构）也在服务中约束和发展自己，并促进社会服务领域的良好治理。社会工作者（机构）是通过多方向、多重意义的互动参与社会治理的。

三、在治理转向的背景下社会工作行政面临的挑战与变革

2013 年党的十八届三中全会首次使用“社会治理”这一概念取代传统的“社会管理”，并且提出凡属事务性管理服务，原则上都要引入竞争机制，通过合同、

委托等方式向社会购买。此后，我国社会工作及各类社会服务机构有了通过政府购买服务融入基层治理的机制，成为推进国家治理体系和治理能力现代化的重要专业力量之一①。特别是2017年召开的党的十九大提出打造共建共治共享的社会治理格局的战略部署，以及2020年召开的党的十九届五中全会通过的《中共中央关于制定国民经济和社会发展第十四个五年规划和二〇三五年远景目标的建议》指出，发挥群团组织和社会组织在社会治理中的作用，畅通和规范市场主体、新社会阶层、社会工作者和志愿者等参与社会治理的途径，这为中国社会工作的专业化发展指明了方向②。2021年，《中华人民共和国国民经济和社会发展第十四个五年规划和2035年远景目标纲要》明确提出，发挥群团组织和社会组织在社会治理中的作用，畅通和规范市场主体、新社会阶层、社会工作者和志愿者等参与社会治理的途径，全面激发基层社会治理活力。同年，中共中央、国务院颁布《中共中央国务院关于加强基层治理体系和治理能力现代化建设的意见》，要求创新社区与社会组织、社会工作者、社区志愿者、社会慈善资源的联动机制，支持建立乡镇（街道）购买社会工作服务机制，等等。2021年全国乡镇（街道）社工站建设投入资金约24.9亿元。到2022年6月30日，全国已建成乡镇（街道）社工站2.1万余个，5.3万余名社会工作者驻站开展服务，7个省份实现了乡镇（街道）社工站全覆盖，17个省份覆盖率已超过50%，全国覆盖率达56%。③

伴随着社会工作深度参与社会治理特别是我国基层治理体系和治理能力建设，社会工作及社会服务机构的工作领域和服务内容不断拓展，工作方法不断创新，一系列不同于传统社会工作的运作方式和实践逻辑也开始显现。④ 在此过程中，社会工作行政及社会服务机构管理也面临多重挑战，并开启了相应的变革。

第一，社会工作行政制度建设面临的挑战与变革⑤。党的十八届三中全会将社会组织参与社会治理提升到国家治理体系和治理能力现代化的高度，力图从制度建设的角度切入和解决问题，社会工作参与社会治理也应该制度化。当前，我国社会工作机构以及社会组织参与社会治理的制度还没有充分建立起来。随着我国社会保障制度、社会福利制度的发展，社会工作机构会更多地参与社会政策建议、实施、评估和完善的过程，并被赋予一种正式的合法角色，我国《社会救助暂行办法》的颁布就是一例。另外，在残疾人服务、未成年人保护、老年人服务等诸多领域，社会工作不但承担着政府购买服务所赋予的服务功能，而且有反映困难群体诉求、促

① 徐选国，徐永祥．基层社会治理中的“三社联动”：内涵、机制及其实践逻辑：基于深圳市H社区的探索．社会科学，2016（7）.

② 姚迈新．以习近平社会治理观为指导 创新社会治理理论与实践．行政与法，2019（7）.

③ 县域社工人才建设正稳步提速．（2022-08-16）[2024-04-04]．https：//finance.sina.com.cn/jjxw/2022-08-16/doc-imizirav8306347.shtml?cref=cj.

④ 童敏，杜经国．现实建构主义：基层治理社会工作的实践逻辑及理论依据．社会工作，2022（6）.

⑤ 王思斌．社会工作机构在社会治理创新中的网络型服务治理．学海，2015（3）.

进政策改善等多种功能。在这些实践中，社会工作与政府要在建立治理关系上进行探索，在协商、共识、共事规则方面不断实现制度化或结构化，进一步增强社会工作机构的社会治理功能。

第二，社会工作行政能力建设面临的挑战与变革①。社会工作机构要能承担起有效参与社会治理体制创新的责任，需要增强自己的能力。我国的社会工作机构成立时间不长，其社会功能的发挥还比较有限，社会工作机构的内部治理和行业自律还在建设之中，与政府的良好治理关系还没有充分确立。这说明社会工作机构必须加强自身能力建设，才能承担起自己的社会责任，有效地参与社会治理。社会工作机构的能力建设过程也是其自身发展和成长的过程，这包括：社会工作机构服务能力的增强，对社会问题的敏感性及创新意识的增强，获取服务资源的能力的增强，与政府合作和政策建议能力的增强，相对独立生存能力的增强，以及社会工作机构之间、社会工作机构与其他社会组织之间合作及竞争的制度化。社会工作机构的能力建设既是一个满足社会问责的过程，也是其强化自己内部治理的过程，需要在服务实践中持续不断地努力。

第三，社会工作行政教育培训面临的挑战与变革②。在社会工作参与社会治理过程中，各类社会服务机构和社会工作者所面对的服务对象和所需要解决的社会问题日趋复杂化、多元化，社会工作行政管理人员和一线服务人员需要运用跨学科的知识和技能，因此对社会工作行政的教育培训也提出了更高的要求。在治理转向的背景下，社会工作行政教育需要跨学科合作和协同，需要组建社会工作与相关学科的跨学科团队来满足共同的学习和培训需求，解决单一学科无法解决的社会问题。在 20 世纪末期，美国医疗、教育、司法、社会福利等系统为解决新的社会问题，开始转向跨学科合作路径。比如，美国很多学校开设了法律与社会工作、公共卫生与社会工作、工商管理与社会工作等双硕士学位项目。随着我国社会治理的深入发展，社会工作行政实践必然涉及公共卫生、教育、司法、福利体系、个人发展等各个方面，涉及范围更广，遇到的问题更加复杂，需要在未来的社会工作行政人才教育和培训中，促进社会工作专业教育与公共卫生、法律、政策科学以及管理科学等不同学科的进一步合作。

第二节 社会工作行政的数字化发展

数字革命被誉为全球“第四次工业革命”。在过去短短的几十年里，受信息和

---

① 王思斌．社会工作机构在社会治理创新中的网络型服务治理．学海，2015（3）．

② 何雪松，刘仕清．社会工作教育高质量创新发展的挑战与应对．西北师大学报（社会科学版），2020，57（3）．

通信技术（ICTs）影响，越来越多的行业出现数字化转向。如今，无论是脑力劳动者还是体力劳动者，都需要面对信息和通信技术重塑的工作环境、工作形态、工作过程以及工作关系，依赖数字媒介工具来完成工作任务。信息和通信技术在给劳动者提供大量就业机会的同时，也给劳动者带来了一些不容忽视的挑战。譬如，信息和通信技术打破了原有的时间节奏和空间安排，上下班的时间界线变得模糊，劳动者即使处于下班时间，也会时刻担心工作，无形中导致劳动者的劳动强度增大，陷入超时劳动状态；另外，信息和通信技术导致劳动者的工作技能降格、劳动去技能化（例如在自媒体时代，很多人都可以编写和发布新闻，新闻生产的门槛降低），劳动者的可替代性和劳动不稳定性增强，议价能力和保障水平下降。①

在信息和通信技术驱动的时代，社会工作行业也出现了明显的数字化转向。数字社会工作（digital social work）是当前全球社会工作发展的一个重要趋势，尤其在新冠病毒感染疫情暴发的几年时间里，社会工作的数字化发展进程非常快。在此背景下，社会工作行业面临的一个重大挑战是如何利用信息和通信技术进行工作创新，如革新工作理念、服务方式、服务伦理，以满足不断变化的社会服务需求。

一、数字社会工作

数字社会工作目前尚无统一、标准的界定。宽泛地讲，数字社会工作是信息和通信技术在社会工作各个层面、各个领域的应用，社会工作服务机构的组织形态、服务模式、伦理规范等均受到信息和通信技术的显著影响。社会工作的数字化转向描述的是信息和通信技术推动社会工作参与者、社会工作服务机构、社会工作服务实践、社会工作价值观和社会工作伦理等综合变革的过程。与数字社会工作相关的表述有赛博社会工作（cyber social work）、远程/虚拟社会工作（remote/virtual social work）、电子社会工作、网络社会工作（net social work）。②

社会工作的数字化历程大体上可以分为三个阶段③：第一个阶段是网络临床服务阶段（1982—1999 年）。该阶段主要基于互联网开展临床治疗服务。在线自助支持小组于 1982 年首次出现。在 20 世纪 90 年代后期，一些临床社会工作者使用网络聊天室、电子邮件等方式为服务对象提供在线咨询服务。第二个阶段是多元化发展阶段（2000—2019 年）。在该阶段，社会工作者利用多元化的数字媒介工具（如智能手机、平板电脑等）为服务对象提供在线服务，如在线咨询、福利申请等。第三个阶段是快速发展阶段（2020 年至今）。受新冠病毒感染疫情影响，社会工作数字化转向明显加快，数字媒介技术在社会工作教育教学、临床服务等领域有非常丰

---

① 姚建华．数字劳动：理论前沿与在地经验．南京：江苏人民出版社，2021.

② 胡莹．数字社会工作的概念、发展与青年社会工作者面临的伦理挑战．当代青年研究，2022（5）.

③ 同②.

富的应用，相关的研究和讨论也明显多起来。例如，在新冠病毒感染疫情暴发期间，英国的儿童福利领域的社会工作者通过视频沟通方式缓解居家隔离儿童的焦虑，为其提供支持服务[①]。中国社会工作的数字化发展在新冠病毒感染疫情期间也得到了快速发展，社会工作者为社区居民提供一对一线上心理咨询辅导、开展线上小组服务等。随着大数据、云计算、人工智能等数字技术愈益成熟、普及，社会工作的数字化发展将得到进一步推进。

可以肯定的是，数字化改变了社会工作者与服务对象之间的互动方式，拓展了社会工作的干预手段和介入策略。在社会工作服务方式方面，得益于数字媒介技术，一些社会工作在线服务平台、手机应用程序被创造出来，社会工作服务对象可以通过在线服务平台、手机应用程序了解和使用社会工作服务，社会工作者可以通过邮件、在线会议室等方式提供线上服务，基于数字平台的社会工作服务可以作为传统线下服务的替代或补充。现有研究发现，一些案主对于面对面沟通时难以讲述的内容，会通过电子邮件、发送短信等线上沟通方式进行表达。[②]

社会工作者开展线上服务或者采用线上线下相结合的服务方式已经比较常见，尤其是当一些传统线下服务因为地理距离等原因难以提供时，数字媒介技术可以帮助社会工作者突破时空限制，拓展社会工作服务场域，在一定程度上降低社会工作者建立关系、链接资源的成本，更好地为残障人士、农村偏远地区居民等提供服务，弥补资源分配的地区不平等、群体不平等，助力社会工作服务升级。

为提高服务的有效性和质量，很多国家和地区重视社会工作数字化服务平台的建设。例如，挪威劳工和福利管理局（Norwegian Labour and Welfare Administration）于 2017 年推出了一项数字活动计划（Digital Activity Plan），搭建了案主在线沟通系统、个案管理数字系统以及社会政策管理和实施系统。案主可以通过数字系统申请服务，社会工作者可以通过数字系统对个案进行管理。通过一个名为“对话”（The Dialogue）的在线聊天程序，案主和社会工作者可以便捷地进行线上沟通。[③]

凭借数字媒介技术，社会工作的一些实务方法也得以创新，焕发出更加强大的力量。例如，叙事治疗的核心理念是不再将人问题化，社会工作者通过“故事叙说”“问题外化”等方法，协助服务对象用积极的叙事方式代替根深蒂固的消极叙事方式，挑战让服务对象感受到压制的权力体制和生活方式，从而赋能服务对象，使服务对象变得更自主、更有动力。叙事治疗传统上使用语言文字来开展。现如

① PINK S，FERGUSON H，KELLY L. Digital social work：conceptualising a hybrid anticipatory practice. Qualitative social work，2022，21（2）.

② MISHNA F，BOGO M，ROOT J，et al. “It just crept in”：the digital age and implications for social work practice. Clinical social work journal，2012，40（3）.

③ AASBACK A W. Platform social work：a case study of a digital activity plan in the Norwegian Welfare and Labor Administration. Nordic social work research，2022，12（3）.

今，数字化的叙事治疗使用音频、视频、图像等多元化媒介工具来开展治疗服务。服务对象可以通过音频、视频来记录生活点滴，在社群网站上分享自己的经历和情感，从而更好地呈现和探索自己的生活；社会工作者可以通过虚拟现实（VR）、增强现实（AR）等技术手段，帮助服务对象沉浸式地体验虚拟生活，鲜活地感受不一样的人生形态，增强服务对象的改变动力。

二、数字技术驱动社会工作行政创新

在数字时代，如何组织和利用数字技术对原有产品、流程、运营模式进行改变，实现数字创新，成为组织科学、管理科学、政策研究等多个学科领域关注的重点议题。对于社会工作服务机构来说，数字技术能够影响机构的决策、计划、战略规划、控制与监督、领导、沟通、项目管理、督导等诸多行政工作，重构机构的组织模式和运行机制。像宣传、筹资、服务记录、项目管理、人力资源管理等行政事务多与数据、档案以及其他职能部门相关，应加紧推进信息化和数字化转型，以提高这些部门的工作效率。[①]

如前文所述，挪威劳工和福利管理局于 2017 年推出了一项数字活动计划。该计划发展了以信息和通信技术为中介的社会工作服务（ICT-mediated social work practice）。挪威劳工和福利管理局自上而下地推动信息和通信技术的应用，提供相应的培训，并且为了使社会工作者有时间学习和掌握新的工作系统，刚开始时是新旧两套系统并用。此外，挪威劳工和福利管理局发布了多项规章、标准和程序，对工作人员的数字实践进行严格的监督，以解决日益增多的由数字实践带来的新的隐私和保密问题，减少工作人员不当利用数字技术的机会。大多数参与该计划的社会工作者认为，像不同个案管理系统中的电子日历和数字工作台账这样的行政管理工具，使他们的日常工作安排“更有可预测性”和“更有协调性”，节省了他们处理个案的时间；但是，以信息和通信技术为中介的社会工作服务增强了机构监控社会工作者的能力，降低了社会工作者在实现专业目标方面的自主权和灵活性。[②]

在社会工作督导方面，数字工具有助于增强社会工作督导中批判性反思的负责任性（accountability）。社会工作督导的核心目的是帮助一线社会工作者增强专业能力，有效管控社会工作服务过程中的风险，增强社会工作服务的专业性，提高社会工作者的服务品质。在社会工作督导过程中，社会工作者需要对社会工作实践本

---

① 黄雨晴．从社会性出发：中国社会工作数字化转型的影响与应对．华东理工大学学报（社会科学版），2023，38（3）.

② ZHU H，ANDERSEN S T. ICT-mediated social work practice and innovation：professionals' experiences in the Norwegian Labour and Welfare Administration. Nordic social work research，2020，11（4）.

身进行批判性、反身性思考，并在此过程中获得成长。下面，我们以瑞典儿童服务领域中的 ATLAS. ti[①] 软件应用为例，具体说明数字工具在督导工作中的应用[②]。

在瑞典儿童服务领域中，定性数据分析软件 ATLAS. ti 被用于加强和说明社会工作督导实践中的批判性反思。在督导实践中，社会工作者和督导者留意到的任何资料信息都可以被收集起来，作为批判性思考和反思的基础。

> 米拉是一名 7 岁的小姑娘，在寄养家庭生活了 4 年。在被送到寄养家庭之前，米拉和她的亲生父母以及两只猫一起生活。她家的社会关系网络很小，与亲戚几乎没有什么来往。起初，米拉家的邻居投诉她家的猫经常吵闹，动物保护组织的工作人员上门了解情况时，怀疑米拉遭受了忽视，于是向社会服务部门报告了相关情况。社会服务部门工作人员和警察通过调查，发现米拉大部分时间待在她的婴儿床上，几乎没有社会互动，导致她难以产生社会依恋并由此遭受创伤。调查认为米拉的父母不能满足她的基本需求。被指派处理此事的社会工作者根据《照顾年轻人（特别规定）法》对米拉的父母提起诉讼。经过法院判决，米拉被送去寄养。4 年后，米拉的父母要求让米拉回来，因此需要开展新的情况调查。社会工作者本负责此事，安娜是他的督导者。
>
> 个案资料的数字化对于设计和实施可能的社会工作干预以及对这些干预的负责任性、有效性进行批判性反思非常重要。个案资料的数字化过程大体如下：
>
> 首先，在社会工作督导过程中，社会工作者和督导者需要收集所有必需的个案资料，并将这些资料放到相应的文件夹中。据此，本和安娜都需要收集米拉个案的基本信息，并建立一个与该个案相关的信息系统。他们在 ATLAS. ti 上创建了一个米拉个案信息系统。在该信息系统中，有许多重要的文件夹，如个案报告、会议记录、警察记录、法律文件、医疗报告、行政资料等。
>
> 然后，本和安娜在 ATLAS. ti 上对上传的资料进行了编码。编码不仅为快速检索资料提供便利，而且为批判性反思提供指导。编码是一个不断诠释资料的过程，它帮助本和安娜抓住个案资料的本质。通常每个编码会有一个名称，用以呈现相应资料的含义。例如，本和安娜设置了一个“社会工作评估”编码集，里面包含了积极父母行为、消极父母行为、风险因素、安全因素等多个编码。

---

① ATLAS. ti 是一款非常专业的定性数据分析软件，能够管理和分析多种不同种类的定性数据，包括文档、音频、视频、图片等，也是实现扎根理论的工具之一，可用于人类学、商业、营销、犯罪学、经济、教育、历史、法律、医学、政治、心理学、社会学等领域的数据分析。介绍参见友方科技：http：//www. uone-tech. cn/atlas. html。

② 该案例来源于：RAMBAREE K，NÄSSÉN N. Digitalization of critical reflection with ATLAS. ti software in social work supervision. Social sciences，2021，10（3）.

在编码的基础上，本和安娜使用了ATLAS. ti的网络图功能，以便对可能的社会工作干预进行抽象概念化。在ATLAS. ti中，网络图是社会工作督导进行批判性反思的关键工具。通过网络图，社会工作者和督导者可以思考不同事实、事件、观察之间的关系。例如，本和安娜创建了一个名为“评估和计划”的网络图，其中包括“需要实现”（needs to happen）、“表现良好”（working well）和“担忧的事”（worried about）等编码（见图11－1）。在每个编码下面，他们又列了一些具体的注释（基本的事实和信息），这些注释给批判性反思提供了指导，并提高了社会工作干预的负责任性。

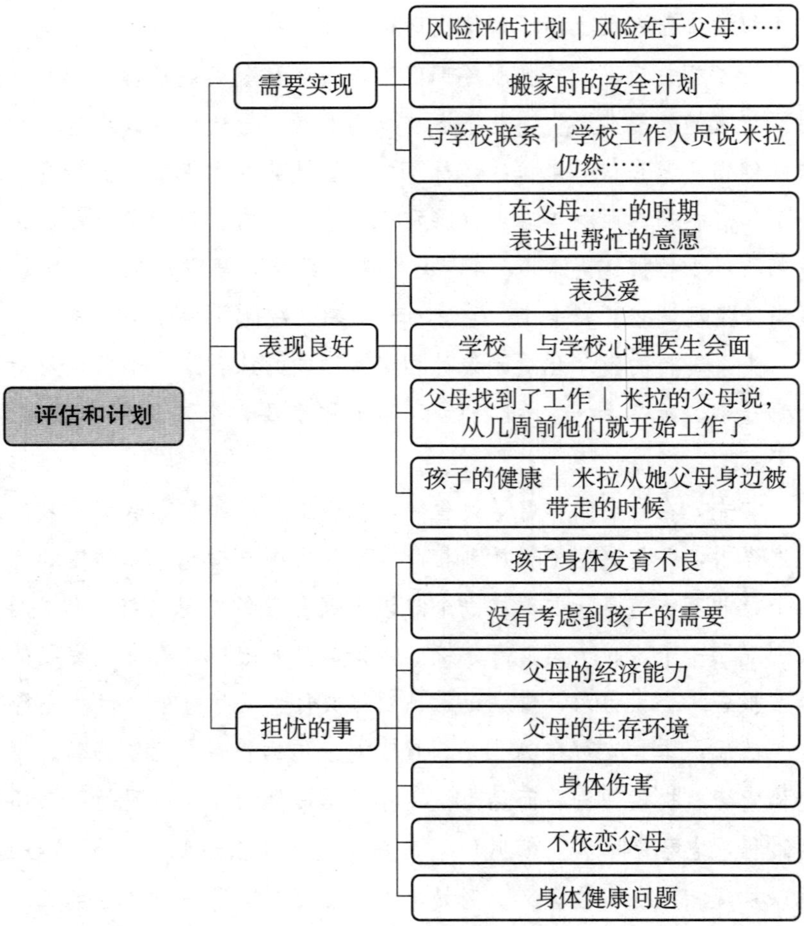

图11－1　米拉案例的编码网络图示例

ATLAS. ti作为一个重要的数字化数据库系统，帮助本和安娜收集、整理和管理来源不同的大量资料，快速获取结构化的、条理清晰的信息，以及做出合理的干预决策。该软件系统相当于一个“容器”，保存所有的信息、编码、注释、笔记和备忘录，并帮助工作人员对这些信息进行批判性反思，从而使下一次监督会议更容易开展。

三、社会工作从业人员的数字能力

（一）数字能力

数字能力（digital competence）已经成为讨论人们在数字时代应该拥有什么样的技能或能力的关键概念。对于未来发展尤其是经济竞争，新技术被视为一种关键性解决方案和机会，因此，数字能力在一定程度上反映了人们关于对未来发展来说什么重要的一种信念和愿望。近些年，一系列概念被用来描述人们使用数字技术的技能或能力，如信息和通信技术技能（ICT skills）、技术技能（technology skills）、信息技术技能（information technology skills）、21世纪技能（21st century skills）、信息素养（information literacy）、数字素养（digital literacy）和数字技能（digital skills）。在近些年的学术讨论中，能力（competence）比技能（skill）被使用得更多，因为能力的内涵更广，它不仅指知识和技能，还包括在特定情境下调动和利用各种心理性资源和社会性资源来满足复杂需求的才能。①

范德乌森和范戴克将数字能力归纳为以下四项②：

（1）具有操作数字媒介的能力（即掌握所谓的“按钮知识”）；

（2）使用特定的媒介并熟悉该媒介的结构和功能；

（3）使用数字媒介生产内容并能进行信息检索；

（4）使用数字媒介来达到私人目标，满足个性化需求。

《欧洲数字能力框架》（the European Digital Competence Framework）认为，核心的数字能力包括信息（information）、沟通（communication）、内容生产（content creation）、安全（safety）和问题解决（problem solving）五个方面（见表11-1）。

表11-1 欧洲数字能力框架

信息	识别、定位、检索、存储、整理和分析数字信息，判断其相关性和目的。
沟通	在数字环境中交流；通过在线工具分享资源；通过数字工具与他人建立联系并进行协作；参与网络社群；具有跨文化意识。
内容生产	创建和编辑新的内容；对以前的知识和内容进行整合和重新阐释；生产创造性的表达方式、媒介输出和编程；处理和申请知识产权和许可证。
安全	具备个人保护、数据保护、数字身份保护、安全措施、安全和可持续使用的知识。
问题解决	识别数字需求和资源；对于什么是最合适的数字工具，能够根据目的或需要做出明智的决定；通过数字手段解决概念问题；创造性地使用技术；解决技术问题；更新自己和他人的能力。

① LLOMÄKI L，KANTOSALO A，LAKKALA M. What is digital competence?：in linked portal. EUN partnership AISBL，2011.

② VAN DEURSEN A J A M，VAN DIJK J A G M. Using the internet：skill related problems in users' online behavior. Interacting with computers，2009，21（5-6）.

（二）社会工作从业人员的数字能力

以《欧洲数字能力框架》为基础，有研究者对挪威社会工作从业人员需要具备的数字能力进行了实证研究，结论如下①。

（1）在数字信息能力方面，社会工作从业人员是信息密集型的专业人士，他们在日常工作中收集、分类和传递数字信息。例如挪威劳工和福利管理局的一线社会工作者的主要日常工作之一是通过不同的数字系统搜索、注册、处理、评估、存储、检索、共享和管理不同的数据信息，如服务对象的健康和就业信息、评估报告、会议记录、地区失业率。另外，他们经常需要帮助服务对象搜索、理解、评估、管理与他们的个案、权利和利益相关的数字信息。社会工作从业人员的数字信息能力可以帮助他们更好地了解服务对象的背景、需求、情况和资源，有助于专业判断、决策和质量控制。为了提高数字信息能力，社会工作从业人员需要了解社会服务机构的行政管理、临床实务等工作需要掌握什么样的信息，这些信息对于机构来说有什么用。社会工作从业人员需要明白信息并不必然是价值中立的，不同机构、不同信息系统收集到的数据信息往往包含了不同的价值观，甚至可能含有偏见。

（2）数字沟通能力涵盖了通过数字媒介进行互动、共享信息、协作、管理数字身份等。对于挪威劳工和福利管理局的社会工作从业人员来说，他们需要提高数字沟通技能，以确保能够使用数字媒介进行有效沟通和协作，如通过线上会议、短信、电子邮件等工具与服务对象、同事、合作伙伴等进行沟通。有鉴于此，社会工作从业人员需要了解相关数字媒介的优缺点，明白对于什么样的工作、什么样的对象采用何种数字媒介进行沟通是合适的。另外，与面对面沟通一样，线上沟通也需要社会工作者有良好的沟通技巧，帮助沟通对象探索、澄清、补充、反思沟通内容。

（3）数字内容生产能力主要包含使用不同软件和应用程序来创建文本、图片、PPT、视频、音频等数字内容的基本技能。另外，在社交媒体上创建和发布具有多媒体元素的内容也是数字内容生产的重要方面。挪威劳工和福利管理局的社会工作从业人员经常在社交媒体上发布一些面向服务对象的业务介绍之类的宣传海报、音频资料，帮助服务对象更好地获取服务信息，更直观地理解服务工作。他们还会在不同的媒介平台上分享与求职、康复等相关的文章和视频。

（4）数字安全能力主要是指拥有安全知识和技能的能力。作为一种信息密集型职业，社会工作从业人员需要具备足够的安全知识和技能，以便在数字环境中保护

① 参见：ZHU H，ANDERSEN S T. Digital competence in social work practice and education：experiences from Norway. Nordic social work research，2022，12（5）.

服务对象的个人信息和隐私。挪威劳工和福利管理局出台了一些有关数字安全的规章制度，对从业人员的行为进行指导和规制，以减少违规行为。例如，涉及个人健康、财务信息等敏感内容的数据只能通过特定的媒介工具传递，用于信息管理的工作电脑和移动设备必须设置密码保护。对于跨部门的数据信息收集和共享，必须留意其中可能存在的安全风险和伦理问题。另外，社会工作从业人员也有必要了解数字媒介使用可能对人的身心健康产生的损害，如肩颈部等身体部位的肌肉劳损、心理焦虑、网络谣言、网络欺凌。

（5）数字问题解决能力指社会工作从业人员需要具有解决特定数字媒介技术问题、识别数字需求和资源、创造性地使用数字技术、识别服务对象的数字能力差异以及更新自己和他人的数字能力的能力。例如，社会工作从业人员每天都需要使用各种数字媒介、数字工具，其中一些媒介工具用户界面并不便利，而且容易出现一些技术故障，这就要求他们具备一定的故障识别和处理能力，如解决系统更新失败、数据丢失、设备不兼容等问题。值得一提的是，社会工作从业人员的数字问题解决能力可以通过提高其他四个方面的能力来增强。

对于社会工作服务机构的行政人员来说，他们不仅要具备基本的数字能力，而且有必要不断地提高自身的数字行政能力。所谓数字行政能力，是指社会工作行政人员适当利用数字技术获取、加工、管理和评价数字信息和资源，发现、分析和解决社会工作机构在行政过程、管理方面存在的问题，具备创新和改革社会工作行政方式方法的意识、能力和责任。

具体来说，社会工作行政人员应了解新的数字技术发展趋势及其潜在问题，理解数字媒介技术对社会服务机构使命达成、将政策转化为具体社会服务所具有的价值及其可能风险，明白自身要承担的数字技术责任，以便在现在和未来更好地领导数字技术在机构中的应用甚至参与数字技术设计。社会工作行政人员有必要思考数字媒介技术与社会工作行政具体内容之间的相关性，熟悉数字技术在沟通、项目设计和评估、监督、督导等方面的优点和局限，识别机构工作人员和服务对象的数字技术偏好，在机构行政工作中更好地挖掘数字技术的潜力，提高机构运行效率，为服务对象提供更高质量的专业服务。例如，社会工作行政人员需要具备一定的数字环境下社会工作道德审查和伦理风险评估能力，通过阅读相关研究论文、实务工作报告、政策文件等资料，了解在使用数字技术开展相关工作时，社会工作机构以及社会工作者要承担的道德义务，及时掌握最新出台的伦理标准，以便对机构的数字化工作进行道德伦理审查和评估。

复习思考题

1. 什么是治理、社会治理和服务型治理？

2. 为什么说社会工作参与社会治理是一种服务型治理？

3. 在治理转向背景下，社会工作行政面临哪些挑战？

4. 什么是数字社会工作？

5. 谈谈数字技术在社会工作行业中的应用。

6. 谈谈社会工作者需要具备的数字能力。

本章参考书目

1. 俞可平．治理与善治．北京：社会科学文献出版社，2000.

2. 王思斌．社会工作在创新社会治理体系中的地位和作用：一种基础—服务型社会治理．社会工作，2014（1）.

3. 王思斌．社会工作参与社会治理的特点及其贡献：对服务型治理的再理解．社会治理，2015（1）.

4. 王思斌．社会工作机构在社会治理创新中的网络型服务治理．学海，2015（3）.

5. 童敏，杜经国．现实建构主义：基层治理社会工作的实践逻辑及理论依据．社会工作，2022（6）.

6. 徐选国，徐永祥．基层社会治理中的“三社联动”：内涵、机制及其实践逻辑：基于深圳市H社区的探索．社会科学，2016（7）.

7. 何雪松，刘仕清．社会工作教育高质量创新发展的挑战与应对．西北师大学报（社会科学版），2020，57（3）.

8. 王浦劬．国家治理、政府治理和社会治理的基本含义及其相互关系辨析．社会学评论，2014，2（3）.

9. 胡莹．数字社会工作的概念、发展与青年社会工作者面临的伦理挑战．当代青年研究，2022（5）.

10. 黄雨晴．从社会性出发：中国社会工作数字化转型的影响与应对．华东理工大学学报（社会科学版），2023，38（3）.

11. FRAHM K，MARTIN L. From government to governance：implications for social work administration. Administration in social work，2009，33（4）.

12. AASBACK A W. Platform social work：a case study of a digital activity plan in the Norwegian Welfare and Labor Administration. Nordic social work research，2022，12（3）.

13. ZHU H，ANDERSEN S T. ICT-mediated social work practice and innovation：professionals' experiences in the Norwegian Labour and Welfare Administration. Nordic social work research，2020，11（4）.

14. RAMBAREE K，NÄSSÉN N. Digitalization of critical reflection with ATLAS. ti software in social work supervision. Social sciences，2021，10（3）.

15. ZHU H，ANDERSEN S T. Digital competence in social work practice and education：experiences from Norway. Nordic social work research，2022，12（5）.

推荐阅读书目

1. 林德格伦．数字媒体与社会．北京：中国传媒大学出版社，2022.

2. REAMER F. Social work in a digital age：ethical and risk management challenges. Social work，2013，58（2）.

3. BARFOED E M. Digital clients：an example of people production in social work. Social inclusion，2019，7（1）.

图书在版编目（CIP）数据

社会工作行政/时立荣主编．-- 3 版．-- 北京：中国人民大学出版社，2024.7. --（新编 21 世纪社会工作系列教材）. -- ISBN 978-7-300-32950-5

Ⅰ．C916

中国国家版本馆 CIP 数据核字第 2024X86G44 号

新编 21 世纪社会工作系列教材

社会工作行政（第三版）

主　编　时立荣

副主编　许　斌

Shehui Gongzuo Xingzheng

出版发行　中国人民大学出版社

社　　址　北京中关村大街 31 号　　**邮政编码**　100080

电　　话　010－62511242（总编室）　010－62511770（质管部）

010－82501766（邮购部）　010－62514148（门市部）

010－62515195（发行公司）　010－62515275（盗版举报）

网　　址　http://www.crup.com.cn

经　　销　新华书店

印　　刷　北京溢漾印刷有限公司　　**版　　次**　2015 年 4 月第 1 版

开　　本　787 mm×1092 mm　1/16　　2024 年 7 月第 3 版

印　　张　16.75 插页 1　　**印　　次**　2025 年 1 月第 3 次印刷

字　　数　325 000　　**定　　价**　45.00 元

关联课程教材推荐

书号	书名	作者	定价
978-7-300-26877-4	社会工作行政实验教程	时立荣	48.00 元
978-7-300-31632-1	社会服务项目运作实务（第二版）	赵海林	48.00 元
978-7-300-26267-3	个案工作（第二版）	隋玉杰	59.00 元
978-7-300-30127-3	小组工作（第二版）	万江红	48.00 元
978-7-300-25805-8	社会工作概论（第三版）	李迎生	79.00 元
978-7-300-30042-9	社会工作实务（第三版）	库少雄	65.00 元

配套教学资源支持

尊敬的老师：

衷心感谢您选择人大版教材！相关的配套教学资源，请到中国人民大学出版社官网（www. crup. com. cn）下载。部分教学资源需要验证您的教师身份后，才可以下载，请您登录出版社官网后，点右上角“注册”，填写“会员中心”的“我的教师认证”项目，等待后台审核。我们将尽快为您开通下载权限。

如您急需教学资源或教材样书，也可以直接与我们的编辑联系：

龚洪训　　电话：010-62515637　　电子邮箱：6130616@qq. com

专业教师 QQ 群：

195761402（全国社会学教师 QQ 群）

欢迎您登录浏览人大社网站，了解图书信息，共享教学资源

期待您加入专业教师 QQ 群，开展学术讨论，交流教学心得